Fieldwork and Supervision
for Behavior Analysts:
A Handbook, first edition

응용행동분석가를 위한
실습과 슈퍼비전
지침서

Ellie Kazemi · Brian Rice · Peter Adzhyan 공저
정경미 · 김민희 · 신나영 공역

학지사

The original English language work:

Fieldwork and Supervision for Behavior Analysts: A Handbook, first edition

ISBN: 9780826139122

by Ellie Kazemi, PhD, BCBA-D, Brian Rice, MA, BCBA,

and Peter Adzhyan, PsyD, LEP, BCBA-D

has been published by:

Springer Publishing Company

New York, NY, USA

Copyright © 2019. All rights reserved.

Korean Translation Copyright © 2021 by Hakjisa Publisher, Inc.

The Korean translation rights published by arrangement with

Springer Publishing Company.

역자 서문

　최근 자폐증 치료에 대한 관심과 국제응용행동분석 전문가 자격증의 취득 가능성이 높아지면서 그동안 낯설게만 여겨졌던 '응용행동분석'이라는 학문이 국내에서 빠르게 확산되고 있다. 그러나 안타깝게도 이러한 확산 경향은 2022년 1월 이후 미국과 캐나다 지역으로 자격증의 자격 요건이 축소됨에 따라 움츠러들 것으로 예상된다. 이에 관련 학회와 협회에서는 국내자격증의 국제 인정이나 다른 국제자격증 도입 등 다양한 방법을 고민하고 있으나 구체적인 해결책은 아직 요원하다. 비록 국제자격증 취득은 불가하지만, 응용행동분석의 치료적 효과에 대해 긍정적 인식을 가진 사람들이 이를 수학하고 전문가가 되어 도움을 필요로 하는 많은 사람에게 효과적인 서비스를 할 수 있기를 바란다.

　국제응용행동분석 전문가 자격증의 지속 여부를 떠나서 능력 있고 책임감 있는 전문가를 양성하는 것은 응용행동분석 분야에서나 혹은 서비스 수혜자의 입장에서나 매우 필요하다. 수련생을 교육하는 입장에서는 좋은 슈퍼바이저를 찾으려 하고, 슈퍼비전을 제공하는 전문가들은 좋은 슈퍼바이저가 되려 한다. 그러나 안타깝게도 전문가들은 슈퍼바이저가 되기 위한 8시간의 필수교육이나 매 2년마다 3시간의 슈퍼비전에 대한 보수교육을 제외하면 슈퍼비전에 대한 집중적인 교육을 받은 적이 없다. 다행히도 이 책의 저자들은 자신들의 슈퍼비전 경험과 여러 전문가의 의견, 그리고 연구 결과에 기초하여 응용행동분석에 근거한 슈퍼비전 모델을 제시한다. 새로운 슈퍼비전 모델에서는 내담자에게 치료하듯이 목표를 명확히 정하고, 행동을 정의 내리고, 가르쳐야 할 구체적인 행동으로 세분하고, 역할 모델을 통해 시연하고, 수행에 대해 자료를 수집하면서 향상 정도를 모니터링하고, 자료에 근거하여 피드백을 제공하라고 권한다. 또한 이 과정에 대한 구체적인 사례와 실제 슈퍼 비전에서 사용할 수 있는 양식도 함께 제공한다.

다른 치료와 마찬가지로 응용행동분석적 접근 또한 머리로는 알아도 실천하기가 어렵다. 역자들은 이 책이 많은 슈퍼바이저가 슈퍼비전에 대해서는 의지할 만한 든 든한 버팀목으로, 그리고 수련생들에게는 자신들이 받아야 할 슈퍼비전에 대한 안 내서로 유용하게 사용될 것을 믿는다.

이 책에서 제시하는 슈퍼비전 모델은 바람직한 전문 모델이지만, 현실에서, 특히 국내에서 적용하기에는 많은 어려움이 있을 것으로 예상한다. 우리나라에서는 슈 퍼비전이 주로 사설기관에서 직접 서비스를 제공하는 전문가들에 의해 제공되다 보니, 슈퍼비전의 시간과 행정적 제약이 매우 크다. 이런 이유로, 이 책에서 제시하 는 슈퍼비전 모델이 현실과는 거리가 먼 그저 이상적인 모델로만 받아들여질 수도 있다. 현실적으로 이 책에서 제시하는 모델을 100% 구현하기 어렵다는 데 동의한 다. 하지만 우리 현실에 맞는 모델이 개발될 때까지 이 책을 가이드라인으로 사용 할 수 있을 것으로 기대한다.

번역의 시작에는 이 책이 응용행동분석 전문가(BCBA)나 응용행동분석 준전문가 (BCaBA) 수련생들에게 매우 유용하게 사용될 것이라는 큰 동기가 있었다. 비록 이 러한 자격증 취득을 위해서 이 책을 사용하는 경우는 드물겠지만, 이 책에서 주장 하는 슈퍼비전 모델은 응용행동분석과 관련된 다른 자격증 또는 그 밖의 자격증을 준비하는 수련생들에게 큰 도움이 될 것이다.

이제 번역을 마치면서 다시금 저자들에게 감사를 전하고, 부족하지만 이 번역서가 많은 슈퍼바이저와 수련생에게 유용하게 쓰여 번역 과정에서 겪은 많은 어려움이 무의미하게 되지 않기를 기대해 본다. 번역에 도움을 주신 많은 분, 특히 가족에게 마음으로부터 고마움을 전한다.

2021년 봄
바뀌는 세상에 대한 약간의 불안과 큰 호기심을 담아
역자 일동

    많은 동료와 학생의 자극과 격려로 우리는 이 책을 쓸 용기를 냈다. 10여 년 전 Adzhyan 박사와 나는 학생들을 위해, 그리고 슈퍼비전 시에 사용하기 위해 구조화된 슈퍼비전 폴더를 만들었다. 그 후 나는 학생들과 수많은 슈퍼바이저의 요청에 따라 슈퍼비전 폴더의 내용을 연구실 홈페이지에 게시했다. 내가 처음 수련 감독을 했던 Brian Rice는 슈퍼비전 폴더를 사용하여 수련을 받았고, 졸업 후 캘리포니아 주립대학교 노스리지 캠퍼스(California State University, Northridge: CSUN) 실습 학생들에게 슈퍼비전을 제공하면서 얻은 경험을 통해 슈퍼비전 폴더의 내용을 확대·보완하는 데 큰 기여를 했다.

    우리 세 명의 저자는 150명 이상의 학생을 수련 감독하는 특권을 누림과 동시에 때때로 좌절을 경험했다. 그 과정에서 우리가 쌓은 경험, 연구, 시행착오를 결합해 초보 행동분석가를 훈련시키는 데 큰 도움이 되는 전략과 활동을 개발했다. 이 책은 우리가 공교육 및 사교육 현장, 가정, 클리닉, 지역사회, 연구실에 있는 지역사회 파트너들과 일하면서 쌓은 경험의 집합체이다.

    우리는 동료 및 학생들의 도움으로 10가지 주요 역량과 각 역량에 대한 작업 목록을 개발했다. 역량을 개발하는 과정에서 현재 우리의 슈퍼비전 스타일에 영향을 준 대학원 시절의 슈퍼바이저들의 스타일이 달랐지만 모두 전문성 있는 행동분석가가 지녀야 할 핵심 역량을 가지고 있었음을 깨달았다.

    이 책은 수련 감독을 받는 수련생을 위한 것이다. 임상가 혹은 연구자로서의 커리어를 준비하는 과정에서 슈퍼비전을 받을 때 도움이 될 것이다. 우리는 수련생들이 슈퍼비전에 주도적으로 임하고 배움의 기회를 잡을 것을 권한다. 자기주도 활동이나 과제가 도움이 될 것이다. 슈퍼비전은 양방향의 학습 과정이다. 우리는 여러 활동과 사례를 통해 수련생들과 경험을 공유해 왔다. 수련생들에게 슈퍼바이저와 사례를 논의하면서 유사한 상황에서 슈퍼바이저라면 어떻게 행동할 것인지에 대해 물을 것을 권한다. 또한 사례를 통해 수련생들이 슈퍼바이저를 더 잘 알게 되기를 바란다.

제1부는 서론으로 슈퍼비전을 받을 실습 장소를 찾기 전에 읽는 것이 좋다. 제2부는 경쟁력 있는 수련생이 되기 위한 단계와 수련 경험을 최대한으로 활용할 수 있는 정보를 담고 있다. 제3부는 행동분석가가 지녀야 할 10가지 기본 역량에 대해 설명하는데, 이는 각 수련생의 기초 기술을 고려하여 각자의 속도와 순서에 따라, 슈퍼비전의 맥락에 따라, 임상 대상에 따라, 그리고 슈퍼바이저의 임상적 판단과 선호에 따라 슈퍼바이저와 수련생이 융통성 있게 적용할 수 있다. 기본 역량 과제 목록은 법칙이라기보다는 수련생과 슈퍼바이저에게 제공되는 가이드라인이다.

학생을 위한 자료로서 제9장부터 소개되는 10가지 기본 역량은 http://connect.springerpub.com/에서 다운로드할 수 있다.

감사의 글

예상치 못한 좋은 기회가 생겨 이 책을 쓰게 되었다. 수련생, 동료, 멘토, 그리고 가족의 도움이 없었다면 이 책을 쓰지 못했을 것이다.

이제는 동료가 된 제자들에게 감사하다. 그들은 우리를 움직이게 했고, 훌륭한 피드백을 주었으며, 수년에 걸쳐 많은 것을 가르쳐 주었다. 그들은 이 책을 완성하는 촉진제가 되었다. 우리와 함께 학생들에게 슈퍼비전을 제공하며 슈퍼바이저로서의 사회적 의미를 일깨워 주었던 지역사회 파트너들에게도 감사를 전한다. 초반에 기본 역량에 관해 피드백해 주었던 임상 현장의 슈퍼바이저들에게도 감사를 전한다. 또한 우리가 만든 슈퍼비전 폴더를 이용해 수련생에게 구체적인 피드백을 제공한 슈퍼바이저들에게도 깊이 감사한다.

멋진 삽화를 그려 준 Austin Chai와 Jane Byon, 초고를 검토해 주고 수련생의 입장에서 세심한 피드백을 준 Vahe Esmaeili, Ernesto Beltran Carrillo와 Victor Ramirez에게도 고마움을 전한다. 또한 이 프로젝트가 결실을 맺을 수 있도록 따뜻한 격려와 멘토링을 해 주고 전문적으로 도움을 준 Linda LeBlanc 박사에게 감사의 마음을 전한다.

마지막으로, 슈퍼비전 폴더의 많은 문서를 정리하고 이 책의 편집을 맡아 진행한 Asheley Rice에게 특히 감사를 전한다. 그녀는 공적으로, 그리고 사적으로 우리의 노력이 책으로 완성될 수 있도록 하는 데 많은 도움을 주었다.

차례

PART 02   유능한 슈퍼바이저가 되려면

PART 03 슈퍼비전을 통한 역량 계발을 위한 근거 기반 전략

P A R T
01

슈퍼비전 소개

Chapter 01
실습 준비하기

슈퍼비전이 경력 개발과 전문가로 성장하는 데에 많은 영향을 준다는 점을 염두에 두면 실습을 흥미롭게 시작할 수 있다. 실습은 여러분의 학습에 새로운 장을 열어 주고 수련의 기반이 될 것이다. 시작하기에 앞서, 여러분의 실습 여정을 책임지고 올바른 길로 이끌어 줄 몇 가지 정보를 소개하고자 한다.

🗒 공인된 행동분석가가 되기 위한 단계

자격증 획득 절차에 대한 이해는 자격증 취득뿐만 아니라 이후 슈퍼바이저로서 행동분석가가 되고자 하자 하는 수련생들을 감독할 때에도 필요하다는 점에서 매우 중요하다. 또한 내담자, 가족, 수련생, 지역사회 관계자와 소통할 때에도 행동분석을 대표하는 전문가로서 자격증 취득 과정을 인지하는 것이 중요하다. 행동분석가가 되기 위해 필요한 실습과 경험에 대해 내담자의 가족과 의사소통하는 것은 여러분이 제공하는 치료에 대한 그들의 생각에 큰 영향을 준다. 불과 몇 분 안에 여러분, 그리고 여러분의 직업에 대한 신뢰를 쌓을 수 있다. 행동분석가가 되기 위한 필수 조건에 대해 사람들에게 설명할 수 있으려면, 이 절에서 설명하는 해당 정보에 능통해야 한다.

행동분석 분야에서의 실습과 자격 획득 과정은 의사 혹은 임상심리학자, 임상사회사업가, 학교심리학자, 결혼 및 가족 치료사와 같은 허가받은 건강 관련 종사자의 과정과 유사하다(Kazemi & Shapiro, 2013). 독립적인 치료를 제공하려면 우선 요구되는 교육과정을 이수해야 하는데, 이는 일반적으로 대학원 학위 과정에 통합되어 있다. 다음으로는 슈퍼바이저의 자격 요건을 갖추고, 이를 유지하고 있는 숙련된 전문가의 지도와 직접적인 감독하에서 이루어지는 실무 경험이 필요하다. 마지막으로는, 자격시험에 응시하기 위한 최소 요건을 모두 다 갖추었다는 증거를 자격인증위원회에 제출해야 한다([그림 1-1] 참조).

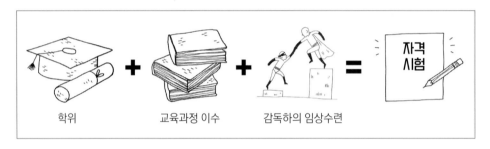

학위   교육과정 이수   감독하의 임상수련

[그림 1-1] 자격시험 응시를 위한 최소 요건

그렇다면 어떤 자격인증위원회가 수련을 인증해 줄 것인가? 이는 여러분의 거주지에 따라 다르다. 이 책에서는 세계 각지에 거주하고 있는 독자들을 위해 최소한의 요건만을 대략적으로 설명한다. 구체적인 인증 요건은 거주지에 따라 달라질 수 있다. 예를 들어, 하와이에서는 독립적으로 치료를 하기 위해서 반드시 면허를 가지고 있어야 하므로 면허위원회에 등록해야 하고 면허시험도 통과해야만 한다. 반면, 캘리포니아에서는 행동분석가의 전문성을 규제하지 않기 때문에 행동분석가로서의 자격증(예: 응용행동분석가)만으로도 독립적인 치료가 가능하다. 따라서 독립적으로 치료를 하고자 하는 지역에서 요구하는 구체적인 자격 인증 요건에 대해서는 각자 알아보기 바란다.

어떤 자격인증위원회가 인증을 하느냐와 상관없이 독립적으로 치료를 하려면 학위를 마쳐야 하고, 해당 과목을 이수해야 하며, 일정 시간 슈퍼비전을 받은 수련 시간을 채우는 등 자격시험의 최소 기준을 충족시켜야 한다. 참고로, 행동분석인증위원회(Behavior Analyst Certification Board: BACB)는 1998년에 설립된 비영리 조직으로서 국제적으로 응용행동분석 전문가(Board Certified Behavior Analyst: BCBA) 인증 과정을 감독한다. 이 조직은 전문가 및 서비스 이용자에게 지침을 제공하고, 신규 자격 취득자에 대한 슈퍼비전 제공을 모니터링하며, 자격시험을 관리한다(Behavior Analyst Certification Board, 2017). 추가 정보는 행동분석인증위원회의 홈페이지 (www.bacb.com)를 참고하기 바란다. 면허와 자격증을 모두 필요로 하는 지역도 있다. 여러분의 지역에서 행동분석적 치료를 하기 위하여 어떠한 인증을 필요로 하는 지에 대해 알고 싶다면 대학원 프로그램에 문의할 것을 권한다. 또한 Green(2011) 의 문헌을 읽으면서 해당 지역에서 통용되는 행동분석 분야의 다양한 자격 증명을 평가하는 방법에 익숙해질 것을 권한다. 마지막으로, 행동분석가의 면허와 자격증 의 차이를 아는 것도 도움이 된다(Dorsey, Weinberg, Zane, & Guidi, 2009; Green & Johnston, 2009 참고).

요약하면, 공인된 행동분석가가 되기 위해서는 최소한 다음의 요구사항을 충족 시켜야 한다.

- 관련 분야의 석사학위
- 대학원 수준의 과목 이수(학위 프로그램 내의 수업 가능)
- 슈퍼바이저 감독 하의 임상수련 시간
- 자격시험 응시 및 합격

자격시험을 위한 요건은 몇 년마다 바뀐다. 모든 직업에 대한 최소한의 요구 조 건은 해당 분야 내 전문가가 많아지거나 자격증명위원회의 수가 많아지면 증가한 다. 또한 자격증명위원회는 기존의 전문가들이 최신 연구 동향이나 치료 가이드라 인을 놓치지 않도록 지속적인 교육을 받을 것을 요구한다. 따라서 자격증을 취득한 이후에도 일정 기간 내에 일정 시간의 보수교육(CEU)을 완료하여야 자격을 유지할 수 있다. 이러한 변화와 보수교육의 요건을 인지하는 것은 각자의 책임이므로 자격 증 유지 기준과 자격증을 유지하기 위한 교육을 받을 수 있는 방법을 잘 알아두는 것이 좋다.

자격증 취득 요건에 대한 안내사항을 모두 읽었고, 행동분석 치료를 하기 위한 최소한의 요건을 이해했고, 자격증을 유지하기 위한 방법을 알게 되었다면, 이 정보를 사람들 앞에서 설명해 볼 것을 권한다(〈연습과제 1-1〉 참조). 거울 속의 자신에게 혹은 솔직하게 피드백을 해 줄 친구나 가족 앞에서 공개적으로(혹은 큰 소리로) 연습해 보는 것이 좋다. 자격증 취득 절차에 대해 읽고, 이에 대해 생각하고, 이를 다른 사람들에게 설명하는 것은 서로 다르기 때문에 이러한 연습 절차가 필요하다. 공개적으로 말할 때는 자신의 목소리를 들을 수 있다. 때문에 생각할 때와는 달리 문장 중간에 말을 멈추거나 여러 번 말을 고치기 어렵다. 그러므로 말을 더 잘하고 '전문적으로 내담자를 다루는 태도'를 더 잘 갖춘 사람이 되려면 자신의 일에 대해 공개적으로 이야기하는 연습을 해야 한다. 이 장에 포함된 몇 가지 연습 과제를 하면서 큰 소리로 말하는 것을 연습해 보자.

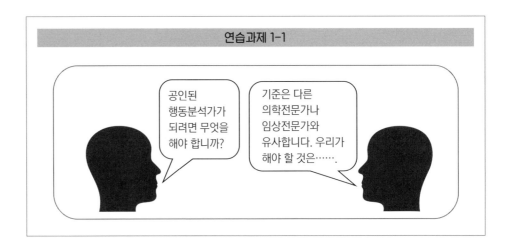

🗒 실습, 인턴십, 임상수련의 차이

실습과 인턴십은 대학 기반 수련 프로그램에 통합되어 있으며, 슈퍼비전을 받는 임상 프로그램에서 가장 널리 사용되는 용어이다. 실습은 체험학습과 관련된 수업 활동을 일컫는 반면, 인턴십이나 임상수련은 실무 수련이 가능한 현장에서 이루어지는 것을 말한다. 대학에서는 실습 수업을 제공할 뿐만 아니라 이수 과목 요건을 채우기 위한 일정 시간의 인턴십 시간을 요구할 것이다. 실습은 일반적으로 대학에서 해당 과목을 담당하고 있는 행동분석가의 추가적인 모니터링과 구조화된 미팅을 포함한다. 실습 미팅은 사례 자문, 동료 평가, 역할극, 실습, 기타 활동이 포함될 수 있다.

인턴십은 대학과 협약을 맺고 있는 근처 병원, 성인 대상 그룹홈, 가정 기반 행동 치료 기관, 학교 내 공적 혹은 사적 기간과 같은 지역사회 협력업체가 어디인지에 따라 달라질 수 있다. 대학 부설 치료실도 옵션이 될 수 있으며 유급 또는 무급으로 이루어지기도 한다. 대학의 경우, 그 주변에 어떠한 기관들이 있는지에 따라, 또한 그동안 대학생들에게 어떠한 체험학습이 가능했는지에 따라 학생들에게 제공 가능한 인턴십 유형이 달라진다. 임상수련은 실습과 관련되거나 대학과는 독립적인 체험학습(이 경우 스스로 현장을 찾고 슈퍼바이저를 확보해야 함)을 일컫는다. 실습 수업을 이수해야만 한다면 해당 수업 활동에 대한 구조와 임상수련과 관련한 옵션이 어떠한 것이 있는지 등에 관해 학위 프로그램에 문의해야 한다. 이는 행동분석 분야에서 여러분이 얻고자 하는 구체적 목표에 가장 적합한 것이 무엇인지 결정하는 첫걸음이 될 것이다.

📋 슈퍼비전에 해당하는 것과 해당하지 않는 것

여러분은 자신의 경험과 주변으로부터 들은 정보를 통해 임상적 슈퍼비전이 무엇을 의미하는지 대략적인 그림을 그릴 수 있을 것이다. 먼저 최적의 슈퍼비전에 대해 생각하고 그것에 대해 적어 볼 것을 권한다. 슈퍼비전에 대해 여러분이 가지고 있는 생각이 여러분의 경험에 영향을 줄 수 있다. 그러므로 여러분의 이전 경험에 근거하여 슈퍼비전의 개념을 스스로 평가해 보는 시간을 갖는 것이 중요하다(〈자기성찰 연습과제 1-1〉 참조). 자기성찰이란 자신의 생각, 역사, 가치, 동기 및 행동에 대해 스스로 생각해 보는 시간을 갖는 것을 의미하며, 이는 전문성 개발에 있어 중요하다. 이 책에는 자기인식 및 자기성찰을 통해 전문적인 치료를 할 수 있도록 자기성찰 연습과제를 수록하였다. 시간을 내어 성찰을 하고 자신에 대해 배운 것을 기록(이 책에 혹은 슈퍼비전 기록지나 바인더에)하여 전문성을 개발해 가는 과정마다 참고하도록 한다.

자기성찰 연습과제 1-1

다음 단계로 넘어가기 전에 스스로를 돌아본다. 나의 슈퍼바이저의 주된 역할은
_____이다. 빈칸을 채워 보라.

1. _____
2. _____
3. _____
4. _____
5. _____

자기성찰 및 스스로에 대해 생각하기

슈퍼비전을 받는 동안 혹은 그 이후에라도 자기성찰을 통해 지난 날을 평가하며,
이것이 슈퍼바이저, 내담자, 동료, 그리고 앞으로 자신이 슈퍼비전할 수련생들과의
관계에 미치는 영향에 대해 생각하는 시간을 갖는 것은 중요하다. 성찰의 과정을
거치지 않으면, 슈퍼비전이 이루어지는 과정에 대한 비현실적인 기대를 갖게 되고
슈퍼바이저와의 관계도 꼬일 수 있다. 다음은 수련생들의 성찰 결과에서 나타난 근
거 없는 믿음에 대한 예시이다.

근거 없는 믿음 1 슈퍼비전은 내 권리이고, 나는 자신감이 있으며, 항상 준비되
어 있다. 나의 슈퍼바이저는 나에게 익숙하지 않은 일을 요구하지 않을 것이며, 내가
100% 준비되었을 때에만 새로운 것을 시도하게 권할 것이다.

➡ **실제:** 슈퍼비전은 실제 행동을 통해 배우는 것이다. 여러분의 슈퍼바이저는 수행
개선을 위해 피드백을 제공할 것이다. 여러분이 새로운 기술을 빠르게 적용할수록 슈
퍼바이저는 여러분이 이를 얼마나 습득했는지, 무엇을 개선해야 하는지를 빠르게 파
악할 수 있다.

근거 없는 믿음 2 좋은 슈퍼바이저는 나를 지지해 주고, 특히 내가 불안해하거나 스
스로를 부정적으로 인식하거나 잘못된 임상적 판단을 내려 나 자신을 바보 같다고 여
길 때에도 항상 내가 잘하고 있다고 말해 주어야 한다.

→ **실제:** 좋은 슈퍼바이저는 여러분의 수행에 대해 정확한 피드백을 줄 것이다. 즉, 잘못된 수행을 했을 때 이를 알려 주고 추후 동일한 오류가 발생했을 때 이를 어떻게 수정해야 할지 배울 수 있게 도와줄 것이다. 실수를 지적한다고 해서 슈퍼바이저가 여러분을 지지하지 않는 것은 아니다. 정확한 피드백을 제공하는 일은 슈퍼바이저에게도 쉬운 일이 아니며 노력이 필요한 일이다. 좋은 슈퍼바이저는 정확한 피드백이 여러분을 성장시키고 지원하는 가장 효과적인 방법임을 알고 이를 기꺼이 수행한다.

`근거 없는 믿음 3` 나의 슈퍼바이저의 업무는 나의 일을 비판하는 것이다.

→ **실제:** 슈퍼바이저의 업무는 정확한 피드백을 제공하는 것이다. 슈퍼바이저는 여러분이 잘한 것에 대해서도 이야기할 것이고, 추후 변화를 주어야 할 사항에 대해서도 언급할 것이다.

`근거 없는 믿음 4` 나의 슈퍼바이저는 나의 임상적 수행에 대해서만 피드백을 줄 것이다.

→ **실제:** 슈퍼바이저는 임상적 수행뿐만 아니라 윤리적 측면, 전문 기술에 대해서도 피드백을 줄 것이다. 여기에는 여러분이 옷 입는 방식, 다른 사람과 상호작용하는 방식과 같은 매너리즘도 포함되지만 이에 국한되지는 않는다.

> **★ 기억하라**
> 슈퍼비전의 주요 목표는 유능한 전문가가 되기 위해 필요한 기술을 습득하게 하는 것이다.

자기성찰을 마친 후에는 공식적인 슈퍼비전이 무엇이며 어떻게 이루어지는지 아는 것이 중요하다. 슈퍼비전은 교실에서 배운 이론, 철학, 개념, 평가, 절차 및 분석을 내담자에게 적용하는 것을 돕는다. 학위 및 이수 과목에 덧붙여 슈퍼비전 시간을 채워야 하는 요건을 두는 주요 목적은 유능한 치료사가 되기 위한 기술을 습득하는 것이다. 궁극적으로 슈퍼바이저는 내담자에 대한 치료 및 전문가로서 여러분의 기술 습득에 책임이 있다.

슈퍼바이저는 코치, 훈련가, 멘토, 조언자이자 상담가이다. 슈퍼바이저가 이들과 다른 점은 수행을 지속적으로 평가하고 피드백을 제공함으로써 여러분의 기술을 향상시킨다는 점이다. 이런 의미에서 슈퍼바이저를 전문가가 되는 과정에서의 문지기로 간주하기도 한다. 수련생의 수행을 평가하고 수련생이 자격시험에 응시할 준비가 되었을 때를 판단하는 것이 슈퍼바이저의 업무이다. 슈퍼바이저는 수련생의 적합성을 평가함으로써 준비가 덜 된 수련생이 전문가가 되지 않도록 하는 데 본질적인 책임이 있다.

슈퍼비전의 본질과 기능

슈퍼비전은 수련생의 업무를 감독하는 것이며, 업무의 생산성 및 질을 향상시키는 기능을 가지고 있다. 행동의학 분야에서 슈퍼비전의 본질 및 기능은 윤리적으로, 때로는 법적으로 다음의 책임을 가진다.

- 내담자가 받는 서비스의 질
- 내담자 및 이해관계자와의 치료적 관계
- 내담자에 대한 행동 및 윤리적 수행
- 수련생의 직업적 성장, 유능성, 웰빙
- 수련생의 기한 내 보고서 제출 및 경과 보고서와 같은 업무 생산성

요약

이 장에서는 공인된 행동분석가가 되기 위한 단계와 실습, 인턴십, 임상수련의 차이점을 알아보았다. 훌륭한 행동분석가가 되기 위한 여정을 시작하기 전에 자아성찰을 돕는 가이드라인을 제공하였고, 슈퍼비전에 대한 기대사항을 기술하였다. 여러분은 슈퍼비전을 받는 경험이 모든 치료관계자(예: 간호사, 내과의사, 의료기술자, 치과의사, 치위생사, 상담가, 치료사, 사회복지사, 교사)에게 중요하며, 다른 의학적·심리적·행동의학적 서비스 제공자들과 관계를 맺는 데에도 중요한

역할을 한다는 것을 알게 될 것이다.

참고문헌

Behavior Analyst Certification Board. (2017). About the BACB. Retrieved from https://www.bacb.com/about

Dorsey, M. F., Weinberg, M., Zane, T., & Guidi, M. M. (2009). The case for licensure of applied behavior analysts. *Behavior Analysis in Practice, 2*(1), 53-58. doi:10.1007/BF03391738

Green, G. (2011). How to evaluate alternative credentials in behavior analysis. Retrieved from http://www.iabaonline.com/wp-content/uploads/2013/03/How-to-Evaluate-Alternative-Credentials-in-Behavior-Analysis-Green-G.pdf

Green, G., & Johnston, J. M. (2009). Licensing behavior analysts: Risks and alternatives. *Behavior Analysis in Practice, 2*(1), 59-64. doi:10.1007/BF03391739

Kazemi, E., & Shapiro, M. (2013). A review of board standards across behavioral health professions: Where does the BCBA credential stand? *Behavior Analysis in Practice, 6*(2), 18-29. doi:10.1007/BF03391799

Chapter 02
임상수련 유형 선택하기

　어떤 형태의 임상수련을 하는지, 혹은 슈퍼비전을 받는 현장이 어디에 초점을 두고 있는지에 따라 경험치가 매우 달라질 수 있다. 학위 프로그램을 통해 대학 부설 치료실 및 치료 기관, 학교, 병원, 지역센터, 그룹홈, 치료실을 포함하는 지역사회 기관을 선택할 수 있을 것이다. 삶의 모든 것이 그러하듯, 완벽한 임상수련이란 없다. 뿐만 아니라 여기에 기술한 임상수련의 유형별 일반적인 안내사항에도 항상 예외가 있으므로 최종 의사결정을 하기 전에 자세히 알아보기를 권한다. 가능하다면, 슈퍼비전에 대한 자신의 요구와 단기목표(향후 2~3년 내에 이루고자 하는 목표)에 가장 적합한 임상수련 장소를 선택한다. 이 장에서는 여러분이 가장 적절한 선택을 할 수 있도록 각 임상수련 유형별로 장단점을 기술한다. 임상수련 경험 간 차이점을 확인하기 이전에 자기성찰과 슈퍼비전에 관한 스스로의 목표가 무엇인지를 확인하는 시간을 갖는 것이 좋다(〈자기성찰 연습과제 2-1〉 참조).

　스스로의 강점에 대해 자기성찰을 마치고 슈퍼비전에 관한 목표를 결정했다면, 자신의 목표에 가장 잘 맞는 임상수련 장소를 찾아보고 선택한다([그림 2-1] 참조).

　대학 부설 치료실과 지역사회 시설은 치료사 및 신규 전문가인 여러분의 전반적인 역량 증진에 도움이 될 것이다. 그러나 수련 장소에 따라 중점적으로 여기는 부분이나 재정 구조 등이 서로 다르기 때문에 다른 경험을 할 수 있다. '슈퍼바이저'와 비슷하게, 임상수련 현장에 대해서도 선입견을 가지고 있을 수 있다(예: '연구'라는

자기성찰 연습과제 2-1

임상수련 시 나의 장점:

1. _____
2. _____
3. _____
4. _____
5. _____

자기성찰 및
스스로에 대해
생각하기

임상수련을 통해 내가 개선하고 싶은 점:

1. _____
2. _____
3. _____
4. _____
5. _____

이러한 것이
여러분의 단기목표가 됨

[그림 2-1] 임상수련 경험 선택하기

단어에 대해서 실험실에서의 실험이나 냉철한 과학자를 떠올림). 자신의 기술 개발과 목
표에 가장 적합한 수련 장소를 선택하기 전에 모든 선택지에 대해 열린 자세로 이
를 탐색해 보길 권한다.

📋 대학 기반 현장

　　대학 내 임상수련 장소는 학생들에게 질 높은 슈퍼비전을 제공하고 대부분의 경
우 공동연구 및 응용연구 프로젝트의 기회를 제공한다(Dubuque & Dubuque, 2018
참조). 그 결과, 대학 부설 치료실은 일반적으로 연구 프로젝트 및 치료실에 관여하
고 있는 교수진의 전문 분야와 관련하여 특화된 대상(예: 자폐 스펙트럼 장애로 진단
받은 4세 이하 아동)에 국한된 서비스를 제공한다. 또한 많은 경우에 대학 기반의 서
비스를 찾는 부모들의 교육수준이 높거나 학생 인턴이나 연구에 대한 경계심이 적
은 경우가 일반적이다. 그들은 교수진, 직원, 학생, 대학 동문을 통해 해당 서비스
에 대한 정보를 접했을 가능성이 있다. 대부분의 경우에 그들은 보험회사를 통해
그들이 받을 수 있는 것 이외의 서비스를 찾기를 원하므로 대학 기반 서비스를 찾
게 된다. 따라서 그들은 치료 계획을 짜는 과정에 참여할 가능성이 높고, 치료적 제
언에 호의적으로 반응하며, 치료 프로토콜을 잘 따르는 경향이 있다.

　　대학 기반 임상수련의 슈퍼바이저는 주로 교수진이나 대학에서 인턴을 수련 감
독하도록 고용한 전문가이다. 그러므로 그들은 여러분의 수련 및 커리어 개발에 대
해 강도 높게 지도·감독하며 내담자 스케줄 조정, 비용 편익 관련 생산성 논의, 서
류 작업과 같은 행정 업무에는 시간을 적게 쓸 가능성이 높다. 치료실이 제3자 지
불(예: 보험회사)이 아닌 지원금 및 기부금에 의해 운영되는 경우가 특히 그렇다. 이
러한 세팅에서는 일반적으로 연구 보조원을 두는 교수진의 참여가 이루어지고 더
많은 시간의 슈퍼비전을 받을 수 있다. 또한 슈퍼바이저와 아이디어에 관해 논의를
하고 연구 논문을 리뷰하고 슈퍼바이저의 지도하에 아이디어를 시험해 볼 가능성
도 높아진다. 만약 박사학위나 학문적 커리어 혹은 연구자의 길을 고려한다면 응용
연구에 대한 경험을 해 볼 수 있고 대학 교수진의 조언을 받을 수도 있어 이를 임상
수련 장소로 선택하는 것이 가장 좋다.

대학 기반 임상수련의 또 다른 장점은 수업 시간에 배운 개념 및 절차를 직접적으로 적용해 볼 가능성이 높다는 것이다. 슈퍼바이저가 대학원 프로그램 내 교수진일 경우 여러분의 경험을 수업과 연결시키는 데에도 도움이 된다. 또한 내담자의 집이나 학교보다 여러분이 통제할 수 있는 사항이 더 많은 세팅인 만큼 치료 절차의 적용이나 권고에 있어서도 더 많은 책임을 갖게 된다. 마지막으로, 가장 최신의 근거 기반 치료 및 아직 출판되지 않은 논문의 최신 연구 결과를 적용할 가능성도 높아진다. 반면, 대학이 아닌 제3자 지불자인 보험회사의 통제가 많고 치료 서비스 전반에 대해 여러분이 통제할 수 있는 사항이 적은 환경에 대한 준비를 하기 어려운 점은 단점이다.

🗒 지역사회 기반 현장

지역사회 기관에서의 임상수련은 대학이 아닌 실제 환경에서 행동분석가로서 일하는 경험을 가능하게 한다. 슈퍼비전을 시작하는 시점부터 행동분석 분야 이외의 전문가로 여러분의 업무에 영향을 줄 수 있는 동료 및 행정 담당 직원과 일하는 법을 배우게 된다. 이러한 세팅에서의 슈퍼비전은 내담자 서비스에 주로 초점이 맞추어져 있으며, 슈퍼바이저는 치료뿐만 아니라 행정 업무도 맡고 있다. 지역사회 기관의 슈퍼바이저는 대체로 자신이 담당하는 내담자 수를 결정하거나 고용할 직원이나 수련생을 선택할 권한이 전혀 혹은 거의 없다. 자신이 담당한 내담자가 많아지면 행정 업무도 증가하는데, 이때 균형을 맞추기가 어려울 뿐 아니라 어떤 경우에는 슈퍼비전에 집중할 여력이 줄어들기도 한다. 또한 이들은 보다 다양한 내담자및 직원과 함께 일한다.

대학 기반 세팅과 달리, 어떤 내담자들은 행동변화 프로그램에 참여하지 않으려고 하는데, 이 경우 슈퍼바이저가 참가자들에 맞게 프로그램을 조정하여 적용해야한다. 직원들 역시 특정한 행동절차를 수행하는 기술 혹은 동기가 부족할 수 있는데, 팀을 이끌어가고 정확한 절차가 적용되게 하는 책임은 슈퍼바이저에게 있다. 그러나 만약 환경이 매우 지지적이고 경력이 많은 슈퍼바이저가 있다면 슈퍼바이저가 직면하는 어려움들을 경험할 수 있어 실제 치료에 관한 많은 것을 배울 수 있게 될 것이다. 또한 슈퍼바이저가 책임 간 균형을 어떻게 맞추는지, 이해관계자들을 어떻게 다루는지, 시간을 어떻게 관리하는지, 문제를 어떻게 해결하는지 등도 배울 수 있다.

지역사회 기반 임상수련의 또 다른 장점은 다양한 나이대의 다양한 사람들, 대학 기반 치료를 쉽게 받을 수 없는 가족들과 일하는 법을 배울 수 있다는 것이다. 까다로운 양육자, 불만족스러운 내담자, 걱정이 많은 부모, 치료관계에 영향을 줄 수 있는 복잡한 상황의 사람들을 대하는 방법도 배울 수 있다. 또한 연구 환경과는 전혀 다른 환경에서 근거 기반 치료를 어떻게 수정하여 적용하는지도 배울 수 있다(예: 가정 내의 어린 형제자매 고려하기). 만약 여러분이 디렉터 혹은 슈퍼바이저로서의 임상가가 되고자 한다면 이러한 세팅이 적합하다. 왜냐하면 임상수련의 첫 경험에서부터 지역사회 기반 치료 수행에 관한 많은 정보를 얻을 수 있기 때문이다. 반면, 슈퍼바이저가 여러분과 함께할 수 있는 시간이 적고 슈퍼비전 기간 동안 여러분의 개인적 성장에 관심을 덜 기울이는 것은 단점이다. 지역사회 기반 치료는 내담자 중심으로 이루어지므로 여러분의 성장이나 수련생으로서의 요구는 우선순위가 되지 못한다.

이상적으로는 먼저 대학 부설 치료실처럼 매우 잘 통제된 환경에서 슈퍼비전을 받고 그곳에서 역량이 충분히 개발된 후에 현장에서 슈퍼비전을 받을 기회를 갖는 것이 바람직하다. 또한 지속적인 임상수련 경험을 통해 점진적으로 역량이 증진되면, 독립적으로 치료를 제공하기 전에 다수의 슈퍼바이저에게 슈퍼비전을 받는 것이 좋다. 다수의 슈퍼바이저를 만난다는 것은 슈퍼바이저마다 가지고 있는 각자의 다른 관점을 배울 수 있을 뿐 아니라 슈퍼바이저 간의 일관된 피드백을 받을 수 있다는 장점이 있다. 임상심리학자와 같은 행동의학전문가의 경우에는 특정한 슈퍼비전 시간을 채워야 할 때 학위 프로그램 이전 혹은 이후로 다수의 슈퍼바이저와의 임상수련 경험을 요구하기도 한다. 그러나 행동분석 분야에서는 공인된 행동분석가에 대한 수요가 계속해서 증가하기 때문에 이러한 경험까지 갖추도록 요구하는 일은 드물다.

여러분은 거주하는 지역이나 재학 중인 학교가 어디인지에 따라 임상수련 장소를 선택할 수 있을 수도 그렇지 않을 수도 있다. 만약 선택권이 있다면 우선적으로 자신의 강점, 목표, 그리고 슈퍼비전에 대한 희망사항을 고려하여 장소를 결정해야

한다. 각 임상수련 장소의 장점을 정리해 둔 다음 〈참조가이드 2-1〉을 참조하면
도움이 된다.

참조가이드 2-1 임상수련 장소별 장점	
대학 기반	**지역사회 기반**
• 전문성 있는 교수진과 직접 일함	• 다양한 내담자 및 치료 접근 경험
• 특화된 임상, 사례, 연구 영역에서 전문성을 개발함	• 지역사회 기반 슈퍼바이저에게 요구되는 임상 및 행정 업무 간 균형 맞추는 것을 연습
• 슈퍼비전 시간이 많고, 간접적 수련 경험 가능	• 조직 내에서 역할 및 성장 기회가 명확히 정의되어 있음
• 수업과 임상수련 간 연계	• 내담자, 세팅, 자금 지원에 관한 절차의 적용을 관찰할 수 있음
• 체계적인 방식으로 역량 개발에 집중	• 기회가 생길 때 역량 강조

📋 지금 해야 할 일

각 임상수련 유형별 특징과 장단점을 알게 되었다면, 다음으로는 앞서 〈자기성
찰 연습과제 2-1〉을 통해 확인한 자신의 강점과 목표를 고려하여 자신에게 가장
적합한 수련 장소를 생각해야 한다. 〈자기성찰 연습과제 2-2〉를 통해 자신을 돌아
보고 각 임상수련 장소별 장점을 고려하기를 권한다.

자기성찰 연습과제 2-2
〈자기성찰 연습과제 2-1〉을 통해 확인한 자신만의 강점과 목표 그리고 〈참조가이드 2-1〉에서 나타난 임상수련 장소별 장점을 고려하여 여러분의 단기 목표에 가장 적합한 다섯 가지 장점을 적어 보라. 1. _____ 2. _____ 3. _____ 4. _____ 5. _____

자기성찰 및
스스로에 대해
생각하기

모두 적었다면 여러분의 학위 프로그램에서 제공하는 임상수련 현장 가운데 여러분이 적은 장점을 가장 많이 가지고 있는 곳이 어디인지 확인하라. 멋있어 보이는 다른 요소들에 현혹되지 말고 자신의 단기 목표에 가장 적합한 곳이 무엇인지만 생각하라. 단기간에 모든 것을 가질 수는 없다. 선택지를 줄이고 가장 우선적으로 얻고자 하는 경험을 얻는 것이 최선이다. 시간이 흐를수록 전문가로 성장해 가면서 마음이 바뀌고 경험의 폭도 넓어지게 된다. 당장은 우선적이고 단기적인 목표를 충족시킬 수 있는 장소에서 시작하여 학습의 단단한 기반을 만들어 두는 것이 좋다.

요약

이 장에서는 여러분이 주로 경험하게 될 대학 부설 기관과 지역사회 기반 임상수련 기관의 특징 및 장단점을 기술하였다. 또한 여러분에게 가장 적합한 임상수련 장소를 결정하는 데 도움이 될 수 있는 자기성찰 연습과제를 수록하였다. 물론 여기에 기술된 장소들을 선택할 수 있는 기회가 주어지지 않을 수도 있다. 그러나 임상수련 장소별 특징을 아는 것은 행동분석가에게도, 누군가를 고용하는 입장에서도, 그리고 수련생을 감독하는 상황에서도 유용하다.

참고문헌

Dubuque, E. M., & Dubuque, M. L. (2018). Guidelines for the establishment of a university-based practical training system. *Behavior Analysis in Practice, 11*, 51-61. doi:10.1007/s40617-016-0154-8

Chapter 03
슈퍼바이저 선택하기

임상수련의 유형을 선택한 뒤에는 여러분을 지도·감독하고 자격시험을 위한 준비 정도를 결정해 줄 슈퍼바이저를 선택하게 된다. 〈사례 3-1〉의 시나리오는 흔히 겪는 상황에 대한 예시이다.

📋 **사례 3-1**

조살린은 응용행동분석학 2년차 대학원생이다. 그녀는 인턴십 현장에서 매우 부지런하고 성실하다. 지난 1년간 그녀의 슈퍼바이저는 그녀의 요구에도 불구하고 내담자와의 직접적인 1:1 치료 외에는 그녀를 슈퍼비전해 주지 않았다. 이에 조살린은 대학의 실습 담당 슈퍼바이저에게 이에 대해 의논을 했고 조언대로 요청했으나 그녀의 슈퍼바이저는 달라지지 않았다. 이는 조살린의 인턴십 기관에서는 슈퍼바이저가 직접적으로 이익을 창출하지 않는 시간은 허용하지 않기 때문이다.

이 시나리오는 좋은 슈퍼바이저를 찾아야 할 중요성을 언급하는 것으로, 이 시나리오에서 조살린이 실습하는 곳은 유능한 행동분석가가 되기 위해 1:1 치료 이외의 수련경험이 필요하다는 측면에서 적절한 곳은 아니다. 또한 이 시나리오는 인턴십 장소에서의 각 슈퍼바이저의 장단점을 평가하는 것이 중요함을 보여 준다. 여러분이 서비스를 제공하고 있는 기관 내에 현재 업무를 감독하는 전문가가 이미 있는 경우에는 그 전문가를 임상수련을 위한 슈퍼바이저로 택해야 할지를 고민하게 될 수도 있다. 어떤 학교에서는 미리 슈퍼바이저를 정해 놓기도 한다. 행동분석가로서의 여러분은 다음의 이유로 슈퍼비전을 받고자 할 것이다.

- 대학원 학위를 취득하기 위해
- 자격증 자격을 갖추기 위해
- 면허증 자격을 갖추기 위해
- 고용 상태를 유지하기 위해
- 성장하거나 승진하기 위해
- 새로운 임상군 혹은 절차에 능숙해지기 위해

이유가 무엇이든 좋은 슈퍼바이저를 선택하는 방법을 알아둘 필요가 있다. 첫째, 좋은 슈퍼바이저를 판단할 적절한 기준을 가지고 있으면 결정에 도움이 된다. 또한 어떤 점을 살펴보아야 하는지를 알면 슈퍼바이저에 대해 적절한 기대치를 갖는 데에도 도움이 된다. 우리는 여러분이 이 장에서 제공하는 정보를 통해 슈퍼비전의 복잡성을 이해함으로써, 좋은 슈퍼비전을 제공하기 위해 소요되는 시간과 노력을 잘 이해할 수 있게 되기를 바란다. 둘째, 추후에 수련 감독자가 되길 원한다면 이 경험으로 자신의 미래 목표를 세울 수 있다. 슈퍼바이저를 선택하는 절차는 여러분의 역량을 개발하는 것에 그치는 것이 아니라 효과적인 슈퍼비전을 위한 최적의 모형을 선택하는 일이기도 하다. 셋째, 앞으로 새로운 임상군 혹은 새로운 문제를 다루게 될 때 슈퍼비전을 필요로 할 수 있다. 초기 슈퍼비전에 대한 평가는 전체적인 경험을 다시 한번 훑게 해 주므로 추후 유사한 상황에서 여러분에게 도움이 될 것이다. 마지막으로, 초기 슈퍼비전에 대한 평가는 여러분의 동료 및 다른 전문가와 그들의 슈퍼바이저와의 관계에 대한 이야기를 나눌 때 통찰력을 제공해 줄 것이다.

슈퍼비전 윤리

BCBA와 같이 실습 기반 자격 증명을 받기 위해 공식적인 슈퍼비전이 요구될 때 슈퍼비전 경험은 매우 중요하다. 또한 슈퍼바이저는 여러분의 수행을 평가하고 전반적으로 여러분의 활동에 대해 의사결정을 내린다. 슈퍼바이저는 여러분의 수행을 향상시키기 위해 문서화된 피드백과 보상 시스템을 사용해야 한다(Behavior Analyst Certification Board, 2017a). 슈퍼비전이 어떤 성격을 지니는지에 따라 권력, 신뢰, 안전성 및 통제에 관한 문제가 수련 경험에서 중요한 역할을 하게 된다. 슈퍼바이저는 신규 행동분석가로서의 여러분이 자격과 인정을 받을 수 있는 방법과 시기에 대해 큰 영향을 준다. 뿐만 아니라 슈퍼바이저의 제안은 권장사항이 아니라 요구사항이다. 그러므로 윤리적이고 유능하며 전문성을 갖춘 슈퍼바이저는 여러분의 수련 경험을 좋게 만드는 데 필수적이다.

일반적으로 슈퍼비전에 대한 연구 부족과 슈퍼바이저들이 슈퍼비전을 최소한으로 모니터링하는 것은 슈퍼비전의 윤리를 위협할 수 있다. 슈퍼바이저는 특히 역할이 다양하고 비용을 청구할 수 있는 업무를 하고 있으며, 고용주에게 자신의 가치를 보여 주어야 할 뿐 아니라 그 결과로 승진 여부도 결정되므로 고용주와 부적절한 거래를 할 수 있는데, 이는 슈퍼비전의 질에 영향을 미칠 수 있다. 하지만 수련생에게 효과적인 슈퍼비전을 제공하는지에 대한 책임은 전적으로 슈퍼바이저에게 주어진다. 예를 들어, 슈퍼바이저는 효과적으로 슈퍼비전을 할 수 있는 만큼의 업무량만을 수용해야 한다(Behavior Analyst Certification Board, 2017a, 윤리이행관련 규정).

슈퍼바이저는 수련생과의 관계에서 많은 책임과 권력을 가진다. 슈퍼바이저가 문화, 인종, 민족, 성별 혹은 성적지향성에 있어 주류에 속해 있지만 수련생이 그렇지 않을 때 슈퍼바이저와 수련생 간의 권력 차이가 더욱 커진다(Toldson & Utsey, 2008). 윤리적인 슈퍼바이저는 관계에서의 권력 차이를 스스로 인식하고 수련생 및 그들의 서비스를 받는 내담자들에게도 가해질 수 있는 잠재적인 피해를 줄이기 위해 노력한다(Thomas, 2010). 예를 들어, 수련생이 슈퍼비전에 대해 정직한 평가를 할 수 있도록 기회를 주는 것이 이에 해당한다(Behavior Analyst Certification Board, 2017a, 윤리이행관련 규정). 이 단계를 통해 슈퍼바이저와 수련생은 앞으로 발생 가능한 문제를 미리 확인하고 해결할 수 있다. 또한 슈퍼바이저는 각 문화권에 적절한 슈퍼비전을 제공하기 위해 추가적인 훈련 혹은 자문을 받을 수 있다. 슈퍼바이저는 윤리적 행동의 모델이 되는 만큼 각각의 의사결정 사항에 대해 수련생과 논의하는 것이 필요하다.

슈퍼바이저에게 있어 가장 어려운 역할은 자격증 취득의 문지기 역할을 하게 된다는 점인데, 윤리적인 슈퍼바이저는 이를 더욱 신중하게 받아들인다. 이러한 점에서 슈퍼바이저는 여러분이 유능하고 독립적인 치료사가 되는 데 있어 방해가 되는 요소가 무엇인지를 파악해야 할 책임이 있다. 슈퍼바이저는 수행에 영향을 줄 수 있을 만한 학문적 어려움, 정신적 문제, 비윤리적 혹은 불법적 행위, 가족 및 생활 사건이 있는지 주의를 기울여야 한다. 슈퍼바이저가 문제를 알아차리고, 해결하고자 접근하고 이를 중재하는 것은 윤리적이고 전문적인 책임을 다하는 일이다 (Kaslow et al., 2007; Thomas, 2010). 물론 자신의 상황을 슈퍼바이저에게 알리는 것은 수련생으로서 여러분의 책임이다. 윤리적인 슈퍼바이저는 여러분이 수행에 부정적인 영향을 주는 어려움을 겪을 때 이를 스스로 알아차리고 슈퍼비전을 받도록 가르친다. 슈퍼바이저는 여러분이 건강하고, 유능하고, 역량을 다하는 치료사가 되기까지 밟아야 할 적절한 단계를 여러분과의 협력을 통해 결정할 것이다. 또한 윤리적인 슈퍼바이저는 치료 시 내담자를 우선시하고 수행이 저하될 수 있는 시기를 알아차리는 법을 가르친다. 한편으로 여러분은 슈퍼바이저가 여러분의 문지기 역할을 해 주기를 원하는데, 문지기는 여러분이 전문가로서의 역량을 키우는 데 매우 중요한 역할을 한다. 다른 한편으로는 문지기로서의 슈퍼바이저가 여러분의 미래를 결정하는 매우 강력한 권한을 가지고 있는 만큼, 슈퍼바이저가 이해 상충, 이중 관계, 비밀 준수 위반으로 인해 발생할 수 있는 문제들을 인지하지 못한다면 이런 권한이 남용될 가능성이 있다(Behavior Analyst Certifilation Board, 2017a, 코드 1.06 이중관계 및 이해 상충, 1.07 착취관계, 2.06 BACB 전문가의 비밀보호 및 행동분석가를 위한 윤리 준수 사항).

슈퍼바이저 역량

새로운 행동분석가를 양성해 가는 데 있어 슈퍼비전이 갖는 중요성에도 불구하고 이와 관련한 훈련 프로그램은 부족하다(Scott, Ingram, Vitanza, & Smith, 2000). DiGennaro Reed와 Henley(2015)의 최근 조사에 따르면, 대다수의 슈퍼바이저가 효율적인 슈퍼비전에 대한 훈련을 받지 않았다고 보고했으며, 슈퍼비전에 대한 훈련을 받았다고 응답한 사람들의 경우에도 매우 적은 숫자(5% 미만)만이 해당 훈련이 도움이 되었다고 보고하였다. 즉, 슈퍼바이저의 위치에 있는 사람들은 이에 대한 공식적인 훈련을 받거나 슈퍼비전에 관한 뛰어난 역량을 갖추고 있어서가 아니라 그저 임상적으로 뛰어나기 때문에 슈퍼비전을 하고 있다는 말이다(Page, Pietzak, & Sutton, 2001). 대부분의 슈퍼바이저가 슈퍼비전을 할 때 자신의 학문적 배경이나 경험에 의존하고 자신의 슈퍼바이저가 사용했던 방법을 그대로 사용하거나(Campbell, 2011), 혹은 자신의 수련생을 위해 자신이 경험한 것과는 다른 방법을 찾으려고 애쓰는 이유가 바로 이 때문이다.

이와 관련하여 BACB는 2012년에 '슈퍼바이저 훈련 커리큘럼 개요'(Behavior Analyst Certification Board, 2017c)를 만들었고, 자격 취득자가 슈퍼비전을 하고자 할 때 이를 갖추도록 추가적인 요건으로 제정하기 시작하였다. [그림 3-1]은 자격증을 취득하고자 하는 경우 슈퍼바이저에 대한 필요 요건을 보여 준다.

> 1. 슈퍼바이저는 반드시 BCBA 혹은 BCBA-D를 소지하거나 미국심리학전문가위원회(American Board of Professional Psychology)의 행동, 인지심리학 분야 및 응용행동분석 분야의 검증을 받은 공인된 심리학자 혹은 BACB로부터 슈퍼비전을 하도록 허가받은 사람이어야 한다.
> 2. BACB의 슈퍼바이저 훈련 커리큘럼 개요를 포함하는 8시간의 역량 기반 훈련을 수료해야 한다.
> 3. 재인증 기간마다 슈퍼비전과 관련된 3시간의 보수교육을 이수해야 한다.

[그림 3-1] 자격증을 취득하기 위한 슈퍼비전의 필요 요건

출처: 2018 BACB 저작권 소유. 무단 전재 및 재배포 금지. 가장 최근 버전은 www.BACB.com에서 확인 가능. 전재 및 배포는 BACB로 문의.

슈퍼바이저가 [그림 3-1]의 세 가지 요건을 모두 충족한 경우, 슈퍼바이저의 자격증에는 '시험을 응시하고자 하는 수련생을 슈퍼비전하기 위한 2015년의 요건을 만족함'이라는 기술과 함께, 슈퍼바이저가 슈퍼비전을 제공하는 것이 가능하게 된 날짜가 명기된다(Behavior Analyst Certification Board, 2017b). 뿐만 아니라 슈퍼바이저는 직원, 부하직원 혹은 관계된 사람이 아니어야 한다. 이러한 제한은 이중관계를 피하고 이로 인한 갈등 상황을 피하기 위해 만들어 둔 장치이다. 2018년 3월 뉴스레터에서 BACB는 슈퍼비전의 절차에 관한 몇 가지 문서를 소개하였다. 그중 하나인 사전 체크리스트는 슈퍼비전을 시작하기 전에 밟아야 할 단계를 안내한다. 여기에는 BACB 홈페이지의 계정을 만드는 방법, BCBA 자격증을 위한 슈퍼비전 제공이 가능한 BACB 요건에 맞는 슈퍼바이저를 찾는 방법, 시험에 응시할 자격이 갖추어졌는지 확인할 수 있는 방법을 포함한다. 이 단계를 모두 고려했다면 슈퍼비전을 시작할 준비가 잘 되었다고 볼 수 있다.

2017년 10월 뉴스레터에 따르면, 슈퍼비전 요건에 크게 두 가지 변화가 생겼다. 하나는 슈퍼비전 현장에 대한 슈퍼바이저의 책임과 관련한 새로운 규정이 생긴 것이며, 다른 하나는 BCBA 취득 후 1년 이내에는 슈퍼비전을 하지 못하게 제한한 것이다. 슈퍼바이저를 선택할 때 이를 고려할 것을 권한다.

슈퍼비전에 관한 위원회의 요건이 반드시 슈퍼비전에 대한 성과 평가로 이어지지는 않는다. 자신이 얼마나 슈퍼비전에 대한 지식이 많은지, 유능한지 등은 결국 슈퍼바이저가 결정하는 것이다. 〈참조가이드 3-1〉에서 제시하는 중요하다고 여겨지는 슈퍼비전 기술 목록을 참고하면 도움이 될 것이다.

〈참조가이드 3-1〉 슈퍼비전 기술

- 자격증 취득 요건 및 가장 최신의 자격위원회 기준에 대한 지식
- 행동분석 분야에서 슈퍼바이저의 역할과 기능에 대한 지식
- 슈퍼바이저 및 치료 서비스에 관한 법적, 윤리적, 규제 가이드라인(예: 학교 정책)에 대한 지식
- 치료와 관련한 행동분석의 원리, 철학, 방법에 대한 지식
- 내담자 관리와 관련한 모든 분야의 역량
- 관계와 관련한 역량(예: 라포 및 신뢰 형성)
- 행동분석 적용에 관한 역량(예: 행동 평가 시행, 적절한 기능 및 증거 기반 행동 개입 시행)
- 슈퍼바이저와 수련생, 내담자 및 수련생, 동료 및 기타 다른 사람들 간에 발생할 수 있는 갈등을 최소화하고, 완화하고, 해결할 수 있는 기술
- 사례개념화, 문제 해결 및 가족 체계에 관한 역량
- 위기 관리 역량

- 내담자 치료 및 슈퍼비전 관계에 있어 다문화 및 다양한 요소(인종, 문화, 종교적 가치)의 통합과 관련한 역량
- 윤리적 딜레마를 제한 혹은 해결함으로써 내담자 및 수련생에 대한 피해를 최소화하는 역량
- 행동기술훈련 및 피드백 제공과 관련한 역량
- 전문성(시간관리, 구두 및 서면적 의사소통, 문서 기록)

조사에 따르면, 슈퍼바이저가 〈참조가이드 3-1〉에 제시한 몇 가지 기술을 가지고 있을 때 수련생들의 만족도가 높았다(Kazemi, Shapiro, & Kavner, 2015). 슈퍼바이저의 윤리적·전문가적 요소가 수련생의 만족도와 관련 있다는 것은 너무나 당연하다. 또한 수련생들은 슈퍼바이저가 그들, 동료, 내담자, 다른 이해관계자들을 존중하며 뒷담화를 하지 않고, 솔직하게 대하며 비밀 유지를 잘 할 때 만족감을 나타냈다. 뿐만 아니라 슈퍼바이저가 그들의 동료를 어떻게 대하는지, 수련생과 내담자에게 피해가 가지 않도록 직장 내에서 관계를 어떻게 진전시켜 가는지에 대해서도 만족감을 표했다.

슈퍼바이저는 유능해야 한다. 슈퍼바이저는 최소한 지역 및 국가적으로 공인된 전문가가 되기 위한 요건이 무엇인지 잘 알고 있어야 하며, 행동분석 분야에서 슈퍼바이저의 역할과 기능이 무엇인지도 인지하고 있어야 한다. 유능한 슈퍼바이저는 수업시간에 배운 내용을 실제 치료에 적용해야 하므로 행동분석 분야에 대한 기본 지식도 탄탄하게 갖고 있어야 한다. 모델링과 피드백과 같은 특정한 요소를 포함하는 행동기술훈련이 치료 기술을 가르치는 데 가장 좋은 방법이라는 증거가 축적되어 있으므로 유능한 슈퍼바이저는 이러한 방식을 많이 사용한다(Sarokoff & Sturnet, 2004; Ward-Horner & Sturmey, 2012). 또한 행동분석 분야의 최신 연구를 가까이 할 뿐 아니라 문화, 인종, 종교와 같은 다양한 요소도 함께 고려해야 한다. 마지막으로, 유능한 슈퍼바이저는 내담자, 수련생, 기타 이해관계자(예: 보험회사)에게 쓰는 시간을 효율적으로 잘 관리하며 구두 혹은 서면으로 내담자 관리나 매일매일의 활동에 대해 능숙하게 의사소통한다.

현실의 모든 슈퍼바이저가 이러한 요건을 갖추거나 최소한의 기준을 충족시키는 것은 쉽지 않다. 다수의 연구는 응답한 수련생의 50%가 부정적인 슈퍼비전 경험을 보고했다고 밝혔다(Nelson & Freidlander, 2001). 부정적인 슈퍼비전은 내담자의 경

과와 치료 효과에 좋지 않은 영향을 끼치며, 이러한 경험을 한 수련생은 기술 습득
이 어려울 뿐 아니라 좋은 슈퍼바이저에 대한 롤모델을 갖지 못하게 된다. 〈참조가
이드 3-2〉는 좋지 않은 슈퍼바이저의 특성을 제시하고 있다. 이러한 특성을 발견
하였을 때 슈퍼바이저에게 어떻게 반응해야 하는지에 관해서는 제6장에서 다룰 것
이다.

〈참조가이드 3-2〉 좋지 않은 슈퍼바이저의 특성

- 슈퍼바이저가 전문적이거나 윤리적이지 않아 신뢰할 수 없음
- 지나치게 비판적이며, 개선점을 언급해 주지 않음
- 슈퍼비전, 내담자, 업무의 목표가 불명확하거나 알아차릴 수 없을 정도로 비조직화되어 있음
- 갈등 해결에 취약함
- 미팅, 피드백, 내담자 개입에 대한 변화가 불가능함
- 비일관적임

🗂 좋은 슈퍼비전을 받고 있는지 알 수 있는 방법

슈퍼바이저에 대해 정확하게 파악하고 자신과의 관계에 미치는 영향을 인지하는
것은 중요하다. 좋은 슈퍼비전을 위해 BACB에서 제공하는 자료에 나와 있는 사항
들을 잘 읽고 확실하게 이해하는 것은 슈퍼바이저와 수련생 공동의 책임이다. 파트
너, 친구, 부모, 수련생이 완벽하지는 않은 것처럼, 슈퍼바이저도 마찬가지이다. 좋
은 슈퍼비전 경험이란 슈퍼바이저와 수련생이 함께 협력하여 일하고 서로 명확한
기대사항을 공유하며 의사소통을 원활히 할 뿐 아니라 약속된 사항을 지키고 서로
를 믿어 주는 것이다. 먼저 슈퍼바이저가 여러분에게 BACB가 요구하는 수련 기준
을 충족시킬 수 있는 기회를 제공해 줄 수 있는지에 대해 논의하는 것이 중요하다.
좋은 슈퍼바이저는 여러분이 어려울 때 다가가 이를 논의할 수 있는 사람이다. 지
식이 많고 유능한 슈퍼바이저는 때때로 수련생을 위축시킨다. 그러나 좋은 슈퍼바
이저는 이러한 어려움을 인식하고 수련생이 어떤 문제라도 편안하게 의논할 수 있
도록 단계를 밟아 간다. 슈퍼바이저가 여러분에게 큰 관심을 갖고 있다고 신뢰하는

관계의 구축은 좋은 슈퍼바이저의 가장 중요한 요인이다.

　　두 번째로 가장 중요한 슈퍼바이저의 능력은 갈등을 직면하고 해결하는 것이다. 경우에 따라서는 슈퍼바이저가 슈퍼비전과 관련하여 고용주로부터 받는 지원의 양과 종류가 슈퍼비전의 절차에 도움이 될 수도 방해가 될 수도 있다. 예를 들어, 〈사례 3-1〉에서 조살린은 슈퍼바이저가 자신을 지지해 줄 것이라 배웠다. 그러나 슈퍼바이저는 1:1 시행 이외의 다른 활동의 중요성을 고용주에게 설명하지 못했다. 무엇보다 슈퍼바이저는 이 문제에 대해 조살린과 직접적으로 논의하지 않았고 문제 해결을 돕지도 못했다. 좋은 슈퍼바이저는 이러한 어려움을 인정하고 이를 해결하고 제거하기 위해 노력하는 단계를 밟아 간다. 예를 들어, 조살린의 슈퍼바이저는 조살린이 일주일의 12시간 혹은 그 이상을 1:1 업무 수행에 할애할 것이라고 약속한 것을 알고 있었고, 고용주가 주당 2~3시간의 무급 업무(예: 측정도구 개발, 내담자의 경과에 따른 커리큘럼 수정, 경과 보고서의 일부를 도움)를 할당하는 것도 알게 되었다. 이 경우 만약 슈퍼바이저가 슈퍼비전을 통해 이러한 문제를 인지했다면 수련생과 함께 이 문제를 해결할 수 있어야 한다. 좋은 슈퍼바이저는 해당 분야에서 수련생의 성장을 격려해야 하는데, 특히 슈퍼비전의 일부로서 업무와 관련한 딜레마를 어떻게 다루어야 할지에 대해 가르쳐 주어야 한다. 마지막으로, 기술을 개발함에 있어 좋은 슈퍼바이저는 수련생과 협력함으로써 적극적으로 슈퍼비전의 과정에 참여하도록 해야 한다.

　　우리는 BCBA/BCaBA 임상수련 문제에 나와 있는 슈퍼비전의 요건에 대해 슈퍼바이저와 논의할 것을 권한다. 슈퍼바이저와의 관계가 시작될 때 이 문서를 이용하여 구체적인 요건들을 어떻게 달성할 것인지에 대해 의논하는 것이 매우 중요하다. 예를 들어, 특정한 시간(예: 1:1 치료)이 전체 수련 시간의 40%로 잡혀 있다면 수련 기간 동안 이를 어떻게 달성할 수 있을지에 대해 의논하는 것이 좋다. 앞서 언급한 바와 같이, 슈퍼비전의 기준은 기간에 따라 변화될 수 있다. BACB의 수련에 대한 요건이 어떠한지, 변화가 있는지 등은 슈퍼바이저와 일을 하면서 계속해서 챙겨야 하는 부분이다.

📋 지금 해야 할 일

이 장에서는 슈퍼바이저를 선택할 때 고려해야 하는 구체적인 사항들을 다루었다. 매우 중요한 마지막 단계는 누구를 슈퍼바이저로 선택할지 결정하는 것이다. 직접 선택을 하든 혹은 슈퍼바이저가 배정되든지 간에 슈퍼비전 과정이 어떻게 진행될 것인지에 대해 반드시 논의할 것을 권한다. 〈참조가이드 3-3〉은 슈퍼바이저에게 할 수 있는 구체적인 질문들을 제시하고 있다.

〈참조가이드 3-3〉 미래의 슈퍼바이저에 대한 질문

1. 조직 내에서 주된 역할이 무엇입니까?
2. 수련생의 역량을 어떻게 평가하십니까?
3. 슈퍼바이저-수련생 관계에서 예상되는 어려움은 무엇입니까? 특별히 현장 관찰, 간접적인 업무 시간 감독, 특정한 역량(예: 기능분석의 설계 · 시행 · 해석) 개발을 위한 기회 제공 등을 어렵게 하는 장애물이 있습니까?
4. 전문 분야는 무엇입니까?
5. 슈퍼비전을 제공하기 위한 BACB의 최소 요건을 충족하였습니까?
6. 슈퍼비전에 대한 제 목표는 ＿＿＿＿＿＿＿입니다. 이러한 목표 달성이 어떤 식으로 가능한지요?
7. 제가 수련생이 된다면 저에 대한 기대사항은 무엇입니까?

요약

이 장에서는 여러분의 요구와 부합하는 슈퍼바이저를 선택할 때 고려해야 할 사항에 대해 기술하였다. 슈퍼비전의 윤리적 중요성과 슈퍼바이저의 윤리적 행동이 여러분에게 미치는 영향에 대해서도 언급하였으며, BACB에서 요구하는 슈퍼바이저의 최소 요건과 좋은 슈퍼바이저의 기술적인 요소들도 살펴보았다. 마지막으로, 슈퍼바이저를 선택하기 위해 여러분이 고려해야 할 질문 목록도 제시하였다. 슈퍼바이저 역할 및 여러분과의 관계에서 슈퍼바이저가 갖는 권력이 상당하므로 이번 장의 내용을 충분히 숙지하고 좋은 슈퍼바이저를 선택할 수 있기를 바란다. 이 장에서 제공하는 정보는 슈퍼바이저를 선택하는 경우와 슈퍼바이저가 되려는 경우 모두에게 해당한다. 부디 슈퍼바이저의 다양하고 복잡한 역할이 잘 그려져 슈퍼바이저에 대한 이해가 깊어졌기를 바란다.

참고문헌

Bailey, J., & Burch, M. (2016). *Ethics for behavior analysts* (3rd expanded ed.). New York, NY: Routledge.

Behavior Analyst Certification Board. (2017a). Professional and ethical compliance code. Retrieved from https://www.bacb.com/wp-content/uploads/2017/09/170706-compliancecode-english.pdf

Behavior Analyst Certification Board. (2017b). Requirements for supervisors. Retrieved from https://www.bacb.com/supervision-requirements

Behavior Analyst Certification Board. (2017c). Supervisor training curriculum outline. Retrieved from https://www.bacb.com/wp-content/uploads/2017/09/supervisor_curriculum.pdf

Campbell, J. M. (2011). *Essentials of clinical supervision* (Vol. 28). Hoboken, NJ: John Wiley & Sons.

Cobia, D. C., & Pipes, R. B. (2002). Mandated supervision: An intervention for disciplined professionals. *Journal of Counseling and Development, 80*, 140-144. doi:10.1002/j.1556-6678.2002.tb00176.x

DiGennaro Reed, F., & Henley, A. J. (2015). A survey of staff training and performance management practices: The good, the bad, and the ugly. *Behavior Analysis in Practice, 8*(1), 16-26. doi:10.1007/s40617-015-0044-5

Kaslow, N. J., Rubin, N. J., Bebeau, M. J., Leigh, I. W., Lichtenberg, J. W., Nelson, P. D., . . . Smith, I. L. (2007). Guiding principles and recommendations for the assessment of competence. *Professional Psychology: Research and Practice, 38*, 441-451. doi:10.1037/0735-7018.38.5.441

Kazemi, E., Shapiro, M., & Kavner, A. (2015). Predictors of intention to turnover in behavior technicians working with individuals with autism spectrum disorder. *Research in Autism Spectrum Disorders, 17*, 106-115. doi:10.1016/j.rasd.2015.06.012

Nelson, M. L., & Friedlander, M. L. (2001). A close look at conflictual supervisory relationships: The trainee's perspective. *Journal of Counseling Psychology, 48*(4),

384-395. doi:10.1037/0022- 0167.48.4.384

Page, B. J., Pietzak, D. R., & Sutton, J. M. (2001). National survey of school counselor supervision. *Counselor Education and Supervision, 41*(2), 142-150. doi:10.1002/j.1556- 6978.2001.tb01278.x

Sarokoff, R. A., & Sturmey, P. (2004). The effects of behavioral skills training on staff implementation of discretetrial teaching. *Journal of Applied Behavior Analysis, 37*, 535-538. doi:10.1901/jaba.2004.37-535

Scott, K. J., Ingram, K. M., Vitanza, S. A., & Smith, N. G. (2000). Training in supervision: A survey of current practices. *The Counseling Psychologist, 28*(3), 403-422. doi:10.1177/0011000000283007

Thomas, J. T. (2010). *The ethics of supervision and consultation: Practical guidance for mental health professionals*. Washington, DC: American Psychological Association. doi:10.1037/12078- 000

Toldson, I. A., & Utsey, S. (2008). Race, sex, and gender considerations. In A. K. Hess, K. D. Hess, & T. H. Hess (Eds.), *Psychotherapy supervision: Theory, research, and practice* (2nd ed., pp. 537-559). Hoboken, NJ: Wiley.

Ward-Horner, J., & Sturmey, P. (2012). Component analysis of behavior skills training in functional analysis. *Behavioral Interventions, 27*(2), 75-92. doi:10.1002/ bin.1339

Chapter **04**

임상수련 지원, 인터뷰, 합격하기

여러분은 어떠한 프로그램 혹은 기관에 속해 있는지에 따라 주당 10~30시간의 임상수련을 경험하게 될 것이다. 따라서 적절한 슈퍼바이저를 선택하고 수련 장소를 정하는 것은 매우 중요하다. 이 장에서는 임상수련 경험과 관련한 모든 것을 다룰 것이다.

📋 다양한 인턴십 현장 평가하기

어떤 인턴십 장소에 지원을 하느냐는 여러분이 속한 대학과 기관에 따라 달라진다. 공식적인 지원 절차를 따르는 대학이나 기관이 있는 반면, 비공식적인 절차를 통해 특정한 날짜와 시간을 잡아 인터뷰를 하는 곳도 있다. 일반적으로는 체계화된 조직이나 기관의 경우 공식적인 절차를 밟는 경우가 많다. 공식적인 절차는 주로 지원서, 커버레터(cover letter), 이력서, 추천서 등을 인터뷰 전에 제출한다. 덜 공식적인 절차의 경우 이와 같은 서류를 모두 제출하기도 하고 이 중 일부만을 제출하기도 한다. 이 장에서는 각각의 서류에 대해 기술한다. 지원 절차를 밟기 전에 다음의 정보들을 전체적으로 검토하여 수련을 지원하고 실제로 경험함에 있어 도움이 되기를 바란다.

BACB 요건 알기

행동분석가의 자격을 인준해 주는 위원회에 대해 잘 아는 것은 매우 중요하다. 인준 요건은 주마다 다를 수 있는데, 여기에서는 행동분석의 주된 자격증명위원회이며 국제적인 기관일 뿐만 아니라 미국자격검정위원회(NCCA)의 승인을 받은 행동분석인증위원회(BACB)를 설명하고자 한다. 이미 언급한 바와 같이, 위원회의 기준은 몇 년에 한 번씩 바뀌어 왔으며 이 변화를 인지하는 것은 여러분의 임무이다. BACB 뉴스레터를 구독 신청해 놓고 이를 읽으면 변화의 흐름을 놓치지 않을 수 있다. 예를 들어, 2017년 10월 BACB는 2022년 1월 1일부터 적용되는 변화된 기준을 발표하였다. 이 책에서는 2017년 10월 뉴스레터에 근거하여 현재에도 적용되고 있으며 2022년 1월부터 변경될 기준에 대해 언급할 것이다. 임상수련 장소를 결정할 때에는 BACB의 요건에 맞는 주된 활동으로 어떤 것이 포함되어 있는지 자격을 갖춘 감독자가 있는지를 확실히 해야 한다.

인턴십 장소로서의 기관에 대해 조사하기

대학 프로그램에 따라 수련 장소가 달라진다. 어떤 대학들은 지역사회 파트너를 선별하고 기관과 관계를 맺어 학생들의 슈퍼비전을 가능하게 하기도 한다. 이러한 경우 대학에서 가능한 수련 장소의 목록을 제공해 주는데, 거리, 임상군(예: 어린 아동, 노인), 자신이 원하는 전문 분야(예: 자폐 스펙트럼 장애 치료, 중독치료, 언어치료), 원하는 세팅(예: 대학 캠퍼스, 내담자 가정, 학교)에 따라 선택하면 된다. 만약 대학에서 수련 장소를 면밀히 조사하지 않았다면(대학에서 선별한 수련 장소라 하더라도) 해당 장소가 자신에게 잘 맞는지를 결정하기 위해 직접 예비조사를 할 필요가 있다. 우리의 경우에는 캘리포니아 주립대학교 노스리지 캠퍼스에서 선별한 지역사회 기관에 대한 목록을 대학원생들에게 제공한다(〈참조가이드 4-1〉 참조). 또한 Brodhead, Quigley 및 Cox(2018)가 제공한 윤리적인 치료가 가능한 기관을 찾는 팁도 참고할 수 있다.

🗐 지원 준비하기

특정한 인턴십 장소에 대한 평가가 끝났다면 지원을 준비하면 된다. 인턴십을 지원하려면 몇 가지 특정한 서류를 준비해야 하는데, 커버레터, 이력서, 추천서를 준비해 두는 것이 좋다. 물론 지원하고자 하는 곳에서 업무 예시와 같이 다른 서류를 요구할 수도 있지만, 보통 다음의 서류들이 사용된다.

〈참조가이드 4-1〉 기관의 홈페이지 및 홍보 자료 검토

- 기관 내 조직도 혹은 직원 목록 및 BACB에 의한 치료 가이드라인의 최소 기준을 충족시키는지를 확인하는 직책이 있는지 검토
- 직원들에게 행동분석에 관한 지속적인 교육과 전문성 개발 기회를 제공하는지 검토
- 근거는 없으나 인기가 있는 치료의 광고나 제공을 제한하는 조직인지 검토(미국표준프로젝트보고서, 2015의 '자폐 스펙트럼 장애의 근거기반치료' 참조)
- 치료가 끝난 내담자에게서 받은 추천 글만 포함하는지 검토
- 정확하고 ABA에 적합한 행동분석가의 직무기술서가 있는지, 그들의 서비스가 개념적으로 체계화된 행동분석과학 내에서 이루어지는지 검토

🗐 커버레터 작성하기

어느 직위에 지원을 하든지 짧은 커버레터(일반적으로 한 페이지)를 작성해야 한다. 커버레터는 자신을 소개하고 다른 중요한 추가적인 자료(예: 이력서)에 주목하게 한다. 커버레터는 다른 비지니스 문서와 같이 날짜, 시작 시 인사, 자격 요건에 대한 하나 이상의 문단, 해당 직위에 지원하는 이유, 여러분이 기관에 공헌할 수 있는 점, 전문적인 마감 문구를 포함한다. 함께 송부할 다른 서류들 역시 명확하게 밝힌다. 연락처(이메일 주소, 전화번호)도 기술해야 하며, 서명 혹은 끝인사로 마무리를 한다. 커버레터는 기관에서 여러분으로부터 받는 가장 첫 번째 서류가 되므로 짧고 명확하게 작성하고 철자나 맞춤법, 문법의 오류가 없도록 한다. [그림 4-1]은 커버레터의 예시이다.

이름
주소
이메일 주소
전화번호

날짜(년도, 월, 일)

 ○○ 귀하:
 여러분이 누구인지 기술하라. 이 일에 지원한다는 사실은 이미 알고 있으므로 이를 따로 적지는 않는다. 석사학위 취득 혹은 BCBA 취득과 같이 최근의 학업적 성취와 같은 자격 요건을 언급한다.
 해당 기관을 선택한 이유를 기술한다. 이 기관을 통해 얻고자 하는 목표와 해당 직위에서 이를 달성할 수 있는 방법에 대해 적는다. 해당 기관에 당신이 기여할 수 있는 새로운 부분이나 해당 업무를 더욱 강화시킬 수 있는 점을 기술한다. 마지막으로 이에 덧붙일 다른 추가적인 서류들에 대해 언급한다.

 이를 검토해 주는 것에 대한 감사를 전한다.

                                              이름 _____ 드림

[그림 4-1] 커버레터 예시

📋 이력서 작성하기

이력서(Curriculum Vitae: CV)의 목적은 여러분이 지원하고자 하는 기관의 필요 요건을 갖추고 있고 전문성이 있음을 드러내는 것이다. 짧게 목록으로 표현하는 레쥬메(resume)와 달리 CV는 일반적으로 보다 상세하게 자신의 강점을 드러낸다. 좋은 CV는 다음과 같은 특징을 갖는다.

- 독자의 관심을 끎
- 자신의 경험에 대해 좋은 인상을 심어 줌
- 자신의 기술과 자질에 대해 명확하고 간결하게 표현함

CV에 대한 정해진 기준은 없으므로 자신에게 맞는 형식을 선택하여 사용하면 된다. 형식과 내용은 원하는 직위에 스스로를 어떻게 표현하고 드러낼 것인지에 따라 결정해야 함을 명심하라. 다음의 소제목은 CV에 흔히 사용되는 것들이다.

개인 연락처 정보

이름 전체, 연락이 가장 쉬운 번호, 이메일 주소, 우편물 주소를 포함한다.

학력 사항

학력 사항은 시간 역순으로 기록한다. 즉, 가장 최근의 경험과 자격 사항을 먼저 적는다. 이는 최고 학력을 빠르게 평가할 수 있고 해당 직위의 최소 자격 요건을 갖추었는지를 평가할 수 있는 핵심이 된다. 또한 수학했던 학교의 이름, 위치한 도시와 주, 취득한 학위도 반드시 포함해야 한다. 해당 직위와의 관련성을 고려하여 학부만을 포함할 수도 있다.

경력 사항 혹은 업무 경험

학력 사항과 비슷하게 업무 경험을 시간 역순으로, 지원하고자 하는 직위와 관련 있는 것부터 기술한다. 일반적으로 5년 이전의 경험이 해당 직위와 밀접한 관련이 있거나 매우 중요하거나 혹은 최근 5년의 경험보다 연관이 많지 않다면 최근 5년간의 경험만을 기술하는 것이 좋다. 만약 업무 경험이 매우 적다면 자원봉사를 포함하되, '업무 및 봉사 경험'으로 제목을 변경한다. 연구 경험이 있다면 '업무 경험'에 포함시킬 수 있으며, 만약 연구직에 지원할 경우에는 별도의 섹션을 만들어 그곳에 기술해도 좋다. 업무한 날짜, 직무 이름, 구체적인 역할과 책임에 대해서도 언급해야 한다. 여러분이 가진 기술을 강조할 수 있는 역할과 책임을 선택하라. 예를 들어, 영업직의 경우 고객 응대, 상품 판매, 점포 정리 등을 해야 한다. 그러나 만약 점포의 개점과 폐점, 직원 교육, 매니저 보조 혹은 다른 역할이라면 이러한 특정 역할을 기술하거나 여러분이 신뢰할 수 있는 직원임을 명시하는 것이 좋다. 〈참조가이드 4-2〉는 기술과 경험을 표현하기에 좋은 단어들을 제시하고 있다.

〈참조가이드 4-2〉 CV에 활용 가능한 표현		
역할과 책임		기술과 능력
• 관리함	• 감독함	• 훈련됨
• 협조함	• 위임함	• 능숙함
• 배치됨	• 분석함	• 초기에 고용됨
• 설계함	• 개발함	• 조직화함
• 창조함	• 지휘함	• 성사시킴
• 연구함	• 이끎	• 주도적임
• 개선함	• 실행함	• 발표함
• 확인함	• 보장함	• 결과를 가져옴
• 관찰함	• 지원함	• 도움이 됨
• 강화함	• 해결함	
• 계획함	• 준비함	

추천인

추천인의 직업, 직위, 개인적인 명성 등이 영향을 줄 수 있으므로 누구를 선정할지를 주의 깊게 결정해야 한다. 추천인을 선택할 때 개인적인 관계 혹은 내담자와 같이 윤리적인 문제가 발생할 수 있는 사람에게 부탁하는 일은 삼가야 한다. 예를 들어, 개인적으로 연관이 되어 있는 관계는 유효하지 않으므로 친척과 같이 이중관계에 놓일 수 있는 사람에게 추천인을 부탁해서는 안 된다. 또한 내담자, 내담자의 보호자의 경우 여러분에게 우호적으로 보이기를 원하고 좋지 않은 관계에 놓이길 원치 않으므로 이 역시 피하는 것이 좋다. 이들에게 추천인을 부탁하는 것은 비밀 유지를 깨는 것이다. 일반적으로 가장 좋은 추천인은 여러분의 구체적인 기술에 대해 언급이 가능하고 지원하고자 하는 직위와 관련 있는 사람인 것이 좋다. 이전 교수, 고용주 혹은 슈퍼바이저가 이에 해당한다.

기타 소제목

만약 위기관리개입(CPI), 심폐소생술(CPR), 등록된 행동기술자(RBT), 행동분석 준전문가(BCaBA)와 같이 관련된 전문가 자격이 있다면 '전문가 자격' 소제목을 달아 날짜와 함께 기술할 수 있다. 만약 지원하고자 하는 직위와 관련한 수상 경험이 있거나 강조하고 싶은 사항이 있다면 '수상 경력'에 포함할 수 있고 포스터, 심포지엄, 리뷰논문이나 책의 저술 경험이 있다면 '출판'에 포함할 수 있다. 적절한 표기는 미국심리학회의 출판 매뉴얼을 따른다.

문법 및 양식

CV를 쓸 때, 능동태나 수동태를 이용하고 이를 일관되게 사용한다(예: 하위글 머리기호의 시작을 어떻게 할 것인가와 관련). 과거의 업무 경험은 과거형으로 적고 CV를 작성하는 시점의 업무에 대해서는 현재형을 사용한다. CV는 읽기 쉽게 적는다. Calibri, Arial, Cambria와 같은 간단한 폰트(산세리프 서체)를 사용하고, 크기는 12 혹은 12.5를 유지하며 볼드체, 이탤릭체, 밑줄을 체계적으로 활용한다. 예를 들어, 모든 제목은 볼드체로 작성하는 식이다. 또한 좌우 여백은 0.5에서 1인치(1.27~2.54cm)로 유지한다. 편집을 할 때에는 충분한 시간을 두고 CV를 읽고 수정하도록 한다. 오타나 문법적 오류, 형식의 문제 등은 시간관리 기술이나 세심하게 주의를 기울이는 능력이 부족한 것으로 여겨진다.

만약 실습 수업이 대학에 있다면 CV를 작성해 보고 CV를 송부하기 전에 동료나 강사에게 피드백을 받을 수 있다. 이를 이용할 수 없다면 2~3명의 동료에게 검토해 줄 것을 부탁하라. CV는 계속 진행 중인 작업이다. 여러분이 전문가로서 커리어를 개발할 때마다 새롭게 수정되고 업데이트되어야 한다. 따라서 매년 일정한 스케줄을 정해 CV를 수정할 것을 권한다. 그렇지 않으면 지난 활동들을 검색하고, 찾고, 포함시키는 게 쉽지 않을 수 있다([그림 4-2] 참조).

📋 추천서 요청하기

만약 인턴십 기관에서 교수진 혹은 다른 사람의 추천서를 요구한다면 제출일로부터 충분한 기간을 두고 미리 부탁을 해야 한다. 충분한 기간이란 10~14일을 의미하나, 경우에 따라서는 30일 이전에 알려 줄 것을 요구하기도 한다. 추천서를 부탁하는 사람에게 여러분의 CV 사본과 기관에 대한 설명을 건넨다. 그리고 여러분을 알고 지낸 기간, 그들이 말해 줄 수 있는 여러분이 맡았던 역할 및 책임에 대한 간략한 기술 등 추천서에 적어 주기를 바라는 핵심 정보 역시 제공하는 것이 좋다. 대부분의 추천인들은 추천서를 기관으로 직접 송부하는 것을 선호한다. 그러므로 그들이 추천서를 보내야 하는 전자메일 주소나 우편물 주소, 수신자에 관한 정보, 우표가 동봉된 봉투 등을 함께 건네도록 한다. 성실한 태도로 추천서를 부탁하면 이러한 여러분의 행동이 그들의 기억에 남아 더 우호적인 추천서를 써 줄 가능성이 높아진다.

이름
주소: 123 우리집, 도시, 주, 우편번호
이메일 주소:
전화번호:

학력 사항

  응용행동분석 석사   재학년도: 년/월 – 년/월
  기관명(도시, 주)
  심리학 학사   졸업년도:
  기관명(도시, 주)

경험

  가장 최근 관련 경험   재직기간: 년/월 – 년/월
  회사명

  직위 이름

  • … 실행함
  • … 감독함
  • … 관리함
  • … 이끎

  그 이전의 관련 경험   재직기간: 년/월 – 년/월
  회사명

  직위 이름

  • … 실행함
  • … 배치됨
  • … 계획함

자격 사항

  • 등록된 행동기술자(RBT)   취득일자: 년/월
  • 위기관리개입(CPI)   취득일자: 년/월
  • 심폐소생술(CPR)   취득일자: 년/월

출판

  • 저자(년도). 논문제목. **학회지 이름, 권**(호), 페이지.

추천인

  • 이름, 자격증
  • 회사/기관
  • 관계
  • 연락처

[그림 4-2] CV의 예시

🗂 인터뷰 준비하기

인터뷰 전

해당 기관에 대해 조사한 내용을 검토하며 인터뷰를 준비한다. 질문을 받았다고 상상하고 큰 소리로 대답해 본 뒤 답변을 수정하고 다시 수정된 답변을 큰 소리로 말해 볼 것을 권한다. 혼자 연습을 한 뒤에는 동료들과 함께 모의 인터뷰를 진행하고 솔직한 피드백을 받는 것이 좋다. 〈참조가이드 4-3〉은 인터뷰에서의 일반적인 질문들을 제시하고 있다. 또한 고용 및 인턴십 이전에 조직 내에서의 윤리적 행위를 확인하는 팁이 있는 Brodhead 등(2018)의 자료를 읽어 보는 것도 좋다. 〈참조가이드 4-3〉의 질문을 참고하여 답변을 준비하되 이를 암기하지 않도록 한다. 인터뷰 질문에 대해 유연하게 답변하는 것이 중요하다. 또한 인터뷰는 여러분이 필요한 기술을 갖추고 있는지를 살펴 조직의 관점에서 당신을 슈퍼비전하기 위해 투자할 가치가 있는지를 결정하기 위한 것임을 늘 기억하라.

〈참조가이드 4-3〉 일반적인 인터뷰 질문

- 이 직위를 위해 어떠한 경험을 하였는가?
- 자기소개 및 이 기관을 선택한 이유를 설명하라.
- 단기 및 장기 목표는 무엇인가?
- 우리 조직에 기여할 수 있는 당신의 장점은 무엇인가?
- 약점은 무엇인가?
- 시나리오 기반 질문은 당신이 특정한 상황에서 어떻게 말하고 또 문제를 해결하는지를 보기 위함이다(예: 스스로 직면했던 갈등 상황을 설명하고 이를 어떻게 해결했는지 말하라. 이때 해결했던 어려운 사례를 기술한다).
- 우리에게 하고 싶은 질문은?

인터뷰 당일

훌륭한 면접관은 인터뷰 동안의 여러분의 행동을 관찰하면서 실제로 일을 하게 되었을 때 여러분이 어떻게 행동할 것인지를 예측한다. 약속시간을 정확하게 지켜 도착하는 것은 매우 중요하다. 따라서 건물을 찾는 데, 면접관의 사무실을 찾는 데, 해당 조직을 찾는 데 시간이 지체되지 않도록 여유 있게 도착하도록 한다. 조직 구성원은 결국 해당 조직을 대표하는 것이나 마찬가지이므로 어느 조직에서나 의상 혹은 자신을 표현하는 방식을 포함한 전문적인 행동을 중요시한다. 전문가처럼 옷을 입고 인터뷰에 임하는 것은 면접관에게 여러분이 그만큼 시간과 노력을 들여 준비를 했다는 것을 보여 줄 뿐만 아니라 전문가로서의 기량을 보여 주는 기능도 한다. 모든 사람에게 인사를 하고 자신을 소개하는 것 역시 여러분이 학교, 내담자의 집 혹은 다른 세팅으로 파견될 때 여러분의 모습을 보여 주는 것으로 전문가의 기량에 해당한다.

인터뷰 동안에는 적극적인 경청과 구어적 의사소통 기술이 평가된다. 이는 행동적 서비스를 제공하는 전문가라면 누구에게나 요구되는 기술이다. 때때로 면접관이 질문을 표현하는 방식이나 여러분의 대답에 대해 추가로 언급하는 것이 질문에 대한 단서가 되기도 한다. 따라서 면접관이 무엇을 알고자 하는지를 그의 목소리 톤과 보디랭귀지를 통해 면밀히 살피는 것이 필요하다. 인터뷰를 하다 보면 궁금한 것을 질문하라는 기회가 주어지므로 미리 질문 목록을 준비하도록 한다(해당 기관에 대한 자료 조사에 기반하여 준비한다). 간단한 웹 서핑으로 확인 가능한 질문은 하지 않는 것이 좋다. 전문가로서 여러분은 내담자 혹은 이해관계자들과 일할 기회가 많을 텐데 그때마다 여러분은 서비스 제공자로서 자료를 검토하거나 검색해 가며 더 많은 정보를 알고 있어야 한다. 여러분이 하는 질문은 독립적으로 자료를 조사함에 있어 얼마나 많은 시간과 노력을 들였는지, 그리고 다른 사람들의 시간을 어떻게 활용하는지를 보여 준다. 또한 추가적인 질문은 여러분과 해당 기관이 얼마나 더 잘 맞는지에 관한 추가적인 정보를 제공한다. 추가적으로 하기에 좋은 질문들은 〈참조가이드 4-4〉에서 제시하고 있다.

〈참조가이드 4-4〉인터뷰 시 하기 좋은 질문

- 조직 내에서 나와 같은 사람이 성장할 수 있는 기회에는 어떤 것이 있는가?
- 평가, 직접 및 간접 서비스에 얼마나 많은 시간을 들이는가?
- 전문성 개발을 위한 활동에 참여할 기회나 지원이 있는가?
- 유능한 인턴을 졸업 이후에 고용하는가?
- 인턴을 슈퍼비전 함에 있어 마주하게 되는 어려움에는 무엇이 있는가?
- Brodhead 등(2018)의 질문을 추가할 수 있음

마지막으로, 여러분이 대학원에 등록되어 있음을 현장에 알리고 대학원 프로그램의 요구사항 준비에 대해 의논하라. 예를 들어, 학위 프로그램의 일부로 여러분은 수업 이수, 최종 시험, 심포지엄 혹은 대학 주최 학회 및 기타 행사 참석 등을 마쳐야 한다. 이러한 프로그램의 요구 사항을 알리고 해당 기관에서 여러분이 이를 충족시킬 수 있도록 어떤 도움을 줄 수 있는지 의논해야 한다. 여러분이 필요로 하는 정확한 실습 시간을 제공할 수 없거나 시험을 준비하기 위해 내담자와의 치료 시간을 조정해야 하는 경우도 있다. 여러분은 내담자에게 치료를 제공하는 사람이므로 그것이 최우선이 되어야 함을 항상 명심하라. 그러나 유연하게 대처할 필요는 있다. 스케줄 조정과 관련하여서는 처음부터 공개적으로 유연하게 의사소통할 수 있으며, 여러분의 학문적 성취를 방해하지 않는 선에서 현실적으로 하면 된다.

🗂 인터뷰에 탈락했다면

대부분의 대학 프로그램에서는 다수의 인터뷰 기회를 가질 수 있고 경쟁의 수준도 서로 다르다. 어떤 대학의 경우 대학 기반 수련 기회가 가장 경쟁적인 반면, 다른 대학에서는 학생에게 높은 수준의 급여를 제공하거나 학교 캠퍼스와 지리적으로 가장 가까운 곳이 인기가 좋다. 따라서 수련 장소를 확보하기 위해 인터뷰를 여러 번 볼 수 있도록 계획을 세워 두는 것이 좋다. 만약 원하는 곳으로 가지 못했다면 실습 과목 강사나 프로그램 상담자 혹은 인턴십 코디네이터를 만나 조언이나 피드백을 받을 수 있다. 경우에 따라서 해당 수련 장소가 여러분의 대학과 공식적으로

인턴십 계약을 맺고 있다면 여러분이 인터뷰한 것에 대하여 추가적인 피드백을 받을 수 있도록 연락을 취할 수도 있다. 가장 좋은 방법은 가까운 사람들과 긴밀한 관계를 계속해서 유지하고 교수진, 조언자 및 동료들의 도움을 요청하는 것이다. 도움을 요청하는 것은 부족함을 드러내는 것이 아니라 성숙함과 전문성을 보여 주는 것이다. 지원 체계를 이용하고 받은 피드백과 조언을 적용하는 것이 중요하다.

　어떤 경우에는 최선을 다했음에도 불구하고 원하는 곳에 가지 못할 수 있다. '내가 ~했다면 어땠을까?' 혹은 '~하는 동안 기분이 좋았다면 어땠을까?'와 같이 순환하는 질문의 고리에 갇혀 스트레스를 받을 필요가 없다. 거절을 경험하고 나서 다른 관점의 생각을 한다는 게 쉬운 일은 아니지만 선발은 어디까지나 양방향적인 과정이므로 한때는 매우 경쟁력 있는 후보자가 또 어떠한 경우에는 부적합한 후보자가 되기도 한다는 것을 인식하는 것이 중요하다. 어떤 쪽의 경험이든 이는 특별한 학습의 기회가 된다. 당신이 만약 이러한 기회를 찾고 스스로 성장하는 데 헌신하고자 한다면 충분히 지지적인 환경 속에서 성장해 갈 수 있다.

요약

　이 장에서는 실습을 하기 위해 인터뷰를 준비하고, 지원하고, 인터뷰를 시행하는 과정을 담았다. 여러 실습 장소를 평가하고 지원을 하는 것이 즉흥적으로 가능해 보여도 적절한 준비와 연습을 당신의 경험과 원하는 수련지에 배치됨에 있어 아주 큰 차이를 가져온다. 벤자민 프랭클린의 말을 인용하자면, 이러한 과정에 대해 준비하지 않는 것은 결국 실습 기관에서의 실패를 준비하는 것과 같다.

참고문헌

Brodhead, M. T., Quigley, S. P., & Cox, D. J. (2018). How to identify ethical practices in organizations prior to employment. *Behavior Analysis in Practice, 11*(2), 1-9. doi:10.1007/s40617-018-0235-y

Chapter 05
슈퍼비전 문서화 및 기록하기

슈퍼비전에서 여러분의 활동, 그리고 슈퍼비전을 받은 사항을 정확하게 기록하는 것은 매우 중요하다. 〈사례 5-1〉은 이 장에서 다루는 단계들을 제대로 따르지 않았을 때 발생할 수 있는 상황의 예시이다.

🖹 사례 5-1

잰은 BCBA 시험을 앞두고 있는 수련생으로, 슈퍼바이저에게 수련시간 확인서에 서명을 받기 위해 미팅을 했다. 미팅을 하는 동안 잰의 슈퍼바이저는 그녀의 수행이 평균 이하로 미흡하기 때문에 지금 이대로는 수련시간 확인서에 서명을 해 줄 수 없다고 말했다. 시험을 보기 위해서 잰은 슈퍼비전 계약서와 함께 슈퍼바이저의 서명이 된 수련시간 확인서의 사본을 BACB에 보내야 했다. BACB에 보내는 서류에, 잰은 자신은 슈퍼비전 계약서를 만든 적도 없고, 슈퍼바이저가 매번 슈퍼비전 시간에 서명을 해 주지 않고 수련시간을 모두 채운 후 해당 서류에 서명을 해 줄 것이라고 했기 때문에 사인을 받은 적이 없었다고 보고했다. 잰은 자신이 필요한 수련시간을 인정받기 위한 적절한 절차를 따르지 않았을 뿐 아니라 수련을 처음부터 다시 시작해야 한다는 것을 깨닫고는 좌절했다.

사례의 잰과 같은 상황을 피하려면 BACB 홈페이지에 나와 있는 절차를 주의 깊게 읽어 보고 수련을 받는 동안 계속해서 이 절차에 대해 학위 프로그램 및 슈퍼바이저에게 문의를 해야 한다. 학위 프로그램, 슈퍼바이저, 수련 현장에서는 수련생들에게 수련시간을 지속적으로 기록하라고 안내할 것이다. 슈퍼비전 비용을 현장에서 지불하게 되는 경우에는 추가 양식을 작성하여 비용을 지불하고 수련 현장에 비용을 청구하도록 해야 한다. 실습 시간이 행동분석과 관련 없거나 행정적인 일인 경우 수련 시간으로 인정되지 않을 수 있다.

정확하게 시간을 기록하려면 시간을 들여야 할 뿐만 아니라 조직화하는 기술도 필요하다. 여러분이 제공하는 서비스에 대해 정확하게 기록을 하는 것은 수련 및 인턴십 기간뿐만 아니라 앞으로의 커리어에 있어서도 매우 중요하다. 따라서 수련을 시작할 때 효과적인 기록 방법에 대해 학습하면 추후 자격증 시험에 응시하기 위해 많은 양의 서류를 꼼꼼하게 검토해야 할 때 시간을 절약할 수 있을 것이다. 이 장에서는 슈퍼비전을 받기 위한 요건을 어떻게 충족시킬 수 있는지, 슈퍼비전 경험을 어떻게 문서화하는지, BACB에서 요구하는 서류를 어떻게 작성하는지, 그리고 활동을 어떻게 기록하는지에 대해 다룰 것이다.

🗒 수련시간을 계산하기 전에

슈퍼비전 시간을 문서화하기 전에 우선 정해진 과목을 이수하고(예: 석사 수준의 행동분석 첫 수업을 이수함), 자격을 갖춘 슈퍼바이저를 확보하고, 슈퍼비전 계약서를 작성해야 한다. 몇몇 수련 현장에서는 수련시간의 인정을 위해 특정한 교과목의 이수나 문서 작업과 같은 추가적인 절차를 요구한다. 따라서 수련시간을 계산하기 시작할 때 반드시 대학원 프로그램 담당자, 인턴십 담당자 혹은 수련 담당자에게 문의해 관련 규정에 대해 확인한다. 수련 현장에 배치되는 경우, 슈퍼바이저가 특정한 요건의 충족을 요구하는 경우도 있다. 수련시간을 공식적으로 계산하기 전에, 어떤 형태로든지 슈퍼바이저와 수련생 간 명확한 계약서를 만들 것을 권한다. 제3장에서 언급하였듯이, BACB 사전 경험 체크리스트를 통해 자신이 BCBA의 슈퍼비전을 받을 자격을 갖추었는지를 확인하는 것이 좋다.

슈퍼비전 시간을 문서화하기

슈퍼비전 계약서

BACB에 따르면, 수련생과 슈퍼바이저는 수련을 시작하기 전에 문서화된 계약서를 만들고 이에 서명해야 한다. 계약서는 여러분의 역할, 책임, 기대사항을 분명히 하고 이에 대해 논의할 수 있는 기회를 만들어 줌으로써 여러분과 슈퍼바이저를 보호해 주는 기능을 한다. 계약서는 인턴십 현장에서 제공하기도 하고, 기존의 양식을 활용하여 새롭게 만들어도 된다. 다음은 BACB에서 계약서에 포함할 것으로 권장하는 사항들이다(Behavior Analyst Certification Board, 2018c).

1. 슈퍼바이저의 8시간 슈퍼비전 교육 수료에 대한 책임을 명시하라.
2. 적절한 활동과 교육 목표에 대해 기술하라.
3. BACB에서 제한하고 있는 활동과 제한하지 않는 활동에 대해 명시하라.
4. 수련 확인서에 슈퍼바이저가 서명하게 될 수련 상황을 객관적이고 측정 가능한 방법으로 기술하라.
5. 책임을 다하지 않았을 경우(관계를 적절하게 종료하지 않았을 경우도 포함)에 가져올 결과를 명시하라.
6. 필요한 경우, 수련생의 현장 관리자 혹은 고용주로부터 서면 승인을 받기 위해 슈퍼바이저에게 요구할 사항을 포함하라.
7. 양자가 윤리 이행 관련 규정을 따를 것임을 포함하라.

이에 덧붙여 수련생들은 다음의 사항 역시 계약서에 포함할 것을 권한다.

1. 슈퍼바이저가 다수일 경우, 그들의 역할과 책임 및 의사소통과 관련하여 수련생에게 기대하는 내용
2. 슈퍼비전 미팅의 취소 및 일정 변경 절차
3. 매 슈퍼비전 회기마다 수련 확인서 양식에 서명을 해야 하는 시기와 방법

4. 수련의 유형[예: 대학 기반의 집중적 수련 대 감독하의 수련, 수련 총 시간, 주당 수련시간, 슈퍼비전 회기, 수련기간 중 슈퍼비전을 받아야 하는 시간의 비율, 갖추어야 하는 역량을 포함하는 수련 관련 세부사항

5. 수련시간 확인서와 별도로 수련생의 수행에 대한 평가가 이루어지는 시기와 방법

BACB의 슈퍼비전 자료 페이지(www.bacb.com/supervision-resources)에 계약서 예시를 제시하고 있다. 대부분의 수련 현장은 법률 및 인사 전문가의 검토를 거친 고유의 계약서를 가지고 있다. 이 경우 여러분은 계약서의 사본을 받아 이를 검토한 후 사인하면 된다. 그러나 기존의 계약서가 있다고 해서 계약서에 관한 논의나 계약서의 수정이 불가능한 것은 아니다. 이상적으로는 실습 담당자 혹은 슈퍼비전 계약서에 대해 잘 아는 사람과 함께 계약서를 검토해 보는 것이 좋다. 계약서를 BACB의 요구사항과 비교하면서, 위원회의 최소 요구 조건에 해당하지 않는 사항에 대해 계약하지 않도록 주의해야 한다. 계약서상의 내용이 불확실하거나 불안함이 느껴진다면 기관 및 슈퍼바이저와 논의하라. 걱정되는 사태가 실제로는 발생하지 않을 것이라고 기대하지 말고, 조금이라도 문제가 될 가능성이 있다면 미리 대응하는 것이 좋다. 슈퍼비전 계약서는 여러분의 수련생활 전체에 영향을 줄 수 있다. 따라서 시간을 두고 제대로 된 계약서를 만들어야 한다. 만약 어떤 기관이 계약서 수정이 불가능하다고 하고 BACB의 최소 요건을 충족하지도 못한다면 다른 수련 기관을 찾아볼 것을 권한다. 이미 언급했듯이, 내용을 모르거나, 혹은 불만족스러운 점이 조금이라도 있는 문서에 대해서는 서명을 해서는 안 된다.

서류 작업 및 적절한 문서화

여러분과 슈퍼바이저는 매 슈퍼비전 회기마다 월별 수련시간 확인서를 작성하고 마지막 수련기간으로부터 7년간 그 사본을 보관해야 한다. BACB의 시험에 응시하기 위해서는 지금까지의 전체 수련시간의 요약이 담겨 있는 최종 수련시간 확인서를 제출해야 하는데, 여러분은 슈퍼비전 계약서 사본, 서명이 된 월별 수련시간 확인서, 최종 수련시간 확인서를 한곳에 보관해야 한다. BACB는 2018년 3월 뉴스레

터에서 수련생은 BACB 수련 경험 추적기록(BACB 홈페이지 참조)과 슈퍼바이저와 수련생이 사용하는 고유의 추적기록 시스템을 이용하여 모든 독립적인 치료 및 감독하의 수련시간을 기록해야 한다고 밝혔다. BACB는 지난 7년간의 모든 서류를 감사하고 요구할 권리를 갖는다. 따라서 이 모든 자료를 일정 장소에 안전하게 보관할 것을 권한다. 특히, 문서를 암호화하여 클라우드 저장 시스템에 저장함으로써 컴퓨터 및 하드 드라이브의 손상에도 대비해야 한다.

2017년 10월 및 2018년 3월 BACB 뉴스레터에서 BACB는 2022년 1월 시험부터 적용될 새로운 슈퍼비전 절차를 소개하였다. 이 장에서는 여러분이 이 새로운 요구사항을 어떻게 충족시킬 수 있는가에 초점을 맞추려 한다. 혹시 여러분이 기존 기준에 따라 수련시간을 계산하고 있다면 2018년 BACB 뉴스레터를 읽어 보고 수련시간 확인서 양식을 전체적으로 살펴보기를 권한다. 〈표 5-1〉은 2022년 1월 이전에 적용되는 최소한의 기준을 간략하게 제시하고 있다.

2020년 1월 1일부터 수련을 시작하는 경우에는 2017년 10월 BACB 뉴스레터의 기준을 따를 것을 권고한다. 우리는 여러분이 시험 응시일에 관계없이 최소한의 요건을 충족하도록 권고한다. BACB는 자격증 취득과 관련하여 5년간의 수련시간을

표 5-1 │ 2018년 3월 BACB 버전

구분	감독하 독립적인 시행	실습	집중적인 실습
자격 취득을 위한 시간	1,500시간	1,000시간	750시간
슈퍼비전 기간당 수련시간	최소 20시간부터 최대 130시간		
슈퍼비전 기간	달력상으로 1개월		
슈퍼비전 기간당 슈퍼바이저와 수련생 만남의 최소 숫자	2회	4회	8회
슈퍼비전 기간당 내담자와의 회기 관찰	2회	4회	4회
슈퍼비전 기간당 슈퍼비전 시간	시간의 5%	시간의 7.5%	시간의 10%
과목 성적	해당 사항 없음	모든 실습 과목에서 C 이상의 성적이 표시된 공식적인 문서	

인정한다. 일정 기간 수련을 중단하더라도 2017년 10월 뉴스레터상의 기준을 충족하면 2022년 1월 이후의 시험 응시를 위한 수련시간의 인정이 가능하다. 2022년 1월 이전에 시험을 치른다면 2017년 10월의 기준 및 2018년 3월 뉴스레터 기준을 충족할 것이다. 새로운 기준이 이전 기준과 다른 점은 다음과 같다. 첫째, 대학 기반 및 집중적인 수련은 집중적인 감독하 수련의 이름하에 하나의 카테고리로 통합되며 감독하의 독립적인 시행은 감독하 수련으로 명명된다. 둘째, 시험에 응시하기 위한 수련시간이 전체 수련시간은 2,000시간으로, 그리고 집중적인 감독하 수련시간은 1,500시간으로 늘어난다. 셋째, 두 가지 수련 유형에 필요한 감독기관의 숫자가 증가하였다. 넷째, 제한 있는 활동(예: 행동학적 프로그램을 1:1로 치료)의 최대 비율이 현재 50%에서 60%까지 늘어났다. 마지막으로, 모든 슈퍼비전 시간은 주 혹은 격주가 아닌 월 단위로 계산되어야 한다. 〈표 5-2〉는 슈퍼비전과 관련하여 달라지는 점들을 간략하게 제시하였다.

　　BACB는 슈퍼비전 시간을 추적하여 기록하는 데 도움이 되는 다양한 방식을 제공하는데 시험 응시를 위한 자격을 갖추었는지 확인하기 위해 요구되는 문서 혹은 요구되는 수련시간을 채웠는지 감사를 받은 문서도 이에 해당한다. 첫 번째 문서

표 5-2 | 2018년 10월 17일 BACB 버전

구분	감독하 수련	집중적인 감독하 수련
자격을 갖추기 위한 수련시간	2,000시간	1,5000시간
주당 수련시간	10~30시간	15~30시간
슈퍼비전 기간	월별	월별
수련 중 슈퍼비전 시간의 비율 (매월 슈퍼비전 기간별 계산)	5%	10%
슈퍼비전 기간별 미팅 횟수 (최소 15분)	4회	6회
제한 없는 활동	감독하 수련시간의 60% 이상이 제한 없는 활동으로 이루어져야 함	
개인/소집단 슈퍼비전	소집단 슈퍼비전은 각 슈퍼비전 기간의 총 슈퍼비전 시간의 50%를 넘길 수 없음	

는 월별 수련시간 확인서이다. 이 양식은 매달 총 수련시간과 기간 내 슈퍼비전을 받은 시간을 작성하도록 되어 있다. 여기에는 두 가지 버전이 있다. 첫 번째 버전은 개인 슈퍼바이저용으로 한 명의 슈퍼바이저가 서명을 하는 형태이며, 두 번째 버전은 다수의 슈퍼바이저가 있는 기관용으로 해당 기관(예: 학교, 실무 현장)에서 여러분에게 서명을 해 줄 BCBA가 한 명 이상일 때 사용한다. 두 번째 버전을 사용할 때에는 한 사람을 여러분의 슈퍼비전에 관한 책임자로 명시해야 한다. 두 번째 문서는 최종 수련시간 확인서를 위해 필요하다. 이 역시 월별 확인서와 마찬가지로 두 가지 버전이 있는데 수련이 모두 끝난 뒤에 제출한다는 점에서 차이가 있다. 월별 양식에 근거한 여러분의 총 수련 기간과 슈퍼비전 시간이 모두 이 양식에 기록되며 슈퍼바이저가 이에 서명을 한다.

BACB는 수련시간을 추적하는 양식에 덧붙여 2018년 3월 뉴스레터([그림 5-1]과 [그림 5-2] 참조)에서 엑셀로 기록하는 문서를 소개하였다. 이 문서는 슈퍼비전 기간에 행한 BACB에서 요구하는 다양한 유형의 누적된 수련시간을 보여 준다. 각 워크시트와 섹션에는 이 양식을 어떻게 사용하는지에 관한 안내문이 제시되어 있다. 엑셀 문서는 슈퍼비전 기간을 통틀어 여러분이 하게 될 행동분석 업무를 기록하고 여러분이 하는 업무의 유형(제한 있는 혹은 제한 없는)뿐만 아니라 슈퍼비전의 형태(개인 혹은 집단)도 기록한다. 마지막으로, 이 문서는 월별로 여러분이 채워야 할 시간을 모두 채웠는지를 확인하는 데 도움을 주는데, 이는 데이터 분석 워크시트의 BG 열(감사 카테고리로 명명되어 있음)에서 확인할 수 있다. 만약 특정한 기준에 충족하지 못한 달이 있다면 이 섹션에서 특별한 이슈가 있음을 여러분에게 알려 줄 것이고, 이를 해결하기 위해 무엇을 해야 하는지도 확인할 수 있을 것이다.

마지막 문서는 BACB에서 제공하지는 않지만 감사를 받게 되면 제출해야 하므로 기록해야 한다. 이 문서는 슈퍼바이저와 수련생에 의한 고유의 기록 양식으로 두 사람 모두가 기록한다. 이 양식에 들어가야 할 사항들은 〈참조가이드 5-1〉에 제시하였다. 여기에서는 BACB의 요구사항은 아니지만 포함시키면 좋을 권고사항들을 담았다.

수련 경험 추적: 수련 경험 기록
버전 1.0

다음의 표에 여러분의 수련 경험을 기록하라. 특정한 값은 입력한 날짜에 따라 자동적으로 계산되어 해당 여부에 따라 자동으로 분류된다(예: 제한 있는 슈퍼비전 시간, 집단 슈퍼비전 시간). 단, 수련 경험 유형, 세팅, 슈퍼바이저는 수련 경험을 받지 않았다 하더라도 매 수련 경험을 입력할 때마다 직접 선택해야 한다.

수련 경험 유형	세팅	슈퍼바이저	날짜	시작 시간	종료 시간	수련 시간	제한 없는 시간	제한 있는 시간	슈퍼비전 방법	슈퍼비전 시작 시간	슈퍼비전 종료 시간	슈퍼비전 시간	개별 슈퍼비전 시간	집단 슈퍼비전 시간	독립 시행 시간	임상적 관찰	비고

[그림 5-1] 수련시간 추적 기록: 수련시간 기록지(2018년 3월 BACB 버전)

수련시간 추적 기록: 데이터 분석
버전 1.0

다음 표는 BACB 요건에 근거하여 기록되고 조정된 수련시간을 나타낸다. 어떤 달의 경우 수련시간의 일부 혹은 전체가 개선에 포함되는 수련시간 추적 기록의 '감사 카테고리' 탭에 있는 '감사 카테고리' 열을 참조하라. 감사 카테고리에 기록되었는 것이 반드시 기준에 부합하지 않았음을 의미하는 것은 아니다. 슈퍼비전 기간 내에 일부 수련 시간이 인정되거나(예: 슈퍼비전 계약서가 체결 되었을 때의 시간을 해당 달성하지 못했음) 해당 달성하지 못했을 경우(예: 수련 누적시간이 100%가 되지 않았음)가 이에 해당할 수 있다. 슈퍼비전 기간 초기에 기록된 수련시간은 최소한의 기준을 달성하기 전에는 표의 조정된 시간 섹션에 기록하지 않는다(예: 슈퍼비전 기간 내 누적시간이 최소 20시간이 됨).

수련시간 기록
(수련시간 기록·협의 자료 취합)

연도	월	수련 유형	독립시행 시간	슈퍼비전 시간	수련 시간	제한 없는 활동 시간	슈퍼비전 계약서 수	내담자 관찰 횟수	수련 시간의 1%	집단 슈퍼비전 횟수

조정된 수련시간
(수련시간 기준 준수에 기반한 기록)

독립시행 시간	슈퍼비전 시간	수련 시간	제한 없는 활동 시간	누적된 수련시간의 %	감사 카테고리

[그림 5-2] 수련시간 추적 기록: 데이터 분석 워크시트(2018년 3월 BACB 버전)

1. 제한 있는 활동 혹은 제한 없는 활동을 기록하는 것에 덧붙여 각 회기별로 여러분이 시행한 업무를 구체적으로 기록하라.

2. 슈퍼비전 시간
   - 슈퍼바이저가 목표로 하는 BACB 5판 과제 목록을 명시하라.
   - 슈퍼비전 미팅에서 받은 슈퍼바이저의 피드백을 기록하라.

3. 여러분의 수행에 대한 평정을 슈퍼비전의 핵심 영역에 포함하라.
   - 피드백 수용도
   - 내담자를 대하는 전문성
   - 내담자 사례에 행동분석적 원리의 적용
   - 여러분과 슈퍼바이저가 동의한 기타 사항

4. 공유 가능한 클라우드 기반 저장 시스템(예: 드롭박스, 구글드라이브)에 저장하라. 이렇게 하면 서로 다른 버전의 문서를 이메일로 주고 받을 필요없이 여러분과 슈퍼바이저가 동일한 문서에 수정을 할 수 있다.

5. 해당 문서를 만들 때 슈퍼바이저와 협력하라. 여러분의 요구를 잘 반영하고 이용하기 용이하게 개별화하라.

〈참조가이드 5-1〉 추적 시스템에 포함되어야 할 사항

- 독립적인 시행시간:
  - 회기 날짜
  - 회기 시작시간
  - 회기 종료시간
  - 수련 유형(감독하 수련 혹은 집중적인 수련)
  - 세팅 이름
  - 슈퍼바이저 이름
  - 활동 유형: 제한 있는 혹은 제한 없는
- 슈퍼비전 시간
  - 슈퍼비전 미팅 날짜
  - 슈퍼비전 시작시간
  - 슈퍼비전 종료시간
  - 형태(예: 대면, 온라인, 유선)
  - 수련 유형(감독하 수련 혹은 집중적인 수련)

- 슈퍼비전 유형: 개인 혹은 집단
- 활동 유형: 제한 있는 혹은 제한 없는(활동 내 수련생 관찰이 슈퍼비전에 포함될 경우)
- 슈퍼비전 활동의 요약
- 전체 슈퍼비전 기간
- 집단 및 개별 슈퍼비전의 전체 시간
- 미팅의 전체 횟수
- 내담자와 함께인 수련생 관찰의 전체 횟수

요약

이 장에서는 수련시간을 어떻게 세팅하고 이를 어떻게 기록하는지를 중점적으로 다룸으로써 〈사례 5-1〉에 나온 잰과 같은 실수가 일어나지 않도록 하는 데 힘썼다. 슈퍼비전 계약서를 작성함으로써 여러분의 수련에 대해 형식을 갖추는 것은 여러분과 슈퍼바이저가 동일한 목표를 갖게 한다는 의미가 있다. BACB의 기준에 맞추어 수련시간에 대해 양식을 만들고 기록하고 이를 저장하는 것은 추후 전체 시간을 계산할 때 불확실성을 줄이고 해당 기준을 적절하게 충족시켰는지를 확인할 수 있도록 도와준다. 이 장의 내용이 다소 일반적인 내용으로 여겨질 수 있지만, 수련을 마쳤을 때 시간을 절약하고 좌절을 줄이는 예비책으로 생각할 것을 권한다. 이 장의 내용을 살펴볼 때 스스로에게 질문해 보라. 지금 10시간을 투자하는 것이 나은가, 아니면 나중에 문제를 해결하기 위해 30시간을 들이는 것이 나은가?

참고문헌

Behavior Analyst Certification Board. (2018a). BCBA/BCaBA experience standards: Monthly system. Retrieved from https://www.bacb.com/experience-standards-monthly-system

Behavior Analyst Certification Board. (2018b). March 2018 BACB Newsletter. Retrieved from https://www.bacb.com/wp-content/uploads/BACB_March2018_Newsletter.pdf

Behavior Analyst Certification Board. (2018c). Supervision resources. Retrieved from https://www.bacb.com/supervision-resources

유능한 슈퍼바이저가 되려면

Chapter 06
슈퍼비전 경험으로부터 최대한 많은 것 얻기

실습 수업과 임상수련은 내담자 및 그 가족들과 직접적으로 일할 수 있는 경험이 될 뿐 아니라 스스로 성장할 수 있는 기회가 되기도 한다. 여러 가지 측면에서 슈퍼비전의 방향성은 수련생인 여러분이 만들어 가는 것이다. 슈퍼비전에 대해 준비를 많이 하고 슈퍼바이저의 피드백에 따라 여러분의 행동을 수정할수록 수련기간을 통해 더 많은 것을 얻을 수 있게 된다. 슈퍼비전을 통해 많은 것을 얻는 수련생과 그렇지 않은 수련생 간에는 근본적인 차이가 있다. 이 장에서는 슈퍼비전에 관한 문헌과 수련기간 동안 많은 것을 습득했던 수련생들의 경험에 기반하여 몇 가지 팁을 제공하고자 한다.

슈퍼비전 시간을 효율적으로 사용하기

슈퍼비전을 통해 최대한 많은 것을 얻기 위해 슈퍼바이저와의 시간을 최대로 활용할 방법을 계획하라. 슈퍼바이저로부터 임상 사례 혹은 조직적 업무에 관한 자문을 얻게 될 때 여러분은 각 자문당 수백 달러의 비용을 지불해야 한다. 컨설턴트나 변호사의 비용은 시간 단위로 청구되는데, 이는 그들이 여러분의 이야기를 듣고, 문헌을 검토하고, 전문적인 조언을 제공하는 것이 장기적으로는 여러분의 시간과 비용을 절약해 주는 것임을 의미한다. 비록 여러분이 직접 슈퍼바이저에게 비용을 지불하는 경우가 많지 않다 하더라도 여러분은 슈퍼바이저의 시간의 가치를 같은 맥락에서 이해해야 한다. 슈퍼비전 시간을 최대로 활용하기 위한 구체적인 팁에 대해서는 개별 및 집단 슈퍼비전으로 나누어 제8장에서 설명할 것이다. 슈퍼바이저와의 시간은 유용하다. 다음에서는 슈퍼비전 동안 여러분을 성장시키고 이를 최대한으로 활용할 수 있는 몇 가지 방법에 대해 소개한다.

행동분석 배경지식을 갖추기

BACB에서 적절하게 과목 이수가 완료된 이후부터의 슈퍼비전 시간을 계산하는 주된 이유는 여러분이 교실에서 배운 것을 실제 임상 현장에 적용하는 것이 이상적인 슈퍼비전 경험이 되기 때문이다. 수업시간의 내용을 적용하기 위해서는 이론에 대한 기본 지식이 탄탄하게 갖추어져 있어야 한다. 행동의 원리나 측정 방법에 대한 기본 지식이 탄탄하지 않으면 여러분의 이수 과목을 실습으로 연결시키는 것이 여러분 자신에게 혹은 슈퍼바이저에게 매우 어려운 일이 된다. 〈사례 6-1〉을 살펴보아라.

📋 **사례 6-1**

샐리와 크리스는 니콜의 수련생으로 자폐 스펙트럼 장애를 가진 12세 남아와 일하고 있다. 둘은 최근에 행동분석의 석사 프로그램 첫 학기 수업인 응용행동분석의 원리 수업을 마쳤다. 샐리는 우수한 성적으로 수업을 마쳤지만 크리스는 어렵게 수업을 마쳤다. 회기 중 쉬는 시간이 끝나 다시 시작하려고 할 때, 내담자는 과제와 관련되거나 관련이 없는 수많은 질문을 했다. 니콜은 내담자가 자신과의 회기를 통해 목표를 성취하지 못하고 있으며 목표 성취에 걸리는 시간이 늘어날 것임을 알아차렸다. 회기 관찰 후 슈퍼비전 미팅 시 슈퍼바이저인 니콜은 "내담자가 엄청난 질문을 하는데 이는 명확한 부적강화의 사례이다. 내담자가 다시 과제에 집중하고 과제를 빨리 할 수 있도록 차별강화를 적용할 것을 권한다."라고 말했다.

그 이후로 샐리는 내담자가 과제를 시작할 때까지 내담자를 보거나 질문에 대답을 하지 않는 등 소거를 적용하기 시작했다. 내담자가 과제에 집중할 때에만 과제에 관한 질문에 간략하게 대답함으로써 더 많은 과제를 완료할 수 있었다. 반면, 크리스는 내담자의 어떠한 질문에도 답하지 않은 채 이제부터는 과제를 해야 한다고 설명했다. 내담자는 계속해서 크리스에게 "왜요?"라고 물었고, 크리스는 반복해서 "너는 지금 이걸 해야 하고, 나는 질문에 답하지 않을 거야."라고 말했다. 니콜은 크리스보다 샐리와의 회기에서 내담자의 수행이 더 좋게 나타난 것을 확인했다.

왜 내담자는 샐리와의 회기에서 더 좋은 수행을 보였을까? 샐리가 니콜의 권고에 맞는 절차를 적용했기 때문이다. 샐리는 니콜이 말한 부적강화가 내담자의 질문에 관한 것이고, 내담자가 과제를 지연시키거나 피하기 위해 질문을 한다는 것을 파악했기에, 이에 따라 정확한 후속 절차를 시행할 수 있었다. 따라서 샐리는 과제에 집중하는 내담자의 행동에 대해서만 강화를 하고 과제를 지연시키는 행동에 대해서는 강화를 하지 않았다. 반면, 크리스는 내담자가 "왜요?"라고 질문하는 것에 답함으로써 내담자가 과제를 지연시키는 것을 막지 못했다.

이 사례에서 샐리의 슈퍼비전은 크리스의 슈퍼비전과 다르다. 둘의 내담자와 슈퍼바이저는 동일했지만, 샐리는 부적강화의 개념을 잘 이해하고 있었고 크리스는 그렇지 못했다. 그녀는 부적강화의 예를 알고 있었고 회피가 강화제임을 전제로 하여 차별강화 절차를 사용하였다. 그녀의 슈퍼바이저인 니콜은 슈퍼비전 시간에 차별강화 시행 시 사용한 절차 혹은 내담자의 수행에 따른 강화 스케줄의 변화와 같은 보다 더 복잡한 단계의 주제 역시 다룰 수 있었다. 그러나 크리스의 경우, 계속해서 〈참조가이드 6-1〉의 팁들을 따르지 않는다면, 슈퍼바이저가 부적강화의 예를 제시하고 내담자의 질문이 과제를 지연시키는 부적강화가 된 이유를 설명하거나 크리스가 한 행동이 내담자의 질문에 대답하는 것과 어떻게 유사한 기능을 갖게 되는지를 설명하는 데 시간을 써야 하므로, 그만큼 슈퍼비전 시간을 손해보게 된다. 다시 말해, 그가 수업 내용을 복습하고 인터넷으로 추가적인 사례들을 찾아보고 책을 통해 새로운 사례들을 검토하지 않는다면 그의 슈퍼비전은 기본 지식을 설명하는 수준으로 진행되고 향상 속도 또한 느릴 것이다. 슈퍼바이저에게 추가적인 사례와 기본 개념의 적용에 대해 물어보는 것도 좋은 방법이다. 그러나 우선적으로는 스스로 학습을 병행하면, 슈퍼바이저는 여러분을 지금보다 한 단계 더 성장하게 도울 수 있다. 〈사례 6-1〉은 슈퍼비전이 다루는 내용의 차이와 기본 개념 숙달의 중요성을 이야기한다. 수업을 통해 기본 개념을 숙달하지 못하면 슈퍼비전은 실제적인 적용보다는 기본 지식의 습득에 초점을 맞추게 될 것이다.

〈참조가이드 6-1〉 기본 지식 향상시키기

- **자기평가 시행하기**
  - BACB(5판) 과제 목록, 섹션 1을 복습하기
  - 여러 개념을 포함하고 있는 과제 목록 아이템을 잘게 쪼개기
    » 예를 들어, B-1에는 세 가지 개념, 즉 행동, 반응, 반응군이 제시되어 있다.
  - 과제 목록 아이템을 보고 2~5초 이내에 매번 자신있게 맞는 답을 할 수 있는지 평가하기
    » 예를 들어, B-1에서는 '행동'을 정의("행동은 살아있는 유기체의 활동으로 강화에 민감하다."고 대답하면 맞다)하고 행동의 예시를 말한다.

- **용어 공부하기**
  - 정확하고 유창하게(빠르게) 정의할 수 없는 개념에 대해 학습한다. SAFMEDS(매일 1분씩 모두 섞어서 빠르게 말하기: Say All Fast, Minute Each Day, Shuffled; Graf & Auman, 2005)를 이용할 것을 권한다.
  - www.behaviorbabe.com/safmeds/htm에 있는 팁과 플래시카드를 이용한다.
  - SAFMEDS를 이용하여 연습한 뒤 다른 사람에게 개념을 가르쳐 보라. 이는 개념을 학습하는 가장 좋은 방법일 뿐 아니라 얼마나 정확하게 설명할 수 있는가를 평가할 수 있는 방법이 된다.

- **피드백 구하기**
  - 용어를 정의하고 설명하는 것과 관련하여 슈퍼바이저의 피드백이 가능한지 물어본다.
  - 연습을 통해 지식을 공고화할 수 있으므로 높은 충실도/정확성을 유지하며 연습한다.

슈퍼바이저의 시간을 효율적으로 활용하고 슈퍼비전을 통해 최대한 많은 것을 얻기 위해 여러분은 수업을 통해 다루는 내용을 완벽하게 숙지하도록 노력해야 하며, 이는 슈퍼비전 시간을 내용 설명보다는 지식의 적용으로 활용하는 데 도움이 된다. 만약 스스로 기본 지식이 부족하다고 느낀다면 〈참조가이드 6-1〉을 단계별로 따라감으로써 슈퍼비전을 받는 동안 가장 적합한 학습을 할 수 있도록 한다.

학습을 위한 기회에 감사함을 표하기

내담자의 행동을 증가 혹은 감소시킬 수 있는 것과 마찬가지로 여러분의 슈퍼비전 행동 역시 증가하거나 감소하도록 할 수 있다. 예를 들어, 〈사례 6-1〉에서의 샐리와 크리스는 니콜에게 구체적인 예를 들어 감사함을 표한다. 이 경우 슈퍼바이저는 샐리와 크리스를 관찰하고 조언을 해 주는 것뿐만 아니라 문제를 해결할 수 있는 기회도 제공한다. 이때 크리스와 샐리는 두 가지 방식으로 반응할 수 있다. 그들은 이 기회가 슈퍼바이저가 자신들에게 고급 기술을 가르쳐 주기 위해 만든 것임을 깨닫고 이에 대해 감사를 표함으로써 추후 니콜이 이와 유사한 기회를 제공할 가능성을 높인다. 반면, 수동적으로 반응하며 니콜에게 미리 이에 대해 말을 해 줬어야 한다고 불만을 표시할 수도 있다. 이러한 반응은 문제를 해결할 기회를 주기보다는 니콜이 스스로 문제를 해결하고 구체적인 해결책을 제공하게 만들 것이다. 두 경우 모두 임상적 문제를 다루는 것은 동일하지만, 전자만이 수련생들에게 프로그램을 시행하는 것 이상으로 성장할 수 있는 기회를 계속해서 제공하게 된다. 임상 업무는 단지 절차적인 것에 그치는 것이 아니라 지속적인 문제 해결도 포함하므로 이는 매우 중요하다. 물론 완벽한 슈퍼바이저는 없다. 그러나 슈퍼비전의 매 순간순간을 학습의 기회로 여긴다면 여러분은 슈퍼비전을 통해 더욱 많은 것을 얻어 갈 수 있다.

기회를 최대한으로 활용하기

수련을 하는 동안 자신에게 다가온 좋은 기회를 활용하지 못한다면 이는 매우 안타까운 일이다. 행동분석 분야의 저명한 많은 사람은 무급으로 일을 하면서 시간과 노력을 투자하여 자신들의 입지를 구축하였다. 그들의 자발적인 노력은 학습의 기회를 가져다주었고, 그들에게 권한을 부여한 이들과의 관계도 발전시켰다. 그러나 학생들은 근시안적 접근으로 지역사회에서 전문가로 성장하는 것에 관한 큰 그림을 그리지 못하는 경우가 종종 있다. 수련기간은 매우 다양한 내담자를 만날 수 있는 것처럼 다른 곳에서 갖기 힘든 기회를 가질 수 있는 이상적인 시간이다. 수련 감독하의 수련시간은 단순히 응시 기준을 충족시키기 위한 최소한의 시간이 아닌 전문가로서의 여러분의 미래에 대한 투자의 시간임을 기억하라.

졸업생 중 한 명이 캘리포니아 주립대학교 노스리지 캠퍼스(CSUN)에서의 인턴십 경험에 대해 후회한다고 한 적이 있다. 그는 자기의 주된 관심사인 소외계층에 대한 학업적 유창성을 주로 다루는 현장에서 무급 인턴으로 근무할 기회가 있었다고 했다. 그러나 당시에 수입이 필요했던 그는 이 기회를 활용하기보다는 가정 기반 치료 기관에서 자폐 스펙트럼 장애를 가진 아동과 일하는 것을 택했다. 물론 두 현장 모두 그가 역량을 개발할 수 있는 기회가 되었고 그 당시 돈을 벌 수 있었지만, 결국 이로 인해 자신의 진로가 자신의 관심 영역에서 벗어나게 되었기에 유급 현장을 선택한 것을 후회한다고 했다. 그는 그 당시에 수입을 얻을 수 있는 다른 방법을 찾고, 졸업 후에 자신이 원하는 현장에서 인턴십을 하는 편이 더 좋았을 것이라 생각한다고 했다.

이 이야기를 하는 이유는 수련시간을 여러분의 관심사를 찾는 시간으로 삼기를 장려하고자 함이다. 시간 혹은 돈이 부족하다는 이유로 기회나 관계를 놓치지 않기를 바란다. 물론 시간과 돈이 현실적으로 여러분의 선택을 좌우할 수는 있지만, 잘 찾아보면 이를 해결할 수 있는 방법이 얼마든지 있다. 기회를 포기하려고 할 때마다 도움을 요청할 것을 권한다. 관심사를 추구하지 않고 이를 저버리면 결국은 후회를 하게 된다. 불가피한 선택을 하는 경우도 있다. 여러 선택 사항들을 살펴보고 도움을 요청할 것을 권장하지만, 개개인마다 처한 상황이 모두 다르고 또 모든 사람이 기회를 활용할 수 있는 것은 아니다.

수련 경험에 대해 책임지기

이 지침서는 슈퍼바이저가 아닌 수련생을 위해 개발하였다. 왜냐하면 수련생이 슈퍼바이저에게 더 많은 것을 요구하거나 이끌어낼 때 최고의 슈퍼비전이 가능해지기 때문이다. 또한 여느 관계에서와 마찬가지로 슈퍼바이저-수련생 관계는 슈퍼바이저뿐만 아니라 두 사람 모두의 일과 관련이 있다. 두 사람 모두 관계에 헌신해야 하고 개방적인 의사소통을 해야 하며 업무를 위해 서로를 믿어야 한다. 그러므로 여러분은 수련생으로서 자신의 수련 경험에 책임을 가지고 학습을 할 수 있도록 슈퍼바이저와 협력해야 한다. 슈퍼바이저와 대학, 수련 현장 간 의사소통을 해야 하는 경우도 있을 수 있다. 수련 경험에 대해 책임을 지는 모습은 여러분의 슈퍼비전에 관여하는 사람들을 하나의 팀으로 보고 수련 경험을 가능한 한 풍부하고 기억에 남을 만한 것으로 만들어 줄 것이다. 수련생으로서 추가적인 기회나 경험(예: 일반적이지 않은 평가나 복잡한 사례를 도움)을 찾고 이를 어떻게 활용할지를 슈퍼바이저와 의논하라. 예를 들어, 레지던트는 수련기간 동안 매일매일의 주어진 업무를 통해 병원에 오는 환자들의 가장 흔한 질병에 대한 일반적인 치료 기술을 익히게 된다. 일반적인 활동 이외에 자원하여 업무를 한다고 하더라도 특수하거나 어려운 사례를 항상 접할 수 있는 것은 아니다. 하지만 레지던트 모델은 의과대학 프로그램에 등록하고 학업 교육과정으로 레지던트 업무를 수행하는 것 이상의 책임을 부여한다. 여러 가지 측면에서 의사로서의 전문성은 특수한 사례를 얼마나 많이 접했느냐에 따라 달라진다.

🗂 수행 피드백으로부터 최대한 많은 것을 얻기

수행 피드백의 의미 및 중요성

수행 피드백은 짧은 피드백이라고도 하는데, 이는 개인의 행동을 변화하게 만드는 수행에 대한 정보를 의미한다(Daniels & Bailey, 2014). 슈퍼바이저의 피드백은 수련생의 자가 피드백보다 일관적으로 좋은 결과를 가져온다고 보고된다(Balcazar, Hopkins, & Suarez, 1985).

이는 슈퍼바이저가 수련생의 수행을 평가하고 기록하는 주된 책임을 갖는 이유가 된다. 평가 절차는 수련생과 슈퍼바이저 모두에게 불안을 야기할 수 있다. 누군가에게 자신의 행동이 관찰된다는 것이 스트레스가 될 수는 있지만 이를 통해 최선을 다하게 되기도 한다. 슈퍼바이저는 피드백에 대한 수련생의 반응과 추후 수행을 향상시킬 수 있는 피드백 제공에 관해 걱정할 것이다. 평가 절차는 슈퍼비전에서 매우 중요하지만 수련생과 슈퍼바이저 간의 준비와 신뢰 없이는 스트레스가 될 수 있으므로 유의한다.

많은 연구자는 슈퍼비전을 가장 윤리적이고 효과적으로 만들기 위해서 수련생

에게 효과적인 훈련과 수행에 대한 피드백을 제공하는 것이 중요하다고 보고한
다(Sellers, Valentino, & LeBlanc, 2016; Turner, Fischer, & Luiselli, 2016). 사실 피드백
을 제공하는 것은 슈퍼바이저의 윤리적 책임이기도 하다(윤리이행 관련 규정 5.06).
연구자들은 수행 기반 역량에 대한 효과적인 훈련 방법은 숙달 기준을 충족시킬
때까지 지시, 모델링 및 시행에 대해 피드백을 제공하는 것임을 보고한다. 이러
한 방식의 실무 교육을 행동기술훈련(Behavior Skills Training: BST)이라고 부른다.
BST 방식에서는 슈퍼바이저가 수련생이 해야 할 과제에 대한 수행 모니터링 도구
(Performance Monitoring Tools: PMTs)를 개발하고, 수련생이 해당 과제를 수행하는
기회를 직접적으로 관찰하며, 과제를 수행하는 올바른 방식에 대해 시범을 보이고
수련생이 이를 적절하게 수행할 때까지 피드백을 제공해야 한다. Ward-Horner와
Sturney(2012)는 BST의 다른 어떤 요소보다 피드백 제공이 수련생의 수행 향상에
효과적임을 밝혔다.

　수련시간 외에 행동적 프로그램을 시행하는 경우, 그것이 수련생의 전반적인 기
술 향상을 돕는 전문적 역량(예: 작문 기술, 내담자와의 의사소통 기술, 전문가로서의 태
도, 적시성, 실행 기술)에 관한 것이라면 슈퍼바이저로부터 피드백을 받을 수 있다.
다양한 상황에 있는 다양한 사람(예: 은행원, 하키선수, 자폐 스펙트럼 장애를 가진 아
동)의 행동을 원하는 방향으로 변화시키는 데 피드백이 효과적이라는 연구 결과
가 상당히 많이 축적되어 있다. 수행 피드백은 단지 기술의 획득에만 국한되지 않
고 해당 기술의 유지 및 일반화와도 관련이 있다(DiGennaro Reed, Hirst, & Howard,
2013). Daniedls와 Bailey(2014)는 슈퍼바이저가 행동을 변화시키는 도구인 피드백
을 챔피언의 아침식사라고 명명한 이유도 여기에 있다고 본다. 이들에 따르면, 피
드백은 "일반적인 사람들에게 강력한 변화를 가져온다". 그러나 피드백이 여러분
의 행동을 변화시킬 만큼 효과적이기 위해서는 이를 잘 받아들이고 활용해야 한다
(Stone & Heen, 2015의 '피드백을 받아들이는 법' 참조).

수행 피드백을 잘 받아들이는 법

　피드백을 잘 받아들인다는 것은 피드백을 제공하는 사람과의 대화를 통해 추후
더 많이 성장하고 더 잘할 수 있도록 정보를 활용하는 데에 초점을 맞추는 것을 의

미한다. 피드백을 잘 받는다는 것이 피드백에 대해 실망하거나, 상처를 받거나, 화를 내거나, 정서적인 반응을 하지 않는 것을 의미하지는 않는다. 피드백에 관한 이전의 경험은 여러분이 피드백에 대해 어떻게 반응하는가에 영향을 준다. 피드백에 대한 정서적인 반응을 줄이기 위해서는 시간도 필요하고, 동시에 피드백을 받으면서 얻는 새로운 경험이 축적되어야 하는데, 경험 많은 슈퍼바이저는 이를 알아챌 수 있다. 피드백을 잘 받아들이는 것은 어떤 정서를 유발하는 계기가 있을 때 정서적 반응에 집중하기보다는 이를 잘 다스리며 피드백을 통해 얻을 수 있는 것에 초점을 두는 것을 의미한다. 〈사례 6-2〉를 보라.

⨀ 사례 6-2 ─────────────────────────────

엠마는 대학원 1년차 학생으로 양육자를 발로 차거나 때리는 등의 심각한 공격행동이 있는 10세 남아를 치료하고 있다. 지난 2주간 내담자의 행동이 개선되었고, 엠마는 슈퍼바이저인 샤이안에게 이 사례를 보여 주며 슈퍼비전받는 것을 기대하고 있었다. 그러나 슈퍼비전 시 아동은 엠마의 지시를 언어적으로 거부했으며 엠마가 지시한 것이 아닌 자신의 방식으로 행동을 했다. 회기가 종료될 때 샤이안은 엠마가 아동에게 간략하고 직접적이며 보다 명확한 지시를 내려야 한다는 피드백을 주었다. 또한 엠마의 몇 가지 지시를 예로 들며 어떠한 점이 불명확했는지를 설명했다. 엠마는 슈퍼비전을 받으며 실망하고 흥분한 상태로 샤이안에게 "그런데 평소에는 내담자가 제 지시에 굉장히 잘 반응했어요. 오늘은 아마 선생님이 계셔서 그렇게 행동한 것 같아요."라고 말했다.

여기에서는 슈퍼바이저로부터 피드백을 받았을 때 여러분이 활용할 수 있는 몇 가지 전략에 대해 설명한다.

팁 1. 피드백을 수용하라

피드백이나 질문의 정확성을 평가하기보다는 전문가의 권고안으로 여기고 그대로 수용하라. 피드백이 부정확한 관찰에 의한 것이라 여겨지더라도 상관없다. 왜냐하면 슈퍼바이저가 여러분을 관찰하고 여러분의 업무에 대한 인상을 형성할 기회는 앞으로도 많기 때문이다. 슈퍼바이저의 피드백에 대한 경계심이나 판단을 배제하고 이를 받아들이면 여러분이 잘못에 개방적이고 새로운 아이디어를 받아들일 준비가 되어 있으며 기꺼이 들을 자세가 되어 있음을 보여 줄 수 있다. 예를 들어, 〈사례 6-2〉에서 엠마의 경우 샤이안에게 자신이 지시하는 방식이 실제로 문제가 있는지를 묻기보다 어떻게 하면 더 나은 지시를 할 수 있는지에 초점을 맞추는 것이 더 좋았을 것이다.

팁 2. 여러분이 받은 피드백을 요약해서 말해 보라

피드백 회기가 끝나면 여러분이 받은 피드백을 요약해 보라. 그것은 다음 수행에서 여러분이 개선해야 할 것들의 형태로 정리되어야 한다. 이는 여러분과 슈퍼바이저 모두에게 유용하다. 피드백을 여러분의 언어로 요약해서 다시 말해 보는 것은 피드백에 대해 정서적으로 반응하기보다는 들어야 할 사항들에 집중하도록 만들 것이다. 여러분이 한 요약은 슈퍼바이저가 자신의 피드백이 주제에 벗어나 있었는지, 필요 이상의 정보를 제공했는지 혹은 불명확한 설명을 했는지를 확인하는 데도 도움을 줄 수 있다. 마지막으로, 이러한 절차는 여러분이 받은 피드백 가운데 보물을 발견하도록 도와줄 수 있다.

팁 3. 명확하게 하라

슈퍼바이저에게 여러분이 잘 이해할 수 있도록 여러분에 대한 기대사항을 명확히 설명해 달라고 요구하라. 또한 시행을 위한 팁이나 기술도 요구하라. Butler, Godbole과 Marsh(2013)는 옳은 반응에 대한 설명이 포함된 피드백이 기술의 일반화에 더 도움이 된다는 결과를 발표하였다. 여러분이 받는 피드백이 주는 의미를 생각하라. 이것이 어렵다면 행동 개선이 어떠한 의미를 가지는지 슈퍼바이저에게 물어 보라. 예를 들어, 엠마의 사례에서 자신이 한 지시에 대해 질문을 했다면 순응을 높이는 증거 기반 방법에 대해 더 많이 배울 수 있었을 것이며, 순응하는 기회를 더 자주 만들기 위한 구체적인 단계를 밟을 수 있었을 것이다. 이를 위해 "말씀하신 '직설적으로'란 제가 '부탁해'라는 말을 하지 말았어야 했다는 뜻인가요?" 혹은 "와서 다음에 할 과제를 선택하도록 더 간략하게 뭐라고 말을 하는 것이 좋았을까요? '이리 와'를 먼저 했어야 할까요?"라고 구체적으로 물어볼 수 있다.

팁 4. 피드백 제공자에게 감사를 표하라

여러분을 돕기 위해 피드백을 준 사람의 시간과 노력을 생각해 보아라. 피드백이 적절치 않게 들릴지라도 많은 것을 배울 수 있게 경험을 전달해 준 데에 감사하라. 우리는 피드백을 받은 당시에 그 가치를 알아채지 못했지만, 그 피드백이 추후에 어떤 방식으로도 우리 스스로를 성장하게 해 주었던 경험을 한 적이 있다. 우리는 슈퍼비전 시 학생들에게 피라미드 모델을 적용하는데, 이 모델에서는 선배 대학원생이 후배 동료로서 내 슈퍼비전하에 학부생 혹은 신입 대학원생에게 슈퍼비전을 해 준다. 우리는 수련생이 자신의 수련생에게 피드백을 주는 경험을 통해 슈퍼바이저인 우리의 시간과 피드백에 대해 더 감사하게 느끼는 것을 경험하였다. 피드백의 역할이 수련생을 더 나은 방향으로 성장하도록 하는 것임을 알고 있다 하더라도, 스스로 피드백을 주는 경험을 하게 되면 좋은 피드백을 위해 시간과 노력이 얼마나 많이 드는지를 알게 되고 더 깊이 감사하는 마음을 갖게 된다.

팁 5. 피드백을 요청하라

조직 관리를 위한 슈퍼비전이 아니라 수행에 대한 피드백을 받는 경우, 사람들이 원하는 것은 칭찬이다. 친구 혹은 가족 구성원도 아니고, 또 모든 사람이 행동 개선을 위해 피드백을 구하는 것은 아니기 때문에, 공식적인 슈퍼비전에서 추후 기술 향상에 도움이 되더라도 잘못한 것에 대해 지적을 받는 것은 수련생들에게 쉽지 않은 일이다. 이는 슈퍼바이저가 칭찬을 무시해도 된다거나 수련생의 수행 향상을 인정하지 않아도 된다는 의미가 아니다. 사실 좋은 슈퍼바이저는 수련생이 유지 혹은 증가시켰으면 하는 기술뿐 아니라 가르치거나 개선해야 할 기술을 파악해야 한다. 수련생은 미소를 짓고 고개를 끄덕이며 추후 자신의 성장에 도움이 되는 피드백에 수긍한다는 표현을 함으로써 객관적이고 즉각적인 피드백을 얻게 된다.

행동분석가로서 우리는 보통 하지 말아야 하는 것보다는 해야 하는 행동에 초점을 두지만, 피드백을 받는 방식에 관해서는 가능한 한 특정 행동을 하지 않을 것을 강조한다. 〈사례 6-3〉의 상황을 보라.

📋 사례 6-3 ─────────────

〈사례 6-2〉에서 샤이안은 엠마가 치료하는 아동이 과거에 지시를 피하기 위한 방법으로 양육자에 대한 공격행동을 했음을 파악하고, 엠마에게 더 이상 아동에게 지시를 하지 말 것과 명확하고 간결한 지시를 하는 것이 왜 중요한지에 대해 설명하였다. 그러자 엠마는 샤이안이 관찰하는 것에 신경쓰지 않았다면 자신도 그렇게 했을 것이고 아동의 공격행동도 많지 않았을 것이라고 말했다. 그리고 엠마는 아동이 평소와는 너무나 다른 행동을 보여 짧은 지시를 내릴 생각을 하지 못했을 뿐 생각할 시간이 좀 더 있었다면 더 나은 지시를 내렸을 것이라고 말했다.

피드백을 받을 때 다음과 같은 사항을 삼가라.

- **정당화하기:** 슈퍼바이저에게 여러분의 기술을 보여 줄 기회가 충분히 많음을 고려하라. 왜 잘못되었는지, 왜 수정이 필요한 행동을 했는지에 대해 설명하려고 하지 마라. 〈사례 6-3〉의 엠마처럼 불필요한 정당화를 하지 마라.
- **피드백에 대해 이미 알고 있었다는 듯 행동하기:** 수련생이 올바른 반응이 무엇인지 이미 알고 있다고 말하는 것은 슈퍼바이저에게 시간을 낭비했다는 메시지를 준다. 첫째, 수련생이 이미 알고 있었다는 말은 틀린 말이다. 특정한 맥락과 변별자극하에서 올바른 행동이 나타나지 않았다면, 수련생이 적절하게 행동하는 법을 몰랐음을 의미한다. 둘째, 〈사례 6-3〉에서 엠마가 그랬듯이, 이미 올바른 행동을 알고 있었다고 말하는 것은 슈퍼바이저가 제공하는 피드백의 가치를 평가절하하는 것이다. 정답을 이미 알고 있었다고 말하는 것은 자기평가 및 오류를 수정할 전략을 잘 사용하고 있음을 보여 주는 것이 아니다. 자기평가는 모든 전문가에게 있어 매우 중요한 자질로 수련생들은 슈퍼비전 기간 혹은 그 이후에도 스스로를 관찰하고 자신의 수행을 평가해야 한다. 그러나 피드백을 받을 때에는 슈퍼바이저가 피드백을 제공하기 전에 수련생에게 자기평가를 할 것을 요구하지 않는 한 이를 보류해야 한다. 여기에서는 추후 슈퍼바이저가 수련생에게 피드백을 주고 싶도록 만드는 수련생의 행동에 대한 팁을 제공하였다.
- **방어하기:** 피드백을 주고받는 것은 점수를 매기는 것이 아니다. 슈퍼바이저의 역할은 수련생의 성장을 돕는 데에 있다. 수련생이 이미 모든 것을 알고 있다면 피드백이 필요치 않을 것이다. 그러나 모든 것을 아는 사람도 모든 것을 올

바르게 하는 사람도 없다. 따라서 누군가가 여러분의 성장을 위해 충분한 시간을 내어 준다면 이를 행운으로 여겨야 한다.

■ **피드백에 위축되지 않기**: 이 말은 쉽지만 실제로 행하는 것은 어렵다. 과거에 처벌과 연합된 피드백을 받은 적이 있다면, 피드백을 받을 경우 아마도 즉각적으로 위축될 것이다. 앞서 언급하였듯이, 피드백에 대한 즉각적인 반응은 대부분 피드백과 관련한 이전의 경험과 연관이 있다. 특히 이전에 피드백을 받고 위축되었던 적이 있다면, 피드백에 대해 슈퍼바이저와 의논하고, 고개를 끄덕이는 등 자신의 의사를 더 많이 표현하고, 피드백을 통해 더 많은 학습 기회를 얻으려고 하는 적극적인 행동을 보이는 것이 좋다.

슈퍼바이저의 피드백이 거부되거나 논쟁이 되거나 방어행동을 일으킨다면, 추후 슈퍼바이저는 수련생에게 도움이 될 피드백을 제공하려 하지 않을 것이다. 의도하지 않았더라도 슈퍼바이저가 건설적인 피드백을 제공하지 않게 되면 슈퍼바이저로부터 다른 수련생들과 비슷한 수준의 피드백을 받지 못하게 되는 역효과가 생긴다.

지금까지 여기서 말한 팁들은 주로 구두 언어로 제공되는 피드백 회기에 해당한다. 물론 여러 다른 형태의 피드백을 받는 경우도 있다. 직접적인 시행에 대한 관찰 이후 곧바로 구두 언어로 피드백을 받을 수도 있고, 관찰하는 동안 받은 언어적 피드백에 추가적으로 확인을 위한 문서화된 피드백을 받을 수도 있다. 문서화된 피드백의 경우에는 임상 사례 보고서, 데이터 혹은 치료 계획서와 같은 형태로 주어지기도 한다. 또한 수련생의 행동변화를 시각적으로 보여 주기 위해 그래프가 사용되기도 하고 사회적 비교를 위해 그래프화되고 공개되기도 한다. 그 형태가 무엇이든 피드백에서 핵심 사항을 찾고 성장을 할 수 있게 변화할 것을 권한다.

효과적인 피드백은 다음의 가이드라인을 따라야 한다(Alvero, Bucklin, & Austin, 2001; Daneils & Bailey, 2014 참조).

1. 행동변화를 위해 행동에 대한 구체적인 정보가 주어져야 한다.
2. 변화를 위해 피드백을 받는 사람의 통제하에 있는 수행에 근거해야 한다.
3. 수련생의 수행 직후 즉각적으로 혹은 동일한 수행을 보이기 직전에 제공한다.
4. 피드백을 받는 사람이 변화를 위한 노력을 할 수 있도록 개별화되어야 한다.

5. 슈퍼바이저를 만날 수 없는 경우에는 슈퍼바이저와 소통할 수 있는 가능한 방법을 찾거나 수련생이 스스로 자기모니터링을 함으로써 자신의 진행 상황을 확인할 수 있도록 해야 한다.

6. 행동의 개선과 달성 가능한 목표에 집중한다.

7. 가능하면 그래프화하거나 개인의 진행 상황, 내담자의 행동변화 혹은 동료의 성과에 근거하여 개선을 위한 명확한 기준을 제공한다.

팁 6. 피드백에 대해 언제 논의할지 알아차리기

슈퍼바이저의 피드백에 대해 평가하고 논쟁하는 것은 권하지 않는다. 그러나 잘못된 피드백이 있을 수 있으며, 어떤 경우에는 피드백을 받은 사항을 어떻게 적용해야 하는지 헷갈리거나 불확실하다고 느낄 수도 있다. 만일 권고안이 실행 가능하고 타인에게 해가 되지 않는다면 이를 수용하고 피드백대로 시행할 것을 권한다. 예를 들어, 슈퍼바이저가 당뇨가 있는 내담자에게 과자와 같은 더 강력한 음식 강화물을 준비하라고 제안했다면, 여러분은 내담자에게 당뇨가 있다는 사실을 바로 말해야 한다. 이 경우에 여러분이 슈퍼바이저가 왜 이런 피드백을 주었는지 잘 이해하고 있다면 블루베리, 포도, 구운 아몬드, 팝콘과 같은 다른 음식 강화물을 제안할 수 있다. 이러한 행동은 슈퍼바이저가 계속해서 피드백을 제공할 가능성을 높일 뿐 아니라 피드백을 수용하고 시행하는 여러분의 능력 또한 검증해 준다.

피드백을 평가하지 말라고 해서 주어진 피드백을 무턱대고 모두 받아들이라는 말은 아니다. 따라서 이는 팁 1과 모순되지 않는다. 그보다 여러분이 받은 피드백에 대해서 시간을 갖고 검토하고 생각해 볼 것을 권한다. 그 당시에 받은 피드백이 틀렸을 수도 있고, 슈퍼바이저의 제안이 근거에 기반한 것이 아닐 수도 있으며, 여러분이 학교에서 배운 것과 다를 수도 있다. 이러한 경우에는 24시간의 충분한 시간을 두고 이를 스스로 검토하면서 슈퍼바이저가 무엇을 요구했고 이를 통해 여러분이 취할 것이 무엇인지 생각해보는 것이 좋다. 그렇게 하고 난 뒤에도 피드백의 많은 부분이 불명확하고 잘못된 것이라 느껴진다면 슈퍼바이저에게 연락하여 피드백에 대한 추가적인 논의를 요청하면 된다. 이때 가장 중요한 것은 분명하게 말하되 여러분의 의견이 맞다는 식으로 내세우기보다는 슈퍼바이저의 피드백과 결정의 이유를 묻는 형태로 진행되어야 한다.

대부분의 피드백은 여러분이 더 훌륭한 행동분석가가 될 수 있게 만드는 유용한 정보를 담고 있다. 이 기회를 의견 불일치에 대해 전문성 있게 대응하는 의사소통 능력을 증진하는 기회로 활용하라.

슈퍼바이저에게 수행 피드백을 주는 법

슈퍼비전 기간 내에 여러분의 피드백을 슈퍼바이저에게 전달할 기회가 많이 있을 것이다. 첫째, 슈퍼바이저는 슈퍼비전에 대한 수련생의 만족도 평가를 통해 피드백을 얻을 수 있다. 둘째, 여러분과의 슈퍼비전이 잘 이루어지고 있는지 확인하기 위한 피드백을 요청할 수도 있다. 셋째, 슈퍼바이저는 여러분에게 특정 역량 개발이 왜 어려운지 물을 수 있다. 이를 통해 여러분의 특정한 요구사항이 슈퍼비전을 통해 충족되지 못하고 있음을 깨달을 수 있다. 넷째, 슈퍼바이저가 부정확하거나 헷갈리는 피드백을 줄 수 있다. 이 상황에서 어떻게 행동하는지가 여러분의 전문성을 반영하는 것임을 기억해야 한다. 이 경우, 슈퍼바이저가 틀렸다는 증거가 없다면 피드백을 받아들이는 것이 좋다. 대신 의사소통 통로를 계속해서 열어 두고 인간으로서의 슈퍼바이저가 아닌 그의 행동인 피드백에 초점을 두어야 함을 기억하라. 여러분의 피드백이 상대방을 판단하거나 점수를 매기려는 것이 아니라 선의로 여겨질 때 그것이 긍정적으로 받아들여질 수 있다.

슈퍼바이저에게 피드백을 제공할 때에는 다음과 같은 구체적인 단계를 밟을 것을 권한다. 첫째, 피드백을 전달하기 전에 여러분이 전달하고자 하는 사항에 대해 명확하게 이해하고 있어야 한다. 명확성, 톤 및 논리성을 철저하게 따져 보면 오해가 생기는 일을 피할 수 있다. 둘째, 상황이나 결정에 대한 슈퍼바이저의 논리나 사고 과정에 대해 가정하지 말고 질문해 보라. 피드백은 의사결정의 최종 결과로 여겨질 뿐 그 결과를 가져오기까지 단계들은 고려하지 않는 경우가 많다. 사고 과정에 대해 질문을 하게 되면 여러분이 슈퍼바이저에게 의문을 품었던 점에 대한 추가 정보를 얻을 수 있을 것이다. 마지막으로, 논의에 대비하고 해결책을 준비하여 피드백이 관철되게 하라. 해결책을 준비하고 이를 실행에 옮길 것을 권한다. 마지막 단계로 슈퍼비전이 상호적인 과정임을 항상 기억하라. 슈퍼바이저에게 피드백을 제공하는 상황에서 공손하고 전문성 있는 태도로 임하는 것은 문제를 해결할 뿐 아니라 슈퍼비전 내 상호작용이 원활해지는 효과를 가져올 것이다. 〈사례 6-4〉는 우리와 일했던 수련생의 이야기이다.

📋 **사례 6-4**

내 슈퍼바이저 중 한 분은 아동에게 일정 시간 과제를 시킨 후 휴식시간을 주는 프로그램을 진행하고 있었다. 이 프로그램은 책상 위에서 진행되는 과제를 줄 때마다 자해행동을 보이는 아동의 자해행동을 줄이려는 데 목적이 있었다. 나는 아동이 책상 앞에서 여전히 자해행동을 할 뿐만 아니라 휴식시간이나 자유놀이 시간에도 자해행동을 하는 것을 보았다. 나는 슈퍼바이저의 방법에 대해 혼란스러웠다. 나는 그가 왜 이러한 프로그램을 진행하는지 이해가 가지 않았는데, 내가 제대로 이해를 못하고 있기 때문에 프로그램에 대해 의문을 가지고 있는 것이라 생각했다.

Kazemi 박사의 연구를 접한 뒤, 나는 슈퍼바이저에게 해당 내담자의 사례에 대해 함께 검토할 수 있는지, 그리고 왜 그가 고정시간 회피 프로그램을 적용했는지에 대해 물었다. 슈퍼바이저는 학교와 유사한 상황(대부분의 지시와 이로부터의 회피가 일정한 시간과 벨소리에 따라 나타나는 환경)을 만들어 자해행동을 억제하고자 했다고 말했다. 나는 내가 관찰한 자해행동에 대해 말하면서 자해행동이 감소하지 않고 있기 때문에 이 프로그램의 효과성에 대해 의문이 든다고 이야기했다. 슈퍼바이저는 어머니와의 인터뷰에 근거하여 이러한 프로그램을 시행하게 되었음을 설명하면서, 내게 미리 알려 주지 못했음을 사과했다. 그리고는 내가 관심을 보이니 자해행동에 대한 기능분석을 시행하는 데 도움을 요청했다. 나는 내담자의 자해행동을 줄일 수 있을 것이라는 기대에 기능분석을 실시하는 것이 매우 기뻤고, 이에 대해 슈퍼바이저와 진작에 의논을 하지 않았던 것이 후회되었다.

원격 슈퍼비전 및 피드백

원격 회의 기술이 발전하면서 전 세계 어디에서나 원격 슈퍼비전이 가능해졌다. 슈퍼바이저는 여러분을 인터넷 혹은 이동통신망을 통해 실시간으로, 양방향 오디오-비디오 채널로 관찰할 수 있다. 화상회의를 통한 슈퍼비전은 매우 편리할 뿐 아니라 굳이 동일 장소에 있지 않더라도 슈퍼비전이 가능하다. 또한 이러한 유형의 슈퍼비전은 서로의 시간과 비용을 절약해 주기도 한다. 어떠한 사람들은 치료센터로 이동이 불가능하여 원격 슈퍼비전 말고는 방법이 없는 경우도 있다.

이러한 장점에도 불구하고 원격 슈퍼비전이 갖는 어려움도 있다. 첫째, 슈퍼바이저가 내담자와의 회기를 관찰할 때 수련생 및 슈퍼바이저를 보호하고 내담자의 비밀보호를 위해 「건강보험 양도 및 책임에 대한 법(Health Insurance Portability and Accountability Act: HIPAA)」과 관련한 여러 가지 문제를 고려해야 한다. 둘째, 기술적인 문제로 인해 슈퍼비전 회기가 방해를 받을 수 있고 이로 인해 중단이 되면 후속미팅이나 회의를 가져야 한다. 셋째, 정교한 영상 기술 없이는 수련생이 치료를 하는 물리적인 환경이나 전체적인 맥락을 슈퍼바이저가 보는 것이 어렵다. 슈퍼바이저 입장에서는 치료가 일어나는 상황에 대해 모든 것을 알지 못하는 상태에서 효과적으로 슈퍼비전을 하기가 쉽지 않다. 넷째, 화상회의를 통해 슈퍼바이저가 시범을 보이는 것이 어렵다. 대안으로, 슈퍼바이저가 인형을 내담자로 간주하고, 수련생이 수행하길 원하는 행동을 모델링하여 보여 주는 것이 도움이 되는 경우도 있다. 마지막으로, 위험 요소가 많은 상황일 경우 여러분의 슈퍼바이저가 여러분을 도와줄 수 없다(Florell, 2016 참조).

만약 원격 슈퍼비전이 주된 슈퍼비전이라면 이러한 위험 요소가 많은 상황에서 어떻게 할 것인지에 대해 서로 의논을 하는 것이 좋다. 무언가 잘못되거나 물리적으로 즉각적인 슈퍼바이저의 도움이 필요할 경우 다른 슈퍼바이저가 대신 도와줄 수 있는 대안을 마련해 놓아야 한다(Turner, Fischer, & Luiselli, 2016). 또한 슈퍼비전의 많은 부분을 원격으로 진행할 경우에 원격 의료 및 원격 슈퍼비전에 관한 여러 자료들에 친숙해질 것을 권한다(Grady et al., 2011; Rios, Kazem, & Peterson, 출판 중 참조).

요약

이 장에서는 슈퍼비전으로 얻을 수 있는 이점과 이를 어떻게 얻을 수 있는지에 대해 설명하였다. 다음의 두 가지 팁은 여러분의 슈퍼비전 경험을 더욱 풍성하게 만들어 줄 것이다. 첫째, 여러분의 수련 경험 및 이것이 여러분에게 어떻게 도움이 되고 있는지에 대해 슈퍼바이저와 적극적으로 의사소통하라. 둘째, 슈퍼비전의 모든 순간이 잠재적인 학습 기회가 될 수 있음을 기억하라. 이 책을 통해 여러분은 이미 슈퍼비전에 관해 올바른 길을 걷기 시작했고, 이를 준비하기 위한 학습을 하게 되었다. 이 길을 계속해서 걸어간다면 여러분의 여정은 성공적일 것이다. 슈퍼비전 기간은 생각보다 빠르게 지나간다. 이 시간을 최대한으로 활용하라.

참고문헌

Alvero, A. M., Bucklin, B. R., & Austin, J. (2001). An objective review of the effectiveness and essential characteristics of performance feedback in organizational settings (1985-1998). *Journal of Organizational Behavior Management, 21*(1), 3-29. doi:10.1300/J075v21n01_02

Balcazar, F. E., Hopkins, B. L., & Suarez, Y. (1985). A critical, objective review of performance feedback. *Journal of Organizational Behavior Management, 7*(3-4), 65-89. doi:10.1300/J075v07n03_05

Butler, A. C., Godbole, N., & Marsh, E. J. (2013). Explanation feedback is better than correct answer feedback for promoting transfer of learning. *Journal of Educational Psychology, 105*(2), 290-298. doi:10.1037/ a0031026

Daniels, A. C., & Bailey, J. S. (2014). *Performance management: Changing behavior that drives organizational effectiveness.* Atlanta, GA: Aubrey Daniels International.

DiGennaro Reed, F. D., Hirst, J. M., & Howard, V. J. (2013). Empirically supported staff selection, training, and management strategies. In D. D. Reed, F. D. DiGennaro Reed, & J. K. Luiselli (Eds.), *Handbook of crisis intervention and developmental disabilities* (pp. 71-85). New York, NY: Springer Science+Business Media. doi:10.1007/978-1-4614-6531-7_5

Florell, D. (2016). Web-based training and supervision. In J. K. Luiselli & A. J. Fischer (Eds.), *Computer-assisted and web-based innovations in psychology, special education, and health* (pp. 313-338). New York, NY: Academic Press/Elsevier.

Grady, B., Myers, K. M., Nelson, E., Belz, N., Bennett, L., Carnahan, L., . . . Voyles, D. (2011). Evidence-based practice for telemental health. *Telemedicine and e-Health, 17*(2), 131-148. doi:10.1089/tmj.2010.0158

Graf, S. A., & Auman, J. (2005). SAFMEDS: A tool to build fluency. Retrieved from https://static1.squarespace.com/static/52f9aba6e4b0a0539a453ec0/t/53192ce6e4b0fa5080ab3661/1394158822332/SAFMEDS.Tool.06.pdf

Lundstrom, K., & Baker, W. (2009). To give is better than to receive: The benefits of peer review to the reviewer's own writing. *Journal of Second Language Writing, 18*(1),

30-43. doi:10.1016/j.jslw.2008.06.002

Parsons, M. B., Rollyson, J. H., & Reid, D. H. (2012). Evidence-based staff training: A guide for practitioners. *Behavior Analysis in Practice, 5*(2), 2-11. doi:10.1007/BF03391819

Rios, D., Kazemi, E., & Peterson, S. (in press). Best practices and considerations for effective service provision via remote technology. *Behavior Analysis in Practice.*

Sellers, T. P., Valentino, A. L., & LeBlanc, L. A. (2016). Recommended practices for individual supervision of aspiring behavior analysts. *Behavior Analysis in Practice, 9*(4), 274-286. doi:10.1007/s40617-016-0110-7

Stone, D., & Heen, S. (2015). Thanks for the feedback: The science and art of receiving feedback well (even when it is off base, unfair, poorly delivered, and frankly, you're not in the mood). London, UK: Penguin.

Turner, L. B., Fischer, A. J., & Luiselli, J. K. (2016). Towards a competency-based, ethical, and socially valid approach to the supervision of applied behavior analytic trainees. *Behavior Analysis in Practice, 9*(4), 287-298. doi:10.1007/s40617-016-0121-4

Van Zundert, M., Sluijsmans, D., & Van Merriënboer, J. (2010). Effective peer assessment processes: Research findings and future directions. *Learning and Instruction, 20*(4), 270-279. doi:10.1016/j.learninstruc.2009.08.004

Ward-Horner, J., & Sturmey, P. (2012). Component analysis of behavior skills training in functional analysis. *Behavioral Interventions, 27*(2), 75-92. doi:10.1002/bin.1339

Chapter **07**
핵심 기술을 향상시키기 위한 시간과 노력 들이기

　응용행동분석과 같이 인간을 대상으로 하는 서비스 분야에서 유능한 전문가를 양성하기 위해서는 핵심 원리, 과학, 시행 절차에 대한 이해를 넘어서는 기술을 가르쳐야 한다. 예를 들어, 회기가 시작할 때 밝은 분위기로 내담자를 적절하게 맞이하는 기술은 행동적 절차를 시행하는 응용행동분석 분야에서 필요한 것이지만 학교의 수업시간을 통해서는 배우거나 연습할 수 없다(Friman, 2015 참조). 서비스를 제공하면서 내린 결정에 대해 의사소통하는 법, 동료와 관계를 맺는 법, 이해관계자에게 영향력을 행사하는 법, 일이 힘들 때에도 꾸준히 노력하는 법, 해야 할 여러 가지 일들 앞에서 시간을 분배하는 법 등은 행동분석과 관련된 역량만큼 중요한 부분이다. 만약 어떤 사람이 자신을 표현하는 데는 능숙하지만 행동분석 분야에 유능하지 못하다면 행동분석가로 성공하기 어렵다.

　이는 가장 좋아하는 초콜릿 상자를 열었는데 그 안에 초콜릿이 없고 종이 포장만 들어 있는 것과 비슷하다. 비어 있는 초콜릿 상자는 겉으로는 그럴듯해 보이지만 역량이 부족한 행동분석가를 의미한다. 처음에는 사람들이 그 사람이 가진 잠재력에 혹할 수 있지만 막상 함께 일을 해 보면 변화를 일으킬 만한 자질이 없음을 깨닫고 불만족하게 된다. 영화 〈포레스트 검프〉의 표현을 활용하자면, "사람들은 초콜릿 상자와 같은 존재로 때때로 다양한 모습을 나타내지만 때로는 공허함과 실망감으로 가득 차 있다".

반면, 행동분석가로서는 유능하지만 협력하는 기술이 부족하고 치료 팀 내 다른 전문가들과 사이가 좋지 않다면 그 사람의 치료적 제언이 받아들여질 가능성이 낮아진다. 앞의 비유를 적용해 보면 세계 최고의 명품 초콜릿이 찌그러지고 얼룩이 많은 더러운 상자 속에 들어 있는 셈이다. 이 경우 상자 안의 내용물이 아무리 훌륭해도 상자를 열어 귀한 것이 들어 있는지 살펴보려고 하는 사람은 없다.

이 장에서 우리는 이러한 기술을 '핵심'으로 간주하는데, 행동분석가로서 성공하는 데에 중대한 역할을 할 뿐 아니라 모든 전문가에게 있어 요구되는 중요한 사항이기 때문이다.

🗂 시간 관리 기술

우리는 그간 수련생들이 제때 수업 과제물을 제출하는 것과 학업의 질이 임상 보고서를 제출하는 것 그리고 업무의 질과 상관관계가 있음을 경험해 왔다. 이러한 상관에 근거하여 마감 기한을 넘겨 제출된 과제물 혹은 깊이 생각하지 않았거나 편집이 덜 된 제출물은 시간 관리 기술의 부족과 연관되어 있다고 생각하게 되었다. BACB 과제 목록에 나와 있는 역량의 일부는 아니지만 임상 현장 및 학위 과정에서의 성공 여부는 각 직위에서 요구되는 일들을 어떻게 관리하느냐에 달려 있다. 과제나 주어진 일을 마감일에 맞춰 조직화하거나 정리하는 데 부족함이 있다면 슈퍼바이저에게 도움을 구할 것을 권한다. 시간 관리 기술의 향상은 커리어와 수련 경험의 성패를 좌우하게 될 것이다.

수련생 및 실습 중인 행동분석가는 해야 할 일도, 관찰해야 할 사례도, 읽어야 할 논문도, 작성해야 할 보고서도 많고, 기회도 많이 주어지며, 또한 더 많은 친구와 가족들을 만족시켜야 한다. 흥미롭지만 시간이 많이 소요되는 이 모든 일을 잘 처리할 수 있는 방법은 벼락치기로 각각의 마감일을 맞추려고 하기보다는 매일매일 무엇을 할지 선택하고 매일의 목표를 설정하여 이를 향해 나아가는 것이다.

효과적인 시간 관리 기술은 해야 할 모든 일이 동시에 이루어지는 것이 아님을 인식하는 것도 포함한다. 매일매일의 일들을 우선순위에 따라 정리하고 마감일에 맞춰 시간을 배분할 필요가 있다. 이를 위해 자신에게 적절한 달력이나 플래너를 준비하면 도움이 된다. 어떤 플래너를 선택했는데 몇 달이 지나 이를 쓰지 않게 된다면 다른 종류의 플래너 구입을 고려해 보라. 해당 플래너를 사용하지 않게 된 이유에는 두 가지가 있을 수 있다. 첫째, 플래너에 다른 촉구(예: 동료가 마감일을 상기시켜 주거나 슈퍼바이저가 리마인더를 보내 주는 것)가 필요한 일들이 포함되었을 수 있다. 이로 인해 플래너의 가치가 떨어진 것이다. 둘째, 플래너를 가지고 다니기 불편해 필요한 상황에서 이용하지 않았을 수 있다. 추가로, 위시리스트(예: 장학금)를 플래너에 기록한 뒤 달성 불가능함을 깨닫고 마감일을 무시했을 수 있다. 플래너에는 일정을 우선순위에 따라 적고 중요한 마감일을 눈에 띄게 색깔로 표시하는 것이 좋다. 또 다른 이유로는 플래너를 매일 들여다보지 않아서 미리 정해진 스케줄을 마쳤다는 강화제를 얻지 못했을 수 있다.

　중요한 일정을 플래너에 기록하고 마감일에 맞춰 일을 하는 자기 관리 시스템을 갖추게 된다면 플래너는 커리어에 있어 가장 유용한 도구가 될 수 있다. 예를 들어, 관심을 갖고 있는 주제의 심포지엄 참가를 계획했다고 가정하자. 이 경우 심포지엄의 날짜와 등록 마감일(여유 있게 준비하도록 한다), 호텔이나 여행 예약 마감일, 심포지엄에서 최대한 많은 것을 얻어 가기 위해 읽어야 할 자료의 마감일, 심포지엄으로 인해 제출해야 할 직장 휴가 신청서 마감일, 그리고 기타 심포지엄과 관련해 해야 할 일 등을 준비해야 한다. 심포지엄과 관련한 이 모든 것을 플래너에 기록한다면 심포지엄을 더 잘 준비할 수 있을 뿐 아니라 심포지엄 참석을 통한 목표 달성 또한 가능해질 것이다. 경험상 문서화된 업무의 마감일의 경우, 최상의 원고를 위해 검토 시간을 고려해 마감일을 설정하여 스스로 수정할 수 있는 시간을 미리 계획해야 한다. 마감일에 맞춰 성공적으로 일을 해내기 위해서 마감일 때문에 일상적인 활동들이 영향을 받기 전에 마감일보다 먼저 마칠 날짜를 정하고 그에 맞춰 일을 진행해야 한다.

　본질적으로 시간 관리는 우선순위를 정하고 무언가를 희생하는 것이다. 시간을 들여 마감일을 정하기 위한 노력을 기울이면 목표를 달성하기 위해 무엇을 희생해야 하는지가 두드러져 보이게 된다. 예를 들어, 보고서의 마감일을 내일로 설정해 두었다면 보고서를 완성하기 위해 오늘 밤 친구를 만나러 나가는 것을 포기해야 할 것이다.

　더 나은 시간 관리 기술을 위해서는 Bailey와 Burch(2010)의 행동분석가를 위해 반드시 필요한 기술과 전략 중 '시간 관리'에 대한 장을 읽어 볼 것을 권한다. 또한 Covey(1991)의 『성공하는 사람들의 7가지 습관』을 반드시 읽어 보라.

⬚ 자기 관리 기술

　시간 관리 기술처럼 자기 관리 기술 역시 모든 전문가, 특히 인간을 대상으로 하는 서비스를 하는 사람들이 성공하기 위해 갖춰야 할 핵심 기술이다. 교사, 내과의사, 간호사, 사회복지사, 행동분석가와 같이 다른 사람을 돕는 전문가는 매우 까다로운 환경에서 일하며 매일매일 어려움을 마주하게 된다. 그러므로 이러한 사람들은 소진, 피로감, 스트레스 관련 건강 문제를 겪을 위험이 있다. 대체로 이러한 사람들은 다른 사람들을 돕고자 하는 욕구가 있는데 이로 인해 자신의 웰빙보다 내담자의 웰빙에 더 많은 주의를 기울이게 된다. 따라서 다른 사람을 돕는 일에 종사하는 사람은 내담자의 요구와 자신의 요구 간 균형을 맞추는 법을 필수적으로 배워야 한다. 소진되는 것을 막으려면 특정한 전략을 사용하고 전문성 개발의 일부로 이를 연습해 가야 한다. 이를 위해 『회복력 있는 실무자: 소진 및 동정 피로의 예방 및 자기 관리 전략』(Skovhold & Trotter-Mathison, 2016)을 읽고 이를 어떻게 적용할지 슈퍼바이저와 논의할 것을 강력하게 추천한다. 이 책의 저자들은 아주 적절한 사례와 유용한 전략을 소개한다.

　일반적으로 자기 관리 기술은 자신의 전반적인 웰빙, 건강, 행복을 지원하는 활동과 전략을 의미하는데, 이를 통해 다른 사람들을 적절하게 도울 수 있게 된다. 몇몇 주요 자기 관리 활동으로는 균형 잡힌 식사, 평균 8시간의 수면, 적당한 수분 섭취, 규칙적인 운동이 있다. 뿐만 아니라 연구 결과는 이완이나 스트레스가 많은 일에 대해 생각하지 않을 수 있는 활동(예: 명상)에 여가 시간(하루에 적어도 10분)을 쓰는 것이 스트레스를 줄여 줌을 보고한다. 스스로를 돌아보는 것을 무시하는 것은 결국 시간 관리 기술의 부족과도 연결된다. 『성공하는 사람들의 7가지 습관』의 저자 Covey(1991)는 시간이 지날수록 건강과 웰빙에 악영향을 주어 전반적인 목표 및 행복과 멀어지게 하는 악순환에 빠지는 몇 가지 예를 제시하였다. 예를 들어, 매일 정해진 양의 나무를 베어 내고 자신의 일에 몰입하여 훌륭하게 일을 해내는 나무꾼의 이야기가 이에 해당한다. 그는 더 많은 나무를 베어 내려고 초과근무를 하게 되는데, 시간이 흐를수록 베어낸 나무의 양이 늘어나는 것이 아니라 일하는 속도가 떨어지고 피로감이 높아졌으며 일을 마치는 데 더 많은 시간을 소요해야 했다. 나무꾼은 너무나 바빠져서 톱날을 날카롭게 갈지도 못했다. 이 이야기는 신체와 정신이라고 할 수 있는 도구를 관리하는 것의 중요성을 보여 준다. 소진이 되어 버린 다음에는 내담자, 동료 혹은 가족 구성원에게 좋은 모습을 보여 줄 수가 없다. 〈참조 가이드 7-1〉은 여러분이 스스로를 얼마나 잘 관리하고 있는지 확인할 수 있는 체크리스트이다.

〈참조가이드 7-1〉 자기 관리 체크리스트

환경

- 방해가 되는 모든 물건을 제거하라(예: TV, 태블릿PC, 스마트폰).
- 작업 공간을 깨끗하게 유지하라.
- 작업 공간을 안전하고 편안하게 만들라.
- 여러분에게 적합하게 작업 공간을 조직화하라.

보상

- 직업적 보상을 검토하라.
- 작업 완료 후 얻을 수 있는 새롭고, 더욱 즉각적인 보상을 확인하라.
- 보상을 빠르게 얻을 수 있는 몇 가지 과제를 수행하는 동시에 보상이 추후에 뒤따르는 과제를 수행하라.
- 스트레스를 받거나 혼란스러울 때 의지할 수 있도록 신뢰할 수 있는 몇몇 사람을 파악하고 지원 시스템을 구축하라.

신체

- 스트레스를 유발하는 과제를 파악하라. 이를 피하기보다는 단기간에 해당 과제를 마치고 보상을 얻을 수 있도록 하라.
- 업무와 무관한 활동을 하며 고정된 스케줄에 따라 업무 현장을 떠나 휴식을 취하라.
- 물과 건강한 간식을 가방 속, 직장 혹은 접근이 쉬운 다른 장소에 가까이에 두라.
- 큰 피해가 생기지 않도록 자신이 어려움에 처해 있다는 것을 알게 되기 전에 도움을 청하라.
- 아무리 해야 할 일이 많아도 충분한 수면을 취하고 신체 활동을 하라.

📋 의사소통 기술

서면 의사소통

우리는 캘리포니아 주립대학교 노스리지 캠퍼스(CSUN)의 대학원생 및 동문들을 위하여 임상 감독자와 고용주들을 전문가 패널로 초청하곤 한다. 고용주들에게 행동분석 전문가가 갖춰야 할 핵심 기술이 무엇인가를 물어보면, 그들은 일관적으로 좋은 작문 기술과 시간 관리 기술을 꼽는다. 이 두 가지 기술은 서로 연관이 있다. 작문을 잘하려면 시간 관리를 통해 편집할 시간을 마련해야 한다. 철자나 문법적 오류를 피하기 위해 편집을 하는 것에 시간을 들이는 것도 중요하지만, 인턴십 기간 동안 더 명확하고 간결하게 작문하는 법을 배우는 것이 더 중요하다. 이를 위한 가장 좋은 방법은 쓴 글에 대해 피드백을 요청하고 다음에 글을 쓸 때 이 피드백을 적용하는 것이다. 다시 말해, 작문 실력을 높이는 가장 좋은 방법은 작문 실력 향상을 위해 필요한 핵심 요소들을 선택하고 이를 위한 작업을 계속하는 것이다. 예를 들어, 작성한 문건에 대해 슈퍼바이저의 피드백을 요청하는 작문 관련 회기를 가질 수 있다. 작문 관련 미팅을 원격 회의 소프트웨어(예: 스카이프, 줌, 고투미팅, 웹엑스)를 이용하여 진행하면 화면을 함께 보며 슈퍼바이저가 여러분의 작문을 검토하는 것을 볼 수 있을 뿐 아니라 피드백에 대해서도 논의할 수 있다. 구글 독스와 같은 문서 공유 프로그램을 이용해도 이러한 미팅이 가능하다. 또한 대학원에서 작문을 할 때 문법적 오류(예: 그래머리, 화이트스모크)를 확인하는 소프트웨어를 사용하는 등 커리어의 출발에서부터 이러한 소프트웨어 사용에 익숙해지고 작문 관련 도구를 사용하는 법을 익힐 것을 권한다.

구어적 의사소통

알버트 아인슈타인은 "당신이 무엇인가를 간단하게 설명할 수 없다면 당신은 그것을 충분히 이해하지 못한 것이다."라고 말했다. 인간을 상대로 하는 서비스직의 경우, 내담자와 그들의 치료 계획에 대해 의사소통하는 기술이 특히 중요한데 이는 환자를 대하는 태도라고 불리기도 한다. 예를 들어, 자녀의 문제행동 때문에 많이 힘들어하는 가족을 궁극적으로 편안하게 해 주는 것은 개입 계획을 설명하는 일이다. 마찬가지로, 모든 방법을 시도해 보았으나 자신의 학생이 교실 내 다른 이들에게 피해를 주는 것을 막지 못했다고 여기는 교사의 동의 여부는 평가와 치료 계획을 설명하는 방식에 따라 달라질 수 있다. 다른 사람들에게 설명을 잘하기 위해서는, 첫째, 아인슈타인이 말한 것처럼 개념과 절차를 잘 이해하고 있어야 한다. 그러나 이해만으로는 부족하다. 설명을 잘하기 위해서는 구어로 설명하는 연습을 해야만 한다. 이를 위해 이 책에 역할극과 소리를 내어 연습하는 몇 가지의 과제를 제시한다. 슈퍼비전 미팅 시 평가와 개입 계획에 대해 이야기하고 이에 대한 피드백을 요청하는 것은 매우 좋은 연습의 기회가 될 것이다. 처음에 절차를 설명할 때에는 아주 자세히 설명을 하거나 전문 용어를 사용하기도 한다. 그러나 연습을 통해 듣는 사람이 잘 이해하고 관련 질문을 할 수 있을 정도로 세부사항은 적당히 설명하며 핵심을 전달할 수 있게 될 것이다.

📋 전문 기술

　임상 현장에서 여러분이 어떤 옷차림을 하고, 다른 사람들과 어떻게 상호작용을 하며, 전반적인 전문가적 태도가 어떠한지는 내담자에게 여러분의 전문 분야와 인상을 나타내는 데 매우 중요한 역할을 한다(Bailey & Burch, 2010 참조). 여러분의 전문가적 태도에 대한 슈퍼바이저의 피드백을 열린 자세로 받아들이고 뛰어난 전문 기술을 갖춰 행동분석 분야의 유능한 대표자가 되기 위해 노력하는 것이 중요하다. 뿐만 아니라 슈퍼비전을 통해 전문 기술 향상에 목표를 둘 것을 권하는데, 비즈니스 및 전문가 분야에서 널리 알려져 있는 Dale Carnegie(1998)의 책 『인간관계론의 몇 가지 팁』을 소개한다. 상식으로 여겨지는 것들도 있지만 문제는 많은 사람이 이를 실제로 행하지 않는다는 데 있다. 다음에 제시하고 있는 팁들을 더 자주 사용하다 보면 여러분은 왜 전문가가 비즈니스 에티켓에 관하여 이 책을 참조하는지 알게 될 것이다.

팁 1. 다른 사람들에게 진심으로 관심을 갖고 그들이 스스로에 대해 이야기하도록 하라. 사람들은 자신에 대해 이야기하는 것을 좋아한다. 따라서 어떤 사람들이 여러분을 좋아하게 만들고 싶다면 그들이 자신에 대해 이야기하는 것을 들어주어야 한다. 시간이 흐르면 그들은 여러분이 그들을 알고 있다고 느끼기 때문에 여러분을 좋아하게 될 것이다.

팁 2. 상대방에게 그 아이디어가 자신의 것이라는 느낌을 갖게 하라. 카네기는 "다른 사람을 인정해 주었을 때 놀랍도록 많은 것을 얻을 수 있다."라고 말했다. 이는 특히 리더의 위치에 있을 때 더욱 그렇다. 일반적인 아이디어나 아이디어의 기본은 주되 여러분의 팀이 아이디어의 소유권을 가지도록 하는 게 비결이다. 즉, 그들이 자신들의 업무에 대해 인정을 받도록 하는 것이다. 내담자와 관련해 가족, 교사 혹은 내담자가 개입 계획에 참여한 것처럼 느끼게 할 필요가 있다. 예를 들어, Brian Rice는 손을 펄럭이는 상동행동을 보이는 아동과 함께 일한다. 그는 자신이 제안한 치료 계획에 대해 가족이 동조하지 않을 것이라고 생각했다. 따라서 자신이 선택한 치료 계획을 가족에게 설명하기보다는 세 가지 서로 다른 치료 옵션을 제공하고 그중 하나를 제안했다. 그는 문서화된 개입 계획을 일주일 동안 가족에게 제공하고 각각의 장점을 그들 스스로 시간을 두고 검토하도록 했다. 이로 인해 가족 구성원들은 의사결정 과정에 더 많이 참여하고 있다는 느낌을 받게 되었고, Brian이 처음에 제안했던 개입 계획을 실제로 선택하였다.

팁 3. 상대방을 비난하기 전에 자신의 실수에 대해 말하라. 스스로의 취약한 부분을 털어놓으면 상대방은 덜 위축되고 평가를 받는다는 느낌도 덜 받을 것이다. 이 방법은 동료에게 수정 피드백을 제공하거나 가족의 변화를 요하는 권고안을 제시할 때 매우 유용하다. 상대방에게 여러분의 피드백이 단순히 그 사람에 대한 판단이 아니라는 느낌을 줄 때 상대의 행동을 효과적으로 변화시키는 건설적인 피드백이 가능해진다.

팁 4. 동조를 얻고 싶다면 여러분의 아이디어를 일반적인 서술이 아닌 극적으로 표현하라. 여러분이 경험했던 가장 훌륭한 아이디어를 떠올려 보라. 여러분의 주의를 끌었던 것은 아마도 가장 극적이고 눈에 띄는 아이디어였을 것이다. 예를 들어, 임모탈 테크닉의 『악마와 춤을』이라는 곡은 무겁고 도발적이다. 래퍼는 갱단에 들어가 여성을 강간한 남자에 대한 이야기를 한다. 그와 친구들이 여성을 강간하고 살인한 후에 그는 그녀의 얼굴을 확인하고 그녀가 자신의 어머니였음을 알게 된다. 이 서사가 독특한 이유는 결말이 충격적으로 공개되기 때문이기도 하지만 아주 초반부터 래퍼가 이야기를 전하는 방식 때문이기도 하다. 곡의 처음부터 갱단의 폭력이나 가족에 대한 영향을 논하거나 "남에게 대접을 받고자 하는 대로 남을 대접하라."라는 도덕적인 주제로 시작했더라면 그의 노래가 지금과 같은 영향을 주지는 못했을 것이다. 이는 학회에서 발표를 할 때, 연구비나 지원금 관련 문서를 작성할 때, 혹은 이해관계자들에게 임상적 결과를 제시할 때 매우 유용한 팁이 된다.

팁 5. 청자의 관심사에 대해 이야기하라. 상대방은 들으면서 '그게 나와 무슨 상관이지?'라고 궁금해한다. 이는 누구든지 여러분의 말을 들을 때, 웹서핑을 할 때, 혹은 무언가를 읽을 때 보이는 반응이다. 이는 사람들이 이타적이지 않다는 뜻이 아니며, 여러 가지가 제시되었을 때 관련된 정보를 찾는 데 효율적이 됨을 의미한다. 따라서 이야기할 수 있는 기회가 주어졌다면 청자의 관점에서 이야기하라.

팁 6. 상대방에게 더 큰 것을 요구하기 전에 상대가 "네."라고 대답하게 하라. 이는 행동 관성의 법칙과 연관이 있다. 만약 누군가가 여러분을 위해 노력을 들여 무언가를 하게 만들고 싶은데 그 사람이 거절할 것이 예상된다면 그 사람이 들어줄 가능성이 있는 몇 가지 일을 먼저 부탁하라.

팁 7. 솔직하고 진실되게 감사를 표현하라. 아첨과 감사는 매우 다르다. "감사합니다."라고 말할 때는 무엇에 대해 감사하는지를 설명하라. 극적으로 표현할 필요는 없다. 오히려 덜 극적인 편이 더 낫다. 그러나 감사의 표현을 적어도 하루에 한 번 혹은 상호작용할 때마다 하는 것은 매우 중요하다. 예를 들어, 심포지엄 혹은 초청 강연 후에 여러분은 연설자의 노력에 대한 감사로 "강의 중에 든 그 예로 인해 번개를 맞은 듯한 느낌을 받았습니다."와 같은 말을 할 수 있다.

팁 8.   상대방이 그에 걸맞는 좋은 평판을 얻게 하라. 예를 들어, 어떤 부모가 개입 계획에 대해 어려움을 겪고 있다면, "부모님께서 얼마나 많은 것을 하고 있는지, 아이를 위해 얼마나 많은 것을 해 주고 싶은지 잘 압니다. 아이에게 도움이 되지 않는 일은 하지 않으실 거라는 것도 잘 알고 있습니다. 아마도 여러 가지 장애물들이 있었겠지요. 저는 매우 긍정적으로 이 상황을 바라봅니다. 이 개입이 성공할 수 있도록 바꿔야 하는 부분이 있는지 한 번 논의해 봅시다."와 같이 말할 수 있다. 우리 모두는 현재보다 더 나아지기를 원한다. 상대방에게 목표와 달성 기준을 제시하는 것은 여러분이 그들을 믿고 있다는 느낌을 갖게 할 뿐 아니라 앞으로 나아갈 목표를 제공해 준다.

팁 9.   자신의 정체성이 가진 힘을 인식하고, 자신이 사용한 용어가 자신의 정체성을 만들어 간다는 것을 인지하라. 영어에서 가장 중요한 두 가지 단어는 '나'와 '-는'이다. "나는 내가 모르는 것을 시도하는 게 너무 무섭다." "나는 아이들과의 경험이 부족하다." "나는 충분히 훈련받지 않았다." "나는 친구를 사귀는 것이 끔찍하다."와 같은 표현은 '나'라는 단어가 손상을 입은 경우이다. 대신 다음의 표현을 사용하면 좋은 인상을 줄 수 있다. "나는 내가 하기로 마음 먹은 것은 무엇이든 해낼 수 있다." "나는 새로운 학습 기회가 생기면 흥분된다." "나는 새로운 도전을 피하는 사람이 아니다."

팁 10.   사람들과 이야기할 때 그들의 이름을 기억하고 부르라. 상대의 이름을 잘 모르는 경우 이름 묻는 것을 주저하지만, 이름을 물어보고 정확하게 사용하는 것은 그만한 가치가 있다. 상대의 이름을 기억하고 대화 중에 이름을 언급(상대의 부모, 자녀, 애완동물의 이름을 모두 포함)하면 사람들은 여러분이 자신을 잘 안다고 느낀다. 내가 Brian Rice에게 "당신과 당신 가족이 행복한 추수감사절을 보내길 바랍니다."라고 말하는 것과 "브라이언 씨, 멋진 추수감사절을 보내길 바랍니다. 애슐리(브라이언의 아내), 조살린(6세 딸), 찰리(3세 딸)에게도 안부를 전해 주세요."라고 말하는 것은 큰 차이가 있다. 이 책의 공동저자인 Brian의 가족 구성원에 대해 개인적인 사항을 공개함으로써 독자인 여러분 또한 그에게 보다 친근감을 갖게 되었을 것이다.

⊣ 요약

이 장에서는 모든 전문가가 자신의 전문 분야에서 성공하기 위해 필요한 몇 가지 핵심 기술들에 대해 살펴보았다. 이 책에서 기술한 몇 가지 팁들을 복습함으로써 기술을 향상시키는 첫 출발점으로 삼는 것이 좋다. 더 나아가, 슈퍼비전 기간에 이러한 기술의 향상에 목표를 두고 전문가로서 성장하는 데 도움이 된다고 여겨지는 분야에 대해 슈퍼바이저로부터의 피드백을 요청할 것을 권한다. 이러한 기술 중 많은 것은 향상시키기에 매우 오랜 시간이 걸린다. 슈퍼바이저로부터 솔직한 피드백을 받으며 이를 기술 향상의 기회로 활용하는 것을 목표로 한다면 성공적인 전문가로 성장할 가능성이 높아질 것이다.

⊣ 참고문헌

Bailey, J. S., & Burch, M. R. (2010). *25 essential skills and strategies for the professional behavior analyst: Expert tips for maximizing consulting effectiveness.* New York, NY: Taylor & Francis.

Carnegie, D. (1998). *How to win friends and influence people.* New York, NY: Pocket Books.

Covey, S. R. (1991). *The 7 habits of highly effective people.* New York, NY: Simon & Schuster.

Friman, P. C. (2015). My heroes have always been cowboys. *Behavior Analysis in Practice, 8*(2), 138–139.

Skovholt, T. M., & Trotter-Mathison, M. (2016). *The resilient practitioner: Burnout and compassion fatigue prevention and self-care strategies for the helping professions.* New York, NY: Routledge.

Chapter 08

개별 vs. 집단 슈퍼비전 미팅을 통해 얻을 수 있는 것

제1장에서 언급하였듯이, 슈퍼비전의 기능은 윤리적이고 유능한 행동분석가가 되는 기술을 습득하는 것이다. 슈퍼비전은 개별 및 집단의 형태로 이루어진다. 대개 학위 프로그램이나 자격인준위원회는 개별 및 집단 슈퍼비전의 비율에 맞게 수련시간을 채울 것을 요구한다. 슈퍼비전 미팅 내에서 여러분이 참여하는 활동, 구조 및 형태는 여러분의 학습 경험에 매우 큰 영향을 준다. 집단 슈퍼비전이 학과 실습 수업의 일부이든 수련 중 슈퍼비전이든 양쪽 모두에 해당하든지 간에 관계없이 슈퍼비전은 매우 유사할 것이다. 이 장에서는 BACB의 요구사항에 대해 먼저 다루고 이어서 개별 혹은 집단 슈퍼비전 미팅에 포함되는 것이 무엇인지와 각 슈퍼비전 유형을 보다 심도 깊게 설명할 것이다.

슈퍼비전에 대한 BACB의 요건

현재의 기준으로 여러분은 슈퍼비전(예: 대학 기반 실습 vs. 개별적인 수련 경험)을 받으며 주당 10시간 이상 30시간 이하로 일을 해야 하는데, 이 시간 안에 슈퍼비전 시간이 포함된다. 2022년 1월에는 집중적인 슈퍼비전 하의 수련(2017년 10월 BACB 뉴스레터 참조)시간이 주당 15시간 이상 30시간 이하로 변경된다. 수련시간은 인정된 활동만을 포함한다. 이는 스케줄 잡기, 비용 청구하기, 기록하기, 심폐소생술과 같은 위기 상황 관리에 대해 논의하기, 내담자에 대한 진단평가하기와 같은 행정 활동들이 슈퍼비전 시간에 포함될 수 없음을 의미한다. 이러한 행정 활동을 모두 기록해야 하지만 이 시간을 수련시간으로 계산하면 안 된다. 뿐만 아니라, BACB는 지시를 내리거나 치료를 하는 시간의 합이 전체 수련시간의 50%가 넘지 못하도록 하고 있다. 이러한 제한은 슈퍼비전을 직접적인 서비스로 국한시킴으로써 여러분이 치료자로서의 독립적인 경험의 기회를 박탈당하지 않게 보호하는 조치이다. 다음의 활동들은 독립적인 치료사가 하는 일로 간주되므로 이러한 활동에 참여하는 시간은 BACB가 제한하지 않는다. 다음의 활동들은 모두 수련시간에 포함할 수 있다.

- 행동 평가 실시에 대한 검토 및 피드백 얻기
- 행동적 프로그램의 설계, 시행 및 모니터링하기
- 행동 계획, 진행 상황 요약 및 임상 기록 작성하기
- 다른 사람의 행동분석 프로그램 시행을 감독하기
- 다른 사람의 교육 및 성과 관리하기
- 보호자 및 기타 전문가와 효과적으로 의사소통하기
- 다양한 전문적·응용적 글쓰기
- 내담자, 슈퍼바이저, 가족 등과 효과적으로 일할 수 있는 의사소통 기술 개발하기
- 행동적 프로그램 시행하기
- 내담자에게 시행하는 프로그램과 관련한 문헌 요약과 같이 행동분석적이며 슈퍼바이저가 적절하다고 판단하는 기타 활동하기

어떠한 특정한 활동이 수련시간에 포함되는지 여부를 잘 모르겠다면 전체 수련시간에 포함시키기 전에 슈퍼바이저의 의견을 구하라. 모든 슈퍼비전 활동은 반드시 슈퍼바이저의 승인하에 이루어져야 한다.

BACB에 따르면, 각 슈퍼비전 기간별로 소집단 슈퍼비전은 전체의 50%를 넘지 말아야 한다. 소집단 미팅은 유사한 2~10명의 수련생이 함께 슈퍼비전을 받는 미

팅을 말한다. 미팅 내 BCBA가 몇 명인지에 상관없이 집단 미팅 내 수련생의 숫자
는 10명을 초과할 수 없다. 수련생이 아닌 경우, 그는 행동분석적 논의를 방해하거
나 제한해서는 안 되며 참여가 제한될 수 있다. 슈퍼비전 기간 동안 소규모 집단 슈
퍼비전은 개별 슈퍼비전 시간을 초과할 수 없음을 반드시 기억하라.

📋 실습 vs. 임상수련

학위 프로그램에 따라서는 실습 과목의 수강이 필수, 선택 혹은 아예 불가능할
수도 있다. 모든 슈퍼바이저가 유사한 기술을 가지고 있다 하더라도 각자가 경험하
는 세팅이 어떠한지에 따라 개인 및 집단 슈퍼비전에서 차이가 생길 수 있다. 예를
들어, 만약 실습 수업에 등록했다면 수업계획표가 실습 담당 교수와의 슈퍼비전의
계약서가 될 수 있다. 그러므로 교수가 각 실습 수업을 시작할 때 수업계획표를 검
토하고 서명할 것을 요구하는 경우도 있다. 이와 달리 수련 현장의 경우에는 현장
에서의 슈퍼비전과 연관이 있는 내용을 포함하는 일반적인 계약서를 작성한다.

실습 과목에서 슈퍼바이저와의 미팅이 수련 현장과 다른 점은 실습 과목의 슈퍼
비전이 특정 기술에 대해 제한적으로 이루어질 뿐 아니라, 기술에 대한 직접적인
관찰 사례가 많지 않거나 전혀 없이 동료의 사례로만 이루어진다는 점이다. 그러나
임상수련의 슈퍼비전은 대부분의 경우에 내담자에게 제공되는 서비스의 현장 관찰
을 주로 한다.

마지막으로, 슈퍼비전의 목표가 세팅에 따라 약간씩 다르다. 실습 수업 슈퍼비
전은 주로 행동분석적 기술의 습득과 목표로 하는 기술 영역에서의 역량을 평가하
는 데 초점을 두는 반면, 수련 슈퍼비전은 구체적인 사례에 대해 논의하고 내담자
치료에 대해 더 많은 논의가 이루어진다. 내담자에 대한 논의는 수련 슈퍼비전에서
반드시 이루어져야 하는 절차이지만 실습 슈퍼비전 세팅에서는 특정한 역량을 적
용하는 데 드는 시간을 줄이는 결과를 가져오기도 한다.

🗒 슈퍼비전 미팅 내 활동

개별 대 집단 슈퍼비전 미팅 내에서 수련생의 활동은 유사하다. 슈퍼비전 미팅의 목표는 수련생이 내담자, 가족, 기타 이해관계자들과 의사소통하는 기술을 포함하여 윤리적이고 전문성 있는 행동분석가로 성장하는 것을 돕는 데에 있다. 그러므로 내담자와 수련 세팅에서 사전에 동의서를 얻음으로써 슈퍼비전 미팅에서 미래의 행동분석가인 여러분이 슈퍼바이저로부터 통찰력을 얻을 수 있도록 다음과 같은 장비를 사용한다.

녹음 및 녹화

슈퍼비전 미팅 시 진행 상황을 보여 주고, 피드백을 얻고, 해당 사례의 추후 방향성에 대한 조언을 얻을 수 있도록 음성 혹은 영상 샘플을 준비한다. 이 경우에는 의뢰 문제, 사례 히스토리, 평가 혹은 치료 결과 자료와 같은 것들을 함께 제시하는 것이 좋다. 슈퍼비전 미팅에 오디오 혹은 비디오 녹화 자료를 가지고 가면 슈퍼바이저와 함께 이를 검토할 수 있다. 이 자료를 이용하여 슈퍼바이저는 여러분이 무엇을 보고 들었는지 스스로 돌아보게 한 다음 수행에 대해 피드백해 줄 수 있다. 또한 여러분이 피드백을 어떻게 적용시켰는지 확인할 수 있는 추가 녹화 자료를 요청하기도 한다.

임상 기록

슈퍼비전 미팅 시 피드백을 받기 위해 기록지, 그래프, 진행 상황 보고서, 개입 프로토콜 혹은 행동 평가 보고서를 준비한다. 슈퍼바이저는 여러분의 업무를 검토하며, 데이터의 정확성, 사례 개념화, 결과에 대한 해결안, 평가 방법, 평가 결과에 대한 제시 및 해석 등에 대해 피드백을 준다. 또한 여러분은 이를 통해 사례에 대해 알고 있는 사항들을 모두 제시하고 추후 방향성에 대한 피드백을 얻으며 공식적인 사례 발표 기회로 삼을 수 있다.

역할극

슈퍼바이저는 슈퍼비전 내에서 역할극을 할 수 있는 다양한 기회를 제공한다. 예를 들어, 슈퍼바이저는 보호자의 역할을 맡아 인턴 역할을 맡은 여러분에게 시행하고자 하는 치료의 절차를 설명해 달라 요구한다. 이러한 역할극을 통해 슈퍼바이저는 숙달될 때까지 기술을 평가하고 이를 관찰할 기회를 갖고 수행에 대한 피드백을 주며, 여러분이 피드백 받은 사항을 적용하는지 관찰한다. 이러한 방식으로 집단 슈퍼비전 내에서는 동료들과 역할극을 하면서 슈퍼바이저 혹은 동료들로부터 피드백을 받을 수도 있다.

직업적 · 개인적 지원

슈퍼비전은 여러분이 얻고자 하는 구체적인 업무 기술이나 임상적 역량에만 국한되지 않는다. 슈퍼바이저는 여러분이 일을 하고 있는지 확인하고 시간을 잘 관리해 줄 뿐만 아니라 기술을 향상시킨다. 슈퍼비전 시간을 통해 내담자, 가족, 스태프, 동료와의 라포 형성에 대해 논의하길 원할 수 있을 뿐 아니라 해당 영역에서 어려움을 겪고 있을 경우에는 이에 대한 조언도 얻을 수 있다. 또한 개별 슈퍼비전 시간에는 수련생활에 영향을 줄 수 있는 개인적인 문제나 건강 관련 문제에 대해 의논을 할 수도 있고 조언을 구할 수도 있다.

🗒 개별 슈퍼비전

장점

적어도 전체 슈퍼비전 시간의 50%에 해당하는 개별 슈퍼비전은 주요 슈퍼비전 방식이 된다. 이 유형의 슈퍼비전은 전적으로 개인의 성장에 초점을 두고 있으며, 슈퍼바이저는 활동, 논의 및 과제를 개인의 약점 혹은 관심사에 따라 개별화한다. 또한 사례와 관련한 정보 및 슈퍼바이저의 경험에 대한 심도 있는 논의를 통해 슈퍼바이저와의 관계가 더욱 공고해지기도 한다. 개별 슈퍼비전에서는 슈퍼바이저와 단독으로 시간을 보낼 수 있기 때문에 적극적으로 행동할 것을 권한다. '적극적으로 행동하라.'는 말은 해당 상황에서 최선을 다하고 슈퍼바이저가 여러분을 지켜보고 있다는 것을 의식하지 않으려 노력함으로써 여러분의 행동이 어떤 피드백을 받을까 생각하는 것으로부터 자유로워지는 것을 말한다. 여러분이 적극적으로 과제에 임하고 수행을 보여 주는 여러 샘플을 제공한다면 슈퍼바이저가 정확하고 관련 있는 피드백을 제공하는 것은 더욱 쉬워진다. 더 많이 준비할수록 슈퍼바이저는 더 많은 샘플을 통해 여러분의 기술을 개발하는 데 도움을 줄 수 있게 된다.

예를 들어, 사례 진행 보고서 작성을 생각해 보자. 여러 가지 표나 그래프를 그려 보면서 자료를 가장 잘 요약하여 보여 줄 수 있는 방법을 고민하는 경우, 슈퍼바이저는 이를 통해 여러분이 기술을 어떻게 적용했는지 확인할 수 있고, 자료를 가장 잘 보여 주는 표나 그래프가 무엇인지에 대한 피드백도 줄 수 있을 뿐만 아니라 여러분이 독립적으로 무엇을 할 수 있는지 파악할 수 있다. 만약 여러분이 표나 그래프를 하나만 그린다면, 슈퍼바이저는 해당 과제에 대해 여러분이 얼마나 많은 생각을 했는지, 그것이 여러분의 노력과 현재의 기술을 얼마나 많이 반영하고 있는지에 대해 파악하기 어려울 수 있다. 좋은 슈퍼바이저는 수련생이 할 수 있는 것과 할 수 없는 것을 평가(즉, 해당 문제가 동기 부족 때문인지 기술 부족 때문인지를 평가)한다. 만약 여러 버전의 표와 그래프를 보여 주거나 여러 행동 샘플을 제공했다면 적어도 그 결과물이 동기 부족에 의한 것이 아님을 설명할 수 있다.

관찰 및 수행 피드백

슈퍼바이저는 개별 슈퍼비전 미팅의 대부분을 여러분이 내담자와 일하는 모습을 관찰하는 데 할애한다. 슈퍼바이저와 적어도 하루 전에 미팅의 날짜, 시간 및 장소를 확인할 것을 권한다. 슈퍼바이저가 도착하면 회기와 관련해 어떤 내용을 다루고 싶은지에 대해 논의한다. 또한 회기 시작 전에 질문(예: 개입 계획, 그날의 슈퍼비전 구조, 슈퍼바이저가 사용하는 성과 모니터링 도구)할 것을 미리 알리는 것이 바람직하다.

슈퍼바이저가 여러분을 관찰할 때 긴장될 수 있다. 그러나 관찰받는 동안에는 평소와 같이 행동하는 것이 좋은데, 그래야만 슈퍼바이저가 여러분의 성과에 대한 좋은 샘플을 얻을 수가 있다. 이러한 긴장감은 슈퍼바이저가 여러분을 더 많이 관찰하고 더 많은 피드백을 줄수록, 슈퍼바이저와 더 공고하게 신뢰관계를 쌓아 갈수록 줄어들 것이다(Sellers, Valentino, & LeBlanc, 2016의 '미래의 행동분석가의 개별 슈퍼비전을 위한 권고' 참조). 관찰 이후(회기 직후 혹은 회기 이후의 미팅에서) 슈퍼바이저가 준 피드백을 검토하고, 권고사항을 연습 혹은 재연하고, 질문을 통해 피드백을 받은 사항을 정확히 함으로써 개별 슈퍼비전의 장점을 최대한으로 활용할 수 있다. 피드백 제공과 기록 절차를 용이하게 하기 위하여 슈퍼비전 양식을 준비해 두고 해당란은 미리 작성해 둘 것을 권한다. 또한 지속적으로 슈퍼비전 미팅을 기록함으로써 피드백을 확인하고 이 피드백이 여러분의 행동에 주는 영향을 살펴보는 것도 좋다.

개별 미팅

앞선 장에서 언급했듯이, 슈퍼비전을 준비하는 것은 중요하다. 슈퍼비전 미팅에 참석할 때에는 내담자의 성과 및 프로그램, 어려움을 겪고 있는 영역, 완료된 과제와 프로젝트 및 지도를 받기 원하는 영역의 질문을 미리 준비한다. 준비하는 데 시간을 들일수록 슈퍼비전이 더 순조롭고 효율적으로 이루어질 수 있다. 〈참조가이드 8-1〉은 미팅을 준비하는 팁을 제시하고 있다.

〈참조가이드 8-1〉 효과적인 개별 슈퍼비전을 위한 팁

- **미팅 이전(일반적으로 미팅 24시간 전이 좋다)**
  - 미팅의 시간과 장소를 확인하여 슈퍼바이저에게 알린다[이메일 혹은 이상적으로는 캘린더 초대(calendar invite)가 좋다].
  - 미팅의 안건을 보낸다.
    » 안건은 피드백을 요청하기 위한 구체적인 업데이트 사항과 업무, 윤리 혹은 전문성 문제로 의논하기 원하는 사항을 포함한다.
    » 빠르게 해결할 수 있는 안건부터 시작할 수 있도록 우선순위를 정한다.
    » 슈퍼비전 중 안건을 논의할 수 있도록 각각의 안건에 대한 할당 시간을 고려해 각 안건 옆에 예상 시간을 적어 둔다.

> - 슈퍼비전 시간의 절약과 슈퍼바이저의 서면 피드백이 가능하도록 안건과 관련하여 미팅 내에서 검토하고자 하는 자료를 송부한다.
>
> • **개별 슈퍼비전 내**
> - 타이머를 이용해 예정된 시간보다 5분 일찍 미팅을 마무리할 수 있도록 한다.
> - 슈퍼비전 시작 시 안건에 대한 짧은 요약을 한다.
> - 미팅 시 안건의 항목과 예상되는 시간을 명시한다.
>   » 예: "X에 대한 업데이트 사항을 말씀드리겠습니다. 시간은 5분 정도로 예상합니다."
> - 각 논의마다 소요된 시간을 기록해 두면 추후 안건을 보다 현실적으로 설정하는 데 도움이 된다(혹은 우선순위를 더 잘 정할 수 있게 된다).
> - 슈퍼비전 미팅은 미팅 내용에 근거하여 다음 시간까지 수행할 사항이나 '할 일' 및 마감기한을 확인받는 것으로 마무리한다.
> • **만약 해당 미팅이 마지막 슈퍼비전이라면 해당 슈퍼비전 양식을 미리 작성하여 준비한다.**

📋 집단 슈퍼비전

Bernad와 Goodyear(2009)는 집단 슈퍼비전을 지정된 슈퍼바이저와 함께하는 수련생 집단 혹은 다수의 슈퍼바이저와 정기적으로 미팅을 열어 업무의 질을 감독하는 것으로 정의 내렸다. 집단 슈퍼비전의 기능은 수련생들이 치료사로서 스스로에 대한 이해, 함께 일하는 내담자 및 서비스 제공 체계에 대한 이해를 더 높이는 데 있다. 일반적으로 슈퍼바이저는 집단의 목적, 목표 및 논의의 형식을 결정한다. 또한 집단 슈퍼비전 내에서 수련생의 팀 내 기술, 신뢰성과 전문성을 평가하기도 한다. 지금까지 진행된 집단 슈퍼비전 효과에 관한 연구의 상당수는 자기 보고에 기반하고 있으며, 행동분석 분야의 경우 효과적인 집단 슈퍼비전 시행에 관한 연구를 이용한다. 우리는 이 책을 쓰면서 슈퍼비전에 관한 논문과 책들을 리뷰하였다. 집단 슈퍼비전을 옹호하는 사람들은 슈퍼바이저가 같은 말이나 지시를 개개인에게 반복할 필요가 없다는 점에서 시간상으로 효율적이라는 점을 근거로 내세운다. 이에 따르면, 집단 슈퍼비전은 시간과 비용 측면에서 효율적이다.

장점

집단 슈퍼비전은 슈퍼바이저의 효율성보다 잠재적으로 더 많은 이점이 있다. 예를 들어, 집단 슈퍼비전 내에서 슈퍼바이저의 권력과 권위가 분산되면서 수련생들은 슈퍼바이저에게 명확한 질문을 할 수 있는 기회가 많아지고, 특정한 기대치가 너무 높게 설정되어 있다면 이를 현실적으로 낮추고 집단 내의 문제 해결 과정에 참여할 수 있게 된다. 또한 보다 다양한 치료 현장(예: 학교 대 가정), 내담자 특성(예: 문화, 성별, 진단), 보호자 및 가족 역동(예: 형제 관계), 문제행동 및 치료 프로토콜을 경험할 수 있다. 집단 슈퍼비전은 동료들과 팀을 구성하고 네트워킹을 구축하는 데도 도움이 된다. 이는 추후 서로 의지할 수 있는 전문가들과 팀을 구성하여 지원, 자문 및 전문가로서의 네트워킹을 하게 된다는 점에서 중요하다. 경험에 비추어 보면, 수련생들은 대학원을 졸업한 뒤에도 이 집단과 협업하며 서로 도움을 주고받게 될 것이다.

슈퍼바이저가 조율을 잘하는 집단 슈퍼비전은 개별 슈퍼비전에도 도움이 된다(Valentino, LeBlanc, & Sellers, 2016의 '생산적인 슈퍼비전 미팅을 위한 팁' 참조). 이 집단은 여러분의 말하기 기술을 향상시키는 데 매우 유용한 청자가 된다. 만약 사례 발표 시 세부사항을 논의하기 전에 상황에 대해 설명하지 못한다면, 집단 구성원들은 사례와 관련해 의견을 나눌 수 있는 배경 정보가 없어 이에 대해 여러 차례 후속 질문을 해야만 한다. 이러한 질문 자체는 필요한 정보가 누락되었다는 피드백이 되므로 추후 정보를 어떻게 제시해야 하는지 알게 된다. 동일한 맥락에서 집단 슈퍼비전은 발표와 집단 훈련 기술을 연습하기에 매우 좋은 통로가 된다. 행동분석가로서 여러분은 자신의 사례를 교내 위원회나 이해관계자들에게 발표하게 될 가능성이 높다. 또한 연구를 수행(현장 혹은 학교에서)하고 전문학회에서 결과를 발표하는 등 전문가로 성장함에 따라 추가적인 집단 훈련이나 교육을 맡게 될 수도 있다. 이 모든 경우 여러 사람 앞에서 말을 하고 발표하는 것은 연습이 필요하다. 집단 슈퍼비전 미팅은 피드백을 받고 성장할 수 있는 기회를 제공해 주는 안전한 환경이라는 점에서 매우 유용하다. Friman(2014)은 대중 연설과 관련하여 행동분석가라면 누구나 반드시 읽어야 하는 15단계의 지침서를 만들었다. 집단 슈퍼비전은 발표를 들을 수밖에 없고 건설적인 피드백을 기꺼이 제공할 수 있는 청중이 있다는 점에서

Friman의 권고사항을 실행하고 대중 앞에서 말하는 기술을 향상시킬 수 있는 완벽한 훈련의 장이다.

　슈퍼비전의 또 다른 장점은 동료와 비교하여 여러분의 윤리, 역량 및 전문 기술이 어느 위치에 있는지를 알 수 있게 하는 사회적 비교의 장을 제공한다는 점이다. 물론 사회적 비교가 현실적인 목표를 가져다주는 것은 장점이 되지만, 개별 집단이 서로 간의 공통된 학습 목표를 가질 때에는 비판이나 갈등, 경쟁, 수치심, 무능감을 불러일으키기도 한다. 이러한 부작용은 슈퍼바이저의 도움을 얻어 완화시킬 수 있다. 모든 구성원이 대학원에 재학 중이고 전문가가 될 것이므로 의견이나 문화적인 차이가 갈등을 일으키지는 않을 것이라고 가정하기 쉽다. 그러나 성 정체성, 민족성, 인종, 나이, 종교 및 장애를 포함한 많은 차이는 집단 응집성에 영향을 준다. 이를 학습의 기회로 여기고 다른 사람의 관점에 열린 자세를 취한다면 이러한 차이가 집단 경험치를 높여 줄 것이다. 집단 역동을 개선시킬 수 있는 또 다른 방법으로는 자기 성찰을 통해 문화적 차이가 내담자에게 어떠한 영향을 미치는지에 대해 공개적인 토론을 할 수 있다.

집단 역동 및 규칙

　집단 슈퍼비전은 슈퍼바이저의 선호도와 여러분이 수련생으로 등록을 했는지 여부에 따라 구조와 형식이 달라진다. 집단 슈퍼비전의 가장 흔한 형태는 수련생이 순서에 따라 자료를 발표하고 구성원들의 피드백을 받는 것이다. 다른 구성원들은 질문을 하거나 제안을 하고, 가능한 해결책을 제시하기도 한다. 그러므로 동료에게 피드백을 주는 연습이 가능하다는 것이 집단 슈퍼비전의 또 다른 장점이 되기도 한다. 동료와 피드백을 주고받는 것은 동료와의 의미 있는 전문가적 상호작용, 아이디어에 대한 더 많은 노출 및 새로운 관점을 포함하여 전문가로서의 성장에 중요한 다양한 기술 개발의 기회를 얻게 된다는 측면에서 매우 가치 있다(보다 자세한 사항은 Lundstrom & Baker, 2009의 '동료 평가 문서' 참조). 동료 피드백 회기는 일반적으로 실습 강사나 슈퍼바이저가 중재를 한다. 지금까지 여러분은 동료에게 피드백을 주는 기술을 연마할 기회가 많지 않았을 것이고, 실습 강사의 지도를 필요로 했을 것이다. 실제로 연구자들은 동료 평가와 피드백이 주고받는 경험 및 훈련을 통해 향상된다는 사실을 밝혀냈다(Van Zundert, Sluijsmans, & Van Merrienboer, 2010).

　　효과적인 피드백을 제공하는 방법에 관해서는 제6장의 가이드라인을 따를 것을 권한다. 이 가이드라인은 여러분이 수련생, 동료 혹은 슈퍼바이저에게 피드백을 제공할 때 적용하면 된다. 예를 들어, 동료 피드백은 구체적인 행동에 초점을 맞추어야 하고, 판단보다는 설명으로, 개인적 특성보다는 개인의 행동에 초점을 맞춰야 할 뿐 아니라 유지할 것과 중단할 것 사이의 균형을 잘 맞추어야 한다. 또한 피드백을 제공할 때에는 긴 목록을 늘어놓기보다는 큰 차이를 가져올 만한 것들을 선별하고 이에 대한 우선순위를 정해야 한다. 집단 환경에서 동료에게 피드백을 제공할 때에 실제적인 차이를 가져오는 것은 피드백을 제공하는 방식이다. 특히 집단 환경에서 '모든 것을 아는 것'처럼 표현하는 것은 삼가고, 권위적인 결론보다는 가설의 형태로 표현할 것을 권한다. 예를 들면, "이 문장은 문법적 오류로 인해 독자에게 전달하려는 바를 이해하기 어렵다."고 말하는 대신 "중요한 무언가를 말하려고 하는 것 같은데 독자로서 그게 무엇인지 파악하는 데 어려움을 겪고 있다."고 말하는 것이다.

　　슈퍼비전 집단을 형성하고 여러분과 동료들이 서로 일하는 데에 익숙해지기까지는 시간이 필요하다. 초반에는 서로의 관점, 모델 및 태도에서 약간의 차이가 있을 수 있다. 응집력 있고, 안전하고 생산적인 팀이 되기 위해서는 집단에 참여하고 서로에게 피드백을 제공하고 문제를 해결하는 몇 가지 규칙이 필요하다. 〈참조가이드 8-2〉는 이에 걸맞은 몇 가지 규칙을 제시하고 있다.

〈참조가이드 8-2〉 안전하고 생산적인 집단 미팅을 위한 규칙

- 미팅 시작 최소 5~10분 전에 도착한다.
- 과제를 마감시간에 완수하고 동료와 공유할 사항을 미팅 전에 준비한다.
- 다른 관점에도 귀를 기울이고 차이를 존중한다.
- 자기 의견을 준비하고 조언을 피한다.
- 동료의 업무에 대한 정보를 파악하며 집단 내 기밀을 유지한다.
- 질문을 하거나 논의 중 공유된 사항에 대해 코멘트를 하거나 질문에 답변을 하는 등 적극적인 행동을 하여 참여 의사를 표시하고 정보 공유에 개방적으로 임한다.
- 즉각적으로 여러분에게 중요해 보이는 정보가 아니더라도 동료들의 발표를 경청한다.

- 말할 차례를 기다리거나 손을 들어 기회를 얻고, 조용히 있을 때에 다른 사람과 대화하지 않는다.
- 해당 주제를 고수하고 새로운 항목들은 추후 논의를 위한 의제로 남겨두어 산만해지지 않도록 한다.
- 집단 구성원이 집단 의제에 따라 미리 할당된 시간을 지킬 수 있도록 시간을 관리하는 사람을 배치한다.
- 각 미팅별 주요 과제, 결정 사항, 조치 항목 및 활동들을 기록할 사람을 두어 동일한 사항을 반복적으로 논의하지 않고 조치 항목에 대한 책임감을 가질 수 있도록 한다.
- 의견 충돌이 없다는 것이 집단 협약이나 결속을 의미하지는 않으므로 만약 여러분이 미팅에서 나온 의견에 동의한다면 이를 언급한다.

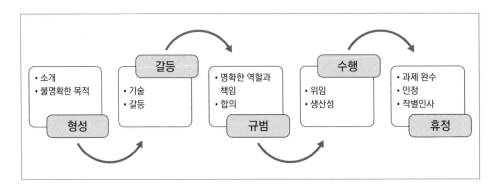

[그림 8-1] 팀 발달 프로세스의 단계

슈퍼바이저들은 보통 팀 및 공동 목표 달성을 위해 함께 일하는 집단의 능력 개발에 대한 업무를 한다. 각 슈퍼비전 집단은 특정한 단계를 거치게 되는데, 이는 집단 내 구성원들이 서로 많은 시간을 보내면서 적응해 나가는 것과 연관된다. Tuckman은 1960년대 후반에 처음으로 집단 발달에 관한 일련의 단계들을 제안했는데, 이는 조직 분야의 문헌에서 이후 가장 널리 인정받는 집단 역동 모델이 되었다(Tuckman & Jensen, 1977). 비록 이 모델에 대한 경험적 문헌은 부족하지만, 이 모델은 집단 역동에 대해 논의할 수 있는 간편한 수단이 된다. [그림 8-1]은 집단 역동에 대해 이해할 수 있도록 각 단계별 주요 구성 요소를 설명하고 있다.

Tuckman의 모델에서는 팀 발달 과정의 첫 번째 단계를 '형성'이라고 한다. 이 단계에서 팀 구성원들은 서로를 알아 가고, 탐색하며 전체로서의 집단에 적응해 간다. 이러한 초기 단계에서는 서로를 파악하고 자신에게 기대되는 것이 무엇인지,

집단 내 자신들의 역할이 무엇인지를 파악하는 것이 스트레스가 될 수 있다. 팀 개발의 두 번째 단계는 '갈등'으로 여기에서는 집단의 구성원들이 각자의 특정한 역할이 무엇인지 정확하게 설명하고자 한다. Tuckman은 이 단계에서 구성원들이 자신들의 의견이 반영되지 못할 수 있고, 팀 내 서로 다른 역할을 주장하면서 갈등이 생길 수 있음을 걱정한다고 설명하였다. '규범'은 발달의 세 번째 단계로 팀 내 구성원들의 합의를 특징으로 한다. 이 단계에서 구성원들은 서로의 역할을 파악하고 팀 내 다른 구성원들로부터 의견이 받아들여진다고 느낀다. '수행'은 팀 발달의 네 번째 단계로 조직 차원의 문제를 해결하고 과제를 할당받는 것을 특징으로 한다. Tuckman은 이 단계에서 집단이 생산적이 되고 생산성을 높이는 강화제에 접근하기 시작한다고 설명하였다. 마지막 단계인 '휴정'까지 팀은 모든 목표를 달성하고 팀을 해체하는 방향으로 움직인다. 팀 구성원들은 양면성을 가지는 초기 단계를 거치고 난 뒤에 종종 팀원으로서 보상을 경험하기 때문에 일종의 상실감을 느끼기도 한다.

실습 시 집단 슈퍼비전 vs. 임상수련 시 집단 슈퍼비전

　실습 미팅은 집단 슈퍼비전 미팅으로 실습의 형식과 활동이 BACB의 요구사항(예: 실습생이 10명 혹은 그 이하)에 적합할 경우 수련시간에 포함시킬 수 있다. 임상수련 현장에서의 집단 슈퍼비전과 달리 대학원에서 진행되는 실습 집단은 보통 대학원 동료로 구성이 된다. 실습 집단 슈퍼비전의 경우, 비록 집단의 구성이 동일한 대학원 훈련 과정과 관련되어 있지만, 각각은 서로 다른 환경에서 다른 내담자들과 일하게 될 수 있다. 이러한 차이는 학습을 방해하기보다 더욱 풍부한 학습을 가능하게 한다. 예를 들어, 조작적 정의에 대한 논의를 하는 상황에서, 자폐증 클리닉에서 일하는 집단 구성원들은 특정한 문제행동(예: 자해행동, 상동행동)에 대한 정의를 내리는 반면, 주로 노인들과 일하는 구성원들은 약물 규정 준수나 신체 활동에 대한 정의를 다룰 수 있다. 서로의 다른 경험을 종합하면 논의를 더욱 풍부하게 할 수 있을 뿐만 아니라 하나의 현장 혹은 단일 집단을 내담자로 다루는 사람들과의 미팅에서는 일반적으로 경험할 수 없는 일반화 기회를 가질 수 있다.

　일반적으로 실습 슈퍼비전 중에는 검토 및 피드백을 위해 개인 정보를 제거한 상태로 사례를 보고하게 된다. 따라서 실습 기관과 내담자에게는 해당 사례가 집단 슈퍼비전의 목적으로 다른 사람들과 공유될 수 있음을 초반에 알려야 하며, 정보 공유에 대한 사전 동의서를 받아야 한다.

또한 많은 경우에 실습 슈퍼바이저는 실제 실습 현장에서 진행되는 업무를 감독하지 않는다. 따라서 실습 슈퍼비전에 대한 준비가 내담자의 서비스에 방해가 되지 않도록 사전에 준비를 해야 한다. 특히 몇몇 실습 프로그램의 경우 실습 슈퍼바이저가 현장을 방문할 수 있다. 이 경우, 사전에 내담자(필요한 경우 내담자의 가족)와 실습 슈퍼바이저의 허락을 모두 받아야 한다. 뿐만 아니라 실습에 관한 권고사항 간 불일치가 있을 경우 현장 슈퍼바이저와 반드시 의사소통을 해야 한다. 현장 슈퍼바이저는 사례 및 치료를 수행하는 인력을 현장에서 관찰을 하는 역할을 한다. 따라서 현장 슈퍼바이저가 권고하는 행동이 실습 슈퍼바이저의 권고사항보다 우선한다.

인턴십 현장에서 집단 슈퍼비전 미팅이 이루어지는 경우 해당 집단은 임상수련 현장과 정책 및 내담자 구성에서 동일할 가능성이 있다. 그러나 집단 슈퍼비전 내에는 서로 다른 단계 및 다른 학위 프로그램의 수련생이 있을 것이다. 이러한 차이는 집단 토론을 더 원활하게 하거나 악화시킬 수 있는데 이로 인해 슈퍼비전을 위한 집단 생산성이 영향을 받게 된다. 학위 프로그램마다 강조점이 다르고 기술 수준에도 차이가 있기 때문에 이러한 집단은 집단 전체보다는 평균적인 집단 구성원에 맞춰진 과제에 초점을 둔다. 또한 수련 집단 슈퍼비전은 실습 집단 슈퍼비전에 비해 행정 업무와 스케줄 조정에 더 많은 시간을 낭비할 수 있다. 이는 집단 구성원들의 소속이 달라 서로 만날 시간을 잡기가 어렵기 때문에 발생한다. 스케줄 조정 문제 외에도, 생산성 보고서, 필수 훈련, 행정 업무 등 일반적으로 팀에서 다뤄져야 할 특정한 의제들이 있다. 따라서 집단 슈퍼비전 시간의 많은 부분이 슈퍼비전 시간에 포함되지 않는, 행정적 및 실행 관련한 문제를 다루는 시간으로 쓰일 수 있다. 만약 실습 집단 슈퍼비전 미팅에서 이러한 상황이 자주 발생한다면 실습 슈퍼바이저를 만나 해당 문제에 대해 논의하는 것이 좋다. 실습 슈퍼바이저에게 피드백을 전달하는 동시에 객관적인 태도로 해당 이슈를 논의할 준비를 하고 가능한 해결책에 대해서도 논할 수 있도록 한다.

요약

슈퍼비전은 여러분이 윤리적이고 유능한 행동분석가가 되기 위한 기술을 갖추게 돕는다. 그러나 이러한 기술을 습득하는 과정은 프로그램, 업무 현장 혹은 슈퍼바이저에 따라 크게 달라진다. 이 장에서는 여러분이 집단과 개인 슈퍼비전 미팅을 통해 최대한 많은 것을 얻기 위해 무엇을 준비해야 하는지를 설명하였다. 또한 집단 슈퍼비전 내에서 동료들과 협력할 수 있는 팁을 담고 있다. 비록 이 장의 대부분의 내용이 슈퍼비전의 구조에 초점을 두고 있지만 핵심 메시지는 모든 상황에서 여러분의 행동이 슈퍼바이저의 감독 하에 있어야 한다는 것이다. 슈퍼비전은 여러분이 어떻게 하는지에 따라 효과가 달라진다. 슈퍼비전의 구조가 무엇이든지 간에 여러분의 슈퍼바이저와 동료의 도움으로 수행에 대한 피드백을 통해 평가받고 이를 통해 성장하는 것임을 받아들여야 한다.

참고문헌

Bernard, J. M., & Goodyear, R. K. (2009). *Fundamentals of clinical supervision* (4th ed.). Upper Saddle River, NJ: Pearson.

Friman, P. C. (2014). Behavior analysts to the front! A 15-step tutorial on public speaking. *The Behavior Analyst, 37*(2), 109-118. doi:10.1007/s40614-014-0009-y

Lundstrom, K., & Baker, W. (2009). To give is better than to receive: The benefits of peer review to the reviewer's own writing. *Journal of Second Language Writing, 18*(1), 30-43. doi:10.1016/ j.jslw.2008.06.002

Sellers, T. P., Valentino, A. L., & LeBlanc, L. A. (2016). Recommended practices for individual supervision of aspiring behavior analysts. *Behavior Analysis in Practice, 9*(4), 274-286. doi:10.1007/s40617-016-0110-7

Tuckman, B. W., & Jensen, M. A. C. (1977). Stages of small-group development revisited. *Group & Organization Studies, 2*(4), 419-427. doi:10.1177/105960117700200404

Valentino, A. L., LeBlanc, L. A., & Sellers, T. P. (2016). The benefits of group supervision and a recommended structure for implementation. *Behavior Analysis in Practice, 9*(4), 320-328. doi:10.1007/s40617-016-0138-8

Van Zundert, M., Sluijsmans, D., & Van Merriënboer, J. (2010). Effective peer assessment processes: Research findings and future directions. *Learning and Instruction, 20*(4), 270-279. doi:10.1016/j.learninstruc.2009.08.004

슈퍼비전을 통한 역량 계발을 위한
근거 기반 전략

Chapter **09**
근거 기반과 역량 기반 슈퍼비전

역량(competence)은 무언가를 성공적으로 수행하는 기술을 의미한다. 역량 있는 행동분석가는 행동분석가로서의 역할과 책무를 성공적으로 수행하는 기술을 가진 사람이다. BACB에서는 모든 BCBA가 지녀야 하는 지식과 기술이 담긴 과제 목록을 만들었다. 과제 목록은 BCBA와 BCaBA가 갖추어야 할 기본 덕목이며, 수험자는 과제 목록과 관련된 다지선다형의 문제로 구성된 BACB 시험을 통해 그에 대한 지식을 평가받는다. 전문가로서 여러분은 과제 목록에 기술된 기술들을 제대로 수행할 수 있어야 한다. 역량 기반 평가에서는 여러분이 지금까지 훈련받아 온 대로 적극적으로 기술을 수행할 것을 기대한다. 여기서 효과적인 슈퍼비전이 매우 결정적인 역할을 한다. 여러분의 수행을 증진시키기 위한 근거 기반 훈련 전략은 강의와 교재를 통해 배운 기술들을 실제 임상 장면에 적용할 수 있게 도와준다.

여러분의 수행을 증진시키기 위해 슈퍼바이저는 지시(instruction), 시연(modeling), 예행 연습(rehearsal) 및 피드백(feedback)으로 구성된 행동기술훈련(Sarokoff & Sturmey, 2004)을 활용할 필요가 있다. 이 훈련 방법은 훈련 담당자가 수련생에게 실제로 기술을 수행할 기회(예: 예행연습 또는 역할극)를 주고 수행을 증진시키기 위한 피드백을 제공할 때 자료에 근거한 의사결정을 할 것을 요구한다. 역량기반훈련은 슈퍼바이저가 수련생이 숙련되었다는 판단이 들 때까지 이런 방식의 훈련을 지속하는 것이다(Parsons, Rollyson, & Reid, 2012). 슈퍼바이저는 수련생이 수행해야 하는 각 기술에 대해 숙달 준거(mastery criteria)를 세워 놓아야 한다. 이 준거는 문헌, 슈퍼바이저의 경험, 수련생의 이전의 수행 내용 등을 통합적으로 고려하여 세운다.

📋 이 장에서 다룰 내용

이 책은 슈퍼비전 및 기술에 대한 직무 평가에서 활용할 수 있는 여러 도구들을 제공한다. 우리는 행동분석가 수련생들에게 다년간 슈퍼비전을 제공해 온 경험을 바탕으로 모든 행동분석가가 갖추어야 할 총 10가지의 일반 기술 목록을 만들었다. 〈표 9-1〉은 10가지 기본 역량이 BACB 과제 목록(5판)(즉, 행동분석의 적용과 관련된 과제 목록 항목들)의 섹션 2와 어떻게 관련되는지 보여 준다.

표 9-1 | BACB 5차 과제 목록과 상응하는 기본 역량 목록

기본 역량	BACB 과제 목록(5판)
1. 법적 · 직업적 · 윤리적 가이드라인을 준수하기	섹션 E. 윤리
2. 행동 측정 방법을 개발하고 자료를 기록 · 분석하기	섹션 F. 행동 평가
3. 행동 평가를 시행하기(예: 기능 행동 평가, 선호도 평가, 강화제 평가)	
4. 근거 기반 개입 계획을 평가하고 수립하기	섹션 H. 개입 방법 선택 및 시행
5. 초기 평가 결과를 기반으로 기술 습득 절차를 계획하고 시행하기(예: VB-MAPP[1] 결과를 기반으로 한 언어 습득 프로그램의 계획)	섹션 G. 행동-변화 절차
6. 행동 감소 절차를 계획하고 시행하기	
7. 일반화 및 유지 관련 프로그램과 프로브	
8. 실험적 평가 및 개입에 대한 지속적인 평가를 시행하기	섹션 H. 개입 방법 선택 및 시행
9. 개입 절차를 시행하는 다른 사람을 훈련하기	섹션 I. 개인 슈퍼비전과 관리감독

---

1) VB-MAPP(Verbal Behavior Milestones Assessment and Placement Program): 언어행동발달 평가도구. (Sundberg, M. L. (2008). *VB-MAPP Verbal Behavior Milestones Assessment and Placement Program: a language and social skills assessment program for children with autism or other developmental disabilities: guide.* Mark Sundberg.

10. 행동분석 분야를 대표하여 행동하고 확산하기	섹션 H. 개입 방법 선택 및 시행 섹션 E. 윤리 섹션 G. 행동-변화 절차

수련생이 심화된 기술들과 각 역량을 완벽하게 습득하기 위해서는 몇 단계를 거쳐야 한다. 이 책에서는 3점 척도(예: 초급, 중급, 고급)로 기술 향상 정도를 보여 주는 성장 차트(도표)를 제시하는데, 이 차트는 직무 평가뿐만 아니라 수련생 스스로의 자기 평가에도 활용할 수 있다. 슈퍼바이저는 수련생이 고급 단계의 기술들을 수행하게 되면 그 기술을 습득했다고 판단할 수 있다. 이 책에서는 각각의 포괄적인 역량을 보다 작은 단계로 나누었는데, 각 단계에서는 해당 기본 역량을 숙달하는 데 필요한 기술들을 보여 준다. 수련생과 슈퍼바이저의 이해를 돕기 위해 각 역량에 포함된 기술을 수준별로 정리한 도표와 슈퍼바이저가 각 기술에 대한 훈련을 어떻게 진행하는지 보여 주는 사례를 제시하였다. 각 사례에서는 슈퍼바이저가 특정 기술을 가르칠 때 기초 단계에서 수련생이 가지고 있어야 하는 선행 기술에 대한 가이드라인을 제공하였다. 아울러 수련생이 필요한 기술을 쌓아 가는 데 도움이 될 수 있는 도구들[예: 양식, 수행 모니터링 체크리스트(PMC)]의 예시를 제공하였다. 또한 각 역량의 주요 기술과 관련된 과제 목록을 제시하여 수련생이 슈퍼비전을 받으면서 활동의 시작부터 차례대로 따라갈 수 있도록 하였다. 마지막으로, 각 기본 역량마다 추가적으로 살펴보면 좋을 참고문헌 및 자료를 수록하였다.

참고문헌

Parsons, M. B., Rollyson, J. H., & Reid, D. H. (2012). Evidence-based staff training: A guide for practitioners. *Behavior Analysis in Practice, 5*(2), 2-11. doi: 10.1007/BF03391819

Sarokoff, R. A., & Sturmey, P. (2004). The effects of behavioral skills training on staff implementation of discrete-trial teaching. *Journal of Applied Behavior Analysis, 37*(4), 535-538. doi: 10.1901/jaba.2004.37-535

[기본 역량 1]
법적·직업적·윤리적 가이드라인을 준수하기

　모든 행동분석가가 가져야 할 첫 번째 기본 역량은 행동분석적 개입을 시행할 때 주와 연방 법률과 더불어 행동분석가로서의 직업적·윤리적 기준에 맞게 행동하는 것이다. 이 기본 역량은 행동분석가의 모든 직업적 의무와 관련된다. 따라서 이 기본 역량은 매 슈퍼비전마다 다른 기본 역량들과 함께 다뤄질 것이다. 행동분석가로서 직면한 문제에 대해 윤리적 결정을 내리는 기술을 습득하는 가장 좋은 방법은 지속적으로 자신의 결정에 대해 슈퍼바이저와 논의하는 것이다.

　여기에서는 '기본 역량 1'을 다루기 위해 여러분이 슈퍼바이저와 완수해야 하는 활동들을 제시하였다. 이 활동을 통해 여러분은 다음 사항에 대한 지식 정도를 검증받게 된다. 즉, ① 윤리, 책임, 직업 및 징계와 관련된 가이드라인, 그리고 ②「미국 의료정보보호법(Health Insurance Portability and Accountability Act: HIPAA)」과 같은 주와 연방 법률 및 비밀보장의 원칙(〈표 9-6〉과 〈표 9-7〉 참조)이다. 〈표 9-2〉는 이 기본 역량과 관련된 기술을 향상시키는 데 도움이 될 수 있는 기준을 제시하고 있다.

　'기본 역량 1'에서 고급 기술 수준에 도달하기 위해 여러분은 여러 가지 활동에 참여하게 될 것이다. 이 활동들을 하면서 여러분은 윤리적·법적 위반을 인지하고 내담자의 피해를 최소화하기 위해 본인이 선택한 절차에 대해 자세하게 설명하는 과제들을 수행할 것이다. 또한 이 장에서는 한 가지 사례를 통해 슈퍼바이저와 수련생이 이 기본 역량과 관련된 기술들을 어떻게 훈련하는지 보여 줄 것이다. 아울러 훈련을 시작하기 위해 수련생이 갖춰야 하는 선행 기술을 설명한다. 이 사례에서 슈퍼바이저는 수련생이 위험-편익 분석(risk-benefit analysis)을 하도록 돕고 있다(〈표 9-3〉~〈표 9-5〉 참고). 이 사례에서 위험-편익 분석 양식을 어떻게 사용하는지 확인할 수 있다.

〈표 9-2〉 법적 · 직업적 · 윤리적 수행을 위한 기본 역량의 기준

초급 기술

- 수행과 관련된 윤리규정의 목적을 설명할 수 있다.
  - 윤리규정을 위반하는 경우를 설명할 수 있다(예: 이중관계, 이해관계 갈등 등).
- 공인된 행동분석가가 수행 관련 윤리규정 및 주/연방 법률을 위반하였을 때 받게 되는 징계 조치를 설명할 수 있다.
- HIPAA의 목적을 설명할 수 있다.
- 고지된 동의(informed conduct) 및 이의 중요성을 설명할 수 있다.
- 보고 의무자의 역할에 대해 설명할 수 있다.

중급 기술

- 범법과 윤리규정 위반의 차이를 구분할 수 있다(예: 청구서 위조와 개입 자료 위조).
- 법적 · 윤리적 위반을 감지하고 해당 사례에 어떤 윤리규정 코드 또는 법이 적용되는지 판단할 수 있다.
- 내담자의 개인 정보를 보호하며 HIPAA 가이드라인을 따를 수 있다.
- 아동 및 노인 학대와 관련된 보고 절차를 설명하고 따를 수 있다.
- 윤리적 · 법적 위반이 예상되는 상황에서 적극적으로 슈퍼비전을 받을 수 있다.

고급 기술

- 윤리적 · 법적 가이드라인을 따르고, 수련생도 이를 따르게 한다.
- 행동분석가의 역할과 관련된 윤리적 · 법적 가이드라인을 부모, 교사, 그 외 관계자에게 설명할 수 있다.
- 개입 시 부모, 교사, 그 외 관계자와 함께 개입에 대한 구체적인 목표를 설정함으로써 윤리적 · 법적 위반을 방지할 수 있다.
- 윤리적 · 법적 위반에 직면하였을 때 내담자에게 피해를 최소화하는 방향으로 의사결정을 할 수 있다 (예: 동료 행동분석가가 윤리규정을 위반하였고 이에 대한 해결이 되지 않았을 경우 징계 조치 절차를 따른다).

보수교육 및 직업적 성장

❂ 사례: 윤리적 수행을 교육하기

(1) 실습을 위한 준비(선행 기술)

① 수련생은 BACB가 제공하는 전문성과 윤리이행 관련 규정(Professional and Ethical Compliance Code: PECC)을 읽는다(www. Bacb.com/ethics/ethics-code).

② 수련생은 Jon Bailey와 Mary Burch의 『Ethics for Behavior analysts (3rd ed.)』(2013)을 읽는다.

③ 수련생은 PECC를 숙지하고 있다는 것을 증명하기 위해 다음 중 적어도 하나를 수행한다.

- PECC의 일련번호와 제목, 관련된 법적 기준에 관한 SAFMED(Say All Facts one Minute Every Day Shuffled)를 만들고 이를 완벽하게 수행한다.
- PECC의 일련번호와 제목 또는 법 조항이 제시되었을 때, 해당하는 구체적인 항목들을 정의한다(예: 5.02 Supervisory Volume).
- 사례[예: Bailey & Burch(2013)의 사례가 주어졌을 때 관련된 윤리 조항(ethical code)과 적용될 수 있는 법적 기준을 제시한다.

(2) 현재 기술에 대한 기초선 평가

① 슈퍼바이저는 특정 임상 현장에서 경험할 수 있는 윤리적 문제가 포함된 사례를 제시한다. 사례 예시는 다음과 같다.

> 당신은 경도 지적장애를 진단받은 21세 남성의 평가를 맡게 되었다. 가정 방문을 하기 전, 당신은 내담자가 법적 보호 상태에 있지 않다는 정보를 들었다. 즉, 내담자는 성인으로서의 의사결정권과 비밀보장의 의무를 가지고 있다. 가정 방문 시, 내담자의 어머니(함께 거주 중)는 아들에게 도움이 필요한 영역에 대한 자신의 의견을 당신과 논의하고 싶다는 의사 표현을 하였다. 내담자와 만나 대화를 나누던 중, 그는 개입 과정에 어머니 참여하게 될 것인지 물으며, 어떤 부분은 어머니 앞에서 공유하는 것이 불편하다고 말했다. 이런 경우 당신은 어떻게 대처할 것인가?

② 슈퍼바이저가 위험-편익 분석 양식(Bailey & Burch, 2013)을 제시한다.

- 위험-편익 분석 양식을 작성한다.
- 슈퍼바이저가 작성한 내용을 검토하고, 수련생과 함께 논의한다.

③ 슈퍼바이저가 정한 기준에 따라 훈련 또는 일반화 단계로 진행한다.

(3) 훈련

① 지도와 모델
- 슈퍼바이저는 윤리적 문제가 포함된 여러 사례를 제시한다.
- 슈퍼바이저는 수련생에게 함께 논의하고 싶은 사례를 선택하게 한다.
  - 수련생이 선택한 사례에 대해 수련생은 슈퍼바이저에게 다음과 같은 질문을 한다.
    - 이 상황에는 어떤 윤리 조항이 관련된다고 생각하는가?
    - 그 이유는 무엇인가(사례의 어떤 부분이 관련되어 있는지)?
    - 이 윤리 조항을 다루기 위해 어떤 행동을 취할 것인가?
    - 그 행동을 취했을 때 예상되는 결과(긍정/부정)은 무엇인가?
    - 그 예상되는 결과와 관련하여 어떻게 단계적으로 일을 처리해 갈 것인가?
  - 슈퍼바이저는 이 질문들에 답변하고, 이와 함께 어떻게 위험-편익 분석 양식을 작성해 나가는지 시범을 보여 준다.
  - 슈퍼바이저는 주어진 사례에서 주인공이 어떻게 대처해 나갈 것인지 설명하고 이에 대한 이유를 설명한다.
- 역할극을 진행하기 전까지 슈퍼바이저가 필요하다고 판단하는 만큼 이 절차를 반복한다. 이 절차는 슈퍼바이저의 감독 아래 의사결정 절차를 연습해 볼 수 있는 기회를 제공한다.

② 시연

③ 슈퍼바이저가 특정 임상 현장에서 경험할 수 있는 윤리적 문제가 포함된 사례를 제시한다. 사례 예시는 다음과 같다.

> 수련생은 3개월 동안 자폐성 장애가 있는 3세 아동의 가족과 작업해 왔다. 회기가 끝난 후 아버지가 당신에게 다음과 같은 개입을 시작하려 한다고 알렸다. 즉, B12 주사, 글루텐-카제인 프리 식이요법, 감각 통합 치료 등이다. 아버지는 수련생에게 이런 치료법들에 대한 의견을 묻고, 이런 다른 치료를 진행하더라도 계속해서 개입을 제공해 줄 수 있는지 물었다. 이런 경우에 어떻게 대처할 것인가?

④ 슈퍼바이저가 위험-편익 분석 양식(Bailey & Burch, 2013)을 제시한다.

- 위험-편익 분석 양식을 작성한다.
- 슈퍼바이저가 작성한 양식을 검토하고, 수련생과 함께 논의한다.

⑤ 슈퍼바이저가 정한 기준에 따라 훈련 또는 일반화의 다음 단계로 진행한다.

(4) 일반화

① 슈퍼바이저가 수련생에게 현재 맡고 있는 사례를 토대로 윤리적 문제가 포함된 구체적인 사례 두 가지를 구성해 보라고 한다.

② 수련생은 다음을 수행한다.

- 훈련 목적에 맞도록 시나리오를 작성한다.
- 사례에 나타난 구체적인 문제를 파악한다.
- 발생 가능한 윤리적 문제 및 반응들을 최대한 다루며 위험-편익 분석을 수행한다.
- 해결책을 제시한다.
- 추후 훈련을 위해 사례를 문서화하여 모아 놓는다.

〈표 9-3〉 위험-편익 분석 양식 예시

상황:	
의사결정:	
위험 요인	분석/비고
1.	
2.	
3.	
4.	
5.	
편익 요인	분석/비고
1.	
2.	
3.	
4.	
5.	
위험-편익 비교 요약:	

출처: Bailey, J. & Burch, M. (2016). *Ethics for behavior analysis* (3rd ed.). New York, NY: Routledge.

〈표 9-4〉 위험-편익 분석 양식 작성 예시: 대안적 치료에 동의하기

상황: 보호자가 아동의 치료에서 대안적 치료를 함께 진행하길 원한다(식이요법, 비타민 요법, 촉진적 의사소통 방법).	
의사결정: 보호자의 계획을 따르면서 그들이 마음을 바꾸길 기다린다.	
위험 요인	**분석/비고**
1. 대안적 치료법들은 현재 진행 중인 치료의 질을 낮출 수 있다.	대안적 치료법들이 현재 진행 중인 프로그램을 방해하고 치료 경과에 부정적인 영향을 줄 수 있다.
2. 효과가 나타나는 부분이 대안적 치료법에 의한 것으로 잘못 귀인될 수 있다.	가족이 ABA 서비스를 중단할 수 있으며, 이는 아동의 발달을 저해하고 가족에게 잘못된 기대를 심어 줄 수 있다.
3. 윤리적 기준에 어긋날 수 있다.	윤리 조항 1.01, 2.09, 6.01에 위반된다.
4. 만약 이런 대안적 치료법들이 실패했을 때, 부모가 더 위험한 다른 방법을 선택할 수도 있다.	아동에게 해가 될 수도 있고(특정 치료법들을 사용할 경우), 현재 프로그램의 성과를 저해할 수 있다.
5. 부모가 나에게 대안적 치료법을 진행해 달라고 요청할 수도 있다.	이런 제안을 거절할 경우 가족과 갈등이 발생할 수 있고, 제안을 받아들일 경우 윤리적 규준을 위반하게 된다.
편익 요인	**분석/비고**
1. 보호자가 현재 서비스를 유지한다.	부모의 제안을 받아들였으므로 가족이 치료를 그만둘 위험이 없다.
2. 대안적 치료법이 긍정적인 변화를 이끌어낼 수도 있다.	일부 연구에서는 어떤 경우 대안적 치료법이 효과가 있음을 보여 주었다. 가능성과 근거가 부족하지만 전무한 것은 아니다.
3. 가족과의 갈등을 최소화한다.	내가 거부할 경우, 부모에게 대안적 치료법들이 줄 수 있는 부정적인 영향에 대해 논의할 기회가 없어진다.
4. 부모는 자녀에게 도움이 될 수 있다면 어떤 것이든 시도해 볼 수 있다.	현재 내가 진행하고 있는 치료에 대한 참여도 역시 좋아질 수 있다.

위험-편익 비교 요약:
이 결정의 첫 번째 이득은 나와 보호자 간의 갈등을 없앨 수 있다는 것이다. 부모가 제시한 대안적 치료법들은 모두 경험적으로 뒷받침되지 않았고, ABA와 비교하였을 때 성공 가능성이 낮다. 만약 내가 진행하는 치료 프로그램이 효과적일 때 이 효과가 다른 치료에 의한 것으로 잘못 귀인될 소지가 크며, 이 경우 나의 참여도가 감소되고 부모가 다른 치료법에 보다 초점을 맞출 가능성이 증가된다.

〈표 9-5〉 위험-편익 분석 양식 작성 예시: ABA 개입이 근거가 없는 치료보다 나은 치료법이라는 근거 제시하기

상황: 보호자가 아동의 치료에서 대안적 치료를 함께 진행하길 원한다(식이요법, 비타민 요법, 촉진적 의사소통 방법)	
의사결정: ABA와 다른 치료법들의 효과성에 대한 근거를 제시하고 그들이 결정을 내리게 한다.	
위험 요인	**분석/비고**
1. 가족 구성원이 나를 해고할 수 있다.	부모가 동의하지 않을 경우 부모가 나의 개입을 그만두게 하거나, 현 센터를 나갈 수 있다. 이것은 나에 대한 인상을 안 좋게 만들 수 있다.
2. 가족 구성원이 내가 제시하는 근거를 받아들이지 않고 대안적 치료를 계속 추구할 수 있다.	나는 그들의 의사결정을 강요할 수 없다. 하지만 나는 목표 영역을 통제하는 자료 수집 방안을 마련할 수 있다. 즉, 대안적 치료법에서 가치를 두는 항목과 다른 항목을 목표로 두고 나의 프로그램에 의한 증상 변화와 대안적 치료에 의한 증상 변화에 대한 자료를 수집할 수 있다. 이렇게 제시되는 자료는 보다 설득적일 것이다.
3. 가족으로부터의 신임을 잃는다.	지금까지 가족과 작업해 온 성과를 잃고 처음부터 다시 시작해야 할 수 있다. 지난 경과를 되돌아 보았을 때, 이는 매우 어려운 작업이 될 것이다.
4. 가족을 설득할 수 있는 근거를 찾지 못하여 내가 지금 무엇을 이야기하고 있는지 잘 모른다는 인상을 줄 수 있다.	나는 이런 치료법들에 대해 평가해 본 적이 없다. 무엇부터 살펴보아야 하는지 모르고 있으므로, 이런 연구들에 더 전문 지식이 있는 누군가의 도움이 필요할 수 있다.
5. 내 판단이 잘못되었다.	대안적 치료법들은 현 내담자에게 효과적이다.
편익 요인	**분석/비고**
1. 나는 나의 윤리적 기준을 고수할 수 있다.	나는 가장 근거 중심적인 의사결정을 내렸으므로 윤리적 규준을 위반하지 않을 수 있다.
2. 이런 절차는 가족이 대안적 치료법을 피하도록 설득할 수 있거나, 또는 아무리 나빠도 그런 방법들에 대한 객관적인 평가를 해 볼 수 있게끔 한다.	나는 이런 치료법들이 효과적이지 않다는 추가 근거들을 제시할 수 있으며, 가족이 그 치료법들의 시작을 미루도록 할 수 있을지 모른다. 또한 그들이 대안적 치료법을 지속할 경우라도 적어도 그들이 선택한 방법을 평가해 볼 수 있도록 가르치고 그 방법의 효과성을 보여 줄 수 있다.
3. 특정 사례에 대한 가장 최선의 근거 평가 방법을 학습할 수 있다.	이런 절차를 진행하는 데 내가 참고할 수 있는 연구 자료(Kay & Vyse, 2005; Schreck & Miller, 2010)가 있다.
4. 이 의사결정은 장기적으로 내담자의 최상의 치료 성과와 부모의 지식 수준의 향상을 이끌어 낼 가능성이 있다.	만약 2번 요인이 실제 이루어진다면, 내담자는 내가 작업하는 영역에서 좋은 경과를 보일 것이고 현 개입 방법을 유지할 것이다. 나는 또한 정직한 토론과 경과의 증명을 통해 보다 많은 신임을 얻게 될 수도 있다.

위험-편익 비교 요약:

이 결정의 이득은 치료의 성과를 평가하는 데 과학의 원칙을 우선적으로 이용했다는 것에 있다. ABA 치료는 계속 진행되고, 자료를 기반으로 효과성을 평가할 것이다. 최악의 경우, 내담자가 대안적 치료법에서 목표를 둔 영역에서 향상을 보이지 않더라도 부모가 치료 방법을 평가하는 더 좋은 방법을 배우게 될 수 있다. 최선의 경우, 그들은 근거 기반 치료 방법을 고수하는 쪽으로 결정을 내릴 것이다. 위험 요인은 갈등을 다루는 과정에서 내가 치료를 그만두게 되거나 가족을 설득하는 데 실패하게 되는 것이다. 하지만 내가 처음에 생각한 것보다 위험 요인을 다룰 수 있는 다른 방법들이 더 있을 것이다.

✿ 가능한 집단 슈퍼비전 활동

앞서 제시한 사례는 슈퍼바이저가 '기본 역량 1'과 관련된 훈련을 어떻게 진행할 수 있는지 보여 주는 하나의 예시이다. 이 사례는 개별 슈퍼비전뿐만 아니라 집단 슈퍼비전 활동에서도 응용될 수 있다. 아울러 슈퍼바이저는 '기본 역량 1'의 직업적 기술과 관련된 집단 활동을 할 때, Bailey와 Burch(2016)의 책의 일부를 읽고 각자의 소감과 제언을 공유하는 과제를 줄 수도 있다. 슈퍼바이저는 또한 집단 활동에서 함께 달력을 보며 인턴십 활동, 수업, 마감을 앞둔 과제, 동료의 논문 리뷰 및 에디팅을 위한 시간 등을 직접 분배해 보면서 시간 관리 기술을 훈련하는 활동을 할 수도 있다. 또 다른 집단 활동에서는 언제 슈퍼바이저의 도움을 구해야 하는지, 피드백에 어떻게 반응해야 하는지 등에 관한 논의를 할 수도 있다. '기본 역량 1'과 관련하여 여러분은 보고의 의무 및 특별한 사건을 보고하는 것의 중요성에 대해 배우는 중이기 때문에, 언제 슈퍼비전을 받아야 하는지, 혹은 언제 도움을 구해야 하는지에 관한 논의를 하는 것은 매우 중요하다.

✿ 과제 목록

사례 및 집단 슈퍼비전 활동에 대한 제언과 더불어, 여기에는 여러분이 '기본 역량 1'과 관련된 기술들을 숙달하기 위해 완수해야 하는 특정 과제들을 정리해 놓았다. 〈표 9-6〉과 〈표 9-7〉은 여러분이 과제를 시작하고 활동들을 선택하는 데 도움이 될 것이다. 이 중 어떤 과제가 자신에게 적합한지, 이 기본 역량에 숙달하기 위해 다른 추가 과제가 필요하지는 않은지에 관해 슈퍼바이저와 지속적으로 논의하며 결정을 내리길 권한다.

〈표 9-6〉 슈퍼바이저와 공동으로 작업해야 하는 윤리규정 검토와 관련된 과제 목록

과제 목록	완수 여부 또는 완료 시점 기록
I. BACB의 윤리 가이드라인 검토하기	
1. 슈퍼바이저와 검토하고 논의한다. • 행동분석가의 업무 수행에서의 책임 • 행동분석가의 내담자에 대한 의무 • 교사 및 슈퍼바이저로서의 행동분석가 • 행동분석가와 업무 현장 • 행동분석가의 행동분석 분야에 대한 윤리적 책임 • 행동분석가의 동료에 대한 책임 • 행동분석가의 사회에 대한 윤리적 책임 • 행동분석가와 연구 • 행동분석 서비스와 관련된 각 주의 법에 관한 리뷰	
II. BACB의 과제 목록(5판) 검토하기	
1. 참고문헌을 활용한다. • BACB 과제 목록이 어떻게 구성되었는가 • 수련 및 BACB 자격의 역사 • 면허(licensure)와 자격(certification)의 차이 • 정직성의 중요성과 BCBA 자격의 미래	
III. BACB 징계 조치에 대한 리뷰하기	
1. BACB 징계 조치에 대해 검토한다. • 동료가 법적 · 직업적 · 윤리적 규정을 위반하였을 때 착수해야 하는 절차 • 윤리규정을 위반하였을 때의 결과	
IV. 연구자로서의 업무 수행에 관한 윤리규정 리뷰하기	
1. 미국국립보건원(National Institutes of Health)의 온라인 윤리 교육(http://researchethics.od.nih.gov/CourseIndex.aspx)을 시청한다.	

〈표 9-7〉 슈퍼바이저와 공동으로 작업해야 하는 행동분석가의 의무와 관련된 과제 목록

과제 목록	완수 여부 또는 완료 시점 기록
I. BACB의 윤리 가이드라인 검토하기	
1. 슈퍼바이저와 검토하고 논의한다. • 행동분석가의 내담자에 대한 의무	
II. HIPAA와 비밀보장의 의무	
1. 앞으로 BACB 수련을 완수할 주(state)의 HIPAA 가이드라인 및 비밀보장의 의무와 관련된 정보를 얻는다.	
2. 현재 활동 중인 지역의 HIPAA 가이드라인 및 비밀보장 의무와 관련된 정보를 얻는다.	
3. 슈퍼바이저와 다음을 논의한다. • 자료 보관 방법 • 개인정보 보호가 필요한 정보가 담긴 이메일을 비롯한 모든 전송 방법의 관리 • 스마트폰의 사용과 전자 서류의 보호	
III. 동의	
1. 슈퍼바이저와 논의한다. • 고지된, 대리의, 후견인의, 관리 위원의 동의	
2. 동의(consent)와 승인(assent)의 차이에 대해, 각각이 언제 사용되어야 하는지 슈퍼바이저와 논의한다.	
3. 현재 활동 중인 직장이나 인턴십 장소에서 사용하는 동의서 및 승인서 서식을 살펴본다.	
4. 이 역량을 위해 동의서 및 승인서 서식 샘플을 개인 파일에 보관한다.	
IV. 고지된 동의서 받기	
1. 첫 동의 절차를 진행하기 전에 슈퍼바이저와 다음을 역할극으로 연습한다. • 동의서를 소개하기 • 비전문적인 용어를 사용하여 동의서를 설명하기 • 동의서에 서명 받기	
2. 즉시 피드백을 받고 슈퍼바이저가 설정한 기준에 도달할 때까지 연습한다.	
V. 보고 의무와 녹화에 대한 규정 리뷰	
1. 보고 규정에 대한 온라인 프로그램(http://educators.madatedreporterca.com)을 완수한다.	
2. 학대에 대한 보고와 관련된 비디오(http://www.youtube.com/watch?v=810mV4zwA6Y)를 리뷰한다.	
3. 아동 학대 및 방임에 대한 보고 의무와 관련된 비디오(http://www.youtube.com/watch?v=WunricaVsLo)를 리뷰한다.	

─ 추가 참고자료 ──────────────────────────

Bailey, J., & Burch, M. (2016). *Ethics for behavior analysis* (3rd ed.). New York, NY: Routledge.

Bailey, J. S., & Burch, M. R. (2009). *25 essential skills and strategies for the professional behavior analyst: Expert tips for maximizing consulting effectiveness.* New York, NY: Routledge.

Brodhead, M. T., & Higbee, T. S. (2012). Teaching and maintaining ethical behavior in a professional organization. *Behavior Analysis in Practice, 5*, 82–88. doi:10.1007/BF033

Kay, S., & Vyse, S. (2005). Helping parents separate the wheat from the chaff: Putting autism treatments to the test. In J. W. Jacobson, R. M. Foxx, & J. A. Mulick (Eds.), *Controversial therapies for developmental disabilities: Fad, fashion, and science in professional practice* (pp. 265–277). Mahwah, NJ: Lawrence Erlbaum.

Newman, B., Reinecke, D. R., & Kurtz, A. L. (1996). Why be moral: Humanist and behavioral perspectives. *The Behavior Analyst, 19*, 273–280. doi:10.1007/BF033

Schreck, K. A., & Miller, V. A. (2010). How to behave ethically in a world of fads. *Behavioral Interventions, 25*(4), 307–324. doi:10.1002/bin.305

Shook, G., & Neisworth, J. (2005). Ensuring appropriate qualifications for applied behavior analyst professionals: The Behavior Analyst Certification Board. *Exceptionality, 13*, 3–10. doi:10.1207/s15327035ex1301_2

Shook, G. L., Ala'i-Rosales, S., & Glenn, S. (2002). Certification and training of behavior analyst professionals. *Behavior Modification, 26*, 27-48.

Shook, G. L., & Favell, J. E. (2008). The Behavior Analyst Certification Board and the profession of behavior analysis. *Behavior Analysis in Practice, 1*, 44–48. doi:10.1007/BF033

Shook, G. L., Johnston, J. M., & Melichamp, F. (2004). Determining essential content for applied behavior analyst practitioners. *The Behavior Analyst, 27*, 67-94. doi.org/10.1007/BF033

[기본 역량 2]
행동 측정 방법을 개발하고 자료를 기록·분석하기

'기본 역량 2'는 행동의 직접 관찰과 측정에 대한 것으로 행동분석의 핵심 요인이자 행동분석을 다른 행동 관련 이론들과 구분 짓는 특징이다. 행동을 측정 · 기록 · 분석하는 기술은 행동분석가에게 매우 필수적이며, 행동 평가 및 행동 수정 절차를 시행하기 위한 선행 기술이다. 그러므로 BACB 과제 목록에서는 이 기술을 '섹션 1. 기초'에서 따로 제시하고 있다. 하지만 이 책에서는 이를 기본 역량 목록에 포함시켰는데, 이는 수련생이 다양한 상황에서 행동의 여러 차원을 정확하게 측정하고 피드백을 받는 훈련을 반드시 받아야 하기 때문이다.

'기본 역량 2'를 다루기 위해 다음 4개의 구성 기술을 제시하였다. ① 변화시키기 위한 목표 행동을 선택하고 정의하는 것, ② 다양한 직접 관찰 측정 방법을 사용하여 목표 행동을 측정하는 것, ③ 행동 측정의 질을 평가하는 것(예: 정확도, 신뢰도), 그리고 ④ 수집된 정보를 그래프화하고 분석하는 것 등이다. 〈표 9-8〉은 이 기본 역량 계발의 기준을 제시하고 있다.

〈표 9-8〉 행동 측정을 수행하기 위한 기본 역량의 기준

초급 기술

• 행동의 조작적 정의하기
   - 행동을 정의할 수 있다(말, 글).
   - '죽은 사람 테스트(dead man's test)'[2]를 설명할 수 있으며, 관찰 가능한 행동과 관찰할 수 없는 행동을 구별할 수 있다.
   - 행동의 형태적 정의와 기능적 정의의 차이점을 설명할 수 있다.
   - 행동의 형태적 정의와 기능적 정의를 구별할 수 있다.
 • 측정
   - 횟수(count), 빈도(frequency)/반응률(rate), 지속시간(duration time), 지연시간(latency time), 반응간 시간(inter-response time) 자료를 수집하는 절차를 설명할 수 있다.

---

2) 죽은 사람 테스트: 목표 행동을 정할 때 그것이 적절한지 확인할 때 사용할 수 있는 방법이다. 목표 행동으로 정하고 싶은 행동이 있을 때, "죽은 사람이 그것을 할 수 있는가?"라는 질문을 해 본다. 이 죽은 사람이 할 수 있는 것이라면, 그것은 '행동'이라고 할 수 없다. 만약 죽은 사람이 할 수 없는 것이라면, 그것은 '행동'이라고 볼 수 있다.

- 부분간격 기록법(partial-interval recording), 전-간격 기록법(whole-interval recording), 순간 시간 표집법(momentary time sampling)을 이용하여 자료를 수집하는 절차를 설명할 수 있다.
- 백분율(percentage) 및 기준 도달 시도 수(trials to criterion) 자료를 수집하는 방법을 설명할 수 있다.
- 측정 절차의 타당도와 신뢰도를 평가하기
  - 관찰자 일치도(Inter-Observer Agreement: IOA)를 사용하는 목적을 설명할 수 있다.
  - IOA와 행동의 연속관찰 표본을 검토하며 정확한 자료와 부정확한 자료를 구분할 수 있다.
  - IOA를 수집하는 방법을 설명할 수 있다.
  - 다양한 자료수집 방법(예: 부분간격 기록법, 빈도/반응율, 지속시간)으로 IOA를 계산할 수 있다.
- 자료 보고
  - 시각적으로 제시된 자료를 요약할 수 있다.

중급 기술

- 행동의 조작적 정의하기
  - 문제행동의 형태적 정의와 기능적 정의를 내릴 수 있다.
  - 증가시켜야 하는 목표 행동의 형태적 정의와 기능적 정의를 내릴 수 있다.
  - 형태적 또는 기능적으로 정의할 수 있는 행동의 예시를 제시할 수 있다.
- 측정
  - 조작적 정의에 따라 다음을 이용하여 정확한 자료수집을 할 수 있다
    » 연속 측정법(예: 빈도/반응률, 지속시간, 지연시간, 반응 간 시간)
    » 비연속 측정법(예: 부분간격 기록법, 전-간격 기록법, 순간시간 표집법)
    » 백분율과 기준 도달 시도 수
  - 주어진 기록지를 이용하여 자료를 정확하게 기록할 수 있다.
  - 다양한 자료수집 방법(예: 반응율, 지속시간, 부분간격 기록법, 전-간격 기록법, 순간시간 표집법)의 강점과 약점을 설명할 수 있다.
  - 특정 측정 방법으로 정확하게 측정될 수 있는 행동의 예시를 제시할 수 있다(예: 불연속적으로 나타나는 공격행동은 빈도/반응율로 측정할 수 있다).
- 측정 절차의 타당도와 신뢰도를 평가하기
  - 각각 다른 측정 방법으로 수집된 자료에 대해 IOA를 정확하게 계산할 수 있다(예: 부분간격 기록법으로 수집된 자료의 경우, 간격 간 IOA).
  - 자료수집 정확도 및 낮은 IOA에 영향을 줄 수 있는 요인들을 나열할 수 있다.
- 자료 보고
  - 해당 자료에 알맞은 그래프 형식을 선택할 수 있다.
  - 다양한 선 그래프(예: 한 가지 행동의 두 개 이상의 차원이나 두 가지 이상의 다른 행동을 한 그래프에 작성하기), 막대 그래프, 산포도를 이용하여 자료를 그래프화할 수 있다.
  - 그래프의 모든 요소(예: 변경선, 조건 설명, 표 제목 등)를 포함하여 그래프를 작성할 수 있으며, 가로축과 세로축의 제목 및 척도를 정확하게 표시할 수 있다.

- 주어진 자료로 표준 셀러레이션 차트(Standard Celeration Chart: SCC)[3]를 그릴 수 있다.
- 자료 해석하기
  - 안정적이거나 변동이 있는 자료선의 수준(level)과 경향(trend)을 그릴 수 있다.
  - 안정적인 자료선과 변동이 있는 자료선을 구분할 수 있다.
  - 조건 간 및 조건 내 자료를 보고 시각 분석을 할 수 있다(예: 행동에 대한 개입 효과).
  - 연구 논문에 나온 그래프를 살펴보고 기초선 논리를 이용하여 독립변인과 종속변인 간의 기능적 관계가 있는지 평가할 수 있다.
  - 효과 크기를 정의하고 계산할 수 있다.

고급 기술

- 행동의 조작적 정의하기
  - 간접 평가와 직접 관찰을 통해 얻은 정보를 보고 증가 또는 감소시켜야 할 목표 행동을 파악해 낼 수 있다.
  - 형태적 · 기능적 정의를 이용하여 목표 행동에 대한 분명하고 간단하면서도 함축적인 조작적 정의를 내릴 수 있다.
- 측정
  - 목표 행동의 기초선 및 개입 자료에 적합한 측정 방법을 선택할 수 있다.
  - 선택된 자료수집 방법에 알맞은 기록지를 만들 수 있다.
  - BST 기법을 이용하여 기록지와 다양한 자료수집 방법(예: 반응율, 지속시간, 부분/전/순간 시간 기록법)을 사용하며 목표 행동의 자료를 기록하고 수집하는 방법을 타인에게 가르칠 수 있다.
- 측정 절차의 타당도와 신뢰도를 평가하기
  - 다양한 자료수집 방법을 대상으로 IOA 자료수집을 통해 다른 사람이 수집한 자료의 정확도를 감독할 수 있다.
  - 낮은 IOA에 영향을 주는 요인을 정확하게 짚어 낼 수 있다(예: 복잡한 조작적 정의).
  - BST 기법을 이용하여 IOA 자료를 수집하고 계산하는 방법을 가르칠 수 있다.
- 자료 보고
  - 각 내담자의 평가 및 개입 자료를 그래프화할 때 적합한 형태의 그래프를 선택할 수 있다.
  - 그래프의 요소(예: 변경선, 조건 설명, 표 제목)가 모두 포함되고 가로축, 세로축, 척도가 모두 정확하게 제시된 그래프를 제작하여 보고서를 작성할 수 있다.
- 자료 해석하기
  - 내담자의 조건 간 및 조건 내 자료의 시각 분석 후 임상적인 의사결정을 내릴 수 있다.

---

3) 표준 셀러레이션 차트: 시간에 따른 변화 정도를 분석할 때 이용하는 그래프 작성 양식으로, 특정 기간 동안의 반응률의 변화 추이를 확인해 볼 수 있다. 1967년 Ogden Lindsley에 의해 처음 제안된 것으로, 주로 정밀교수(Precision teaching) 등 기술의 유창성(fluency) 훈련에서 사용된다.

> – 내담자의 그래프 자료를 살펴보고 기초선 논리를 이용하여 독립변인과 종속변인 간의 기능적 관계가 있는지 평가할 수 있다.
> – 효과 크기를 계산할 수 있으며, 이를 토대로 임상적 의사결정을 내릴 수 있다.

보수교육 및 직업적 성장

'기본 역량 2'와 관련된 고급 기술을 습득하기 위해 수련생은 개입 회기를 관찰하고 행동 자료를 기록·해석하는 다양한 활동에 참여하게 될 것이다. 아울러 비디오나 여러 예시 사례를 이용하여 작업을 진행할 목표 행동들의 우선순위를 어떻게 정할지 논의하는 시간을 가질 수도 있다. 행동을 측정하기 위해 여러분은 행동 측정 도구를 개발해야 하고, 그 도구를 이용하여 행동을 관찰하고 기록해야 한다. 아울러 자신이 개발한 행동 측정 방법의 신뢰도와 정확도에 대해 근거를 제시하며 설명할 수 있어야 할 것이다. 다음은 이 기본 역량에 대해 수련생과 슈퍼바이저가 어떻게 훈련을 진행할 수 있는지 보여 주는 사례를 제시하고 있다.

✪ 사례: 연속적인 행동 측정 방법에 대한 훈련

(1) 선행 기술

① 각각의 연속적 측정 방법의 구체적인 특성이 나온 차트를 완성한다.
- 이 차트는 다음을 포함한다.
  – 행동의 측정 가능한 차원
  – 자료수집 절차
  – 그래프의 세로축
  – 장점
  – 단점
  – 해당 측정 방법이 적합한 행동들의 예시
② 측정 방법 차트에 나온 정보를 구두로 설명할 수 있다.
- 슈퍼바이저가 어떤 연속적 측정 방법을 제시하면, 수련생은 차트를 보지 않고 그 측정 방법의 구체적인 내용을 설명한다.
  예 1 "아동의 주의집중 능력(교사가 지시를 하는 동안 교사를 향해 시선을 유지하기로 정의뢰)를 향상시키고 싶다면, 어떤 측정 방법을 사용하면 좋을까요?"

예 2 "어떤 측정 방법으로 이 시간적 측면(temporal locus)을 측정할 수 있습니까?"

- 질문의 수는 각 슈퍼바이저의 기준에 따라 달라진다.

(2) 현재 기술에 대한 기초선 평가

① 슈퍼바이저가 수련생에게 실제 참여자 또는 온라인 비디오를 통해 목표 행동의 자료를 수집하게 한다.

- 슈퍼바이저의 결정에 따라 실제 내담자와의 상호작용을 통해 작업을 진행할 수 있다.

② 슈퍼바이저는 다음을 제시한다.

- 행동의 조작적 정의
- 자료수집을 위한 행동 기록지
- 사용할 측정 방법

③ 기본 역량을 보여 주기 위해, 수련생은 특정 측정 방법당 2회의 시도에서 적어도 80% 이상의 IOA(형식은 슈퍼바이저 재량에 따라 선택한다)를 충족해야 한다.

- 연속 측정법
  - 빈도
  - 반응율
  - 지속시간
  - 지연시간
  - 반응 간 시간

④ 수련생은 각각의 측정 방법에 대해 PMC에서 80% 이상의 수행을 해야 한다.

(3) 훈련

① 슈퍼바이저가 목표가 될 측정 방법을 선택한다. 이것은 수련생의 수행의 기저선 수준에 따라 결정된다.

② 지도

- 슈퍼바이저가 수련생에게 목표 측정 방법에 대한 PMC를 제시한다.
- 슈퍼바이저는 수련생과 함께 PMC에 나온 각 단계를 검토한다.

例 '1단계: 회기를 시작하기 전 필요한 모든 자료를 모은다.'

» 설명: 자료를 효과적으로 모으기 위해 필기도구, 기록지, 다른 필요한 자료들이 있어야 한다. 이런 도구를 갖추지 못하면 목표 행동을 놓치게 될 뿐만 아니라 자료를 기억에 의존하게 되는데, 이는 정확도를 감소시키고 오류를 증가시키게 된다.

③ 모델
- 슈퍼바이저가 관찰 및 자료수집을 수행하기 위한 비디오를 재생한다. 앞에서 언급하였듯, 이는 실제 관찰 기회로 대체할 수 있다.
- 슈퍼바이저가 수련생에게 기초선 평가에서와 동일한 항목을 제시한다.
  - 행동의 조작적 정의
  - 자료수집을 위한 행동 기록지
  - 사용할 측정 방법
- 슈퍼바이저는 수련생에게 설명을 하면서 PMC에 따라 자료를 수집할 준비를 한다.
- 슈퍼바이저가 비디오를 보며 자료를 수집한다. 슈퍼바이저는 수련생에게 특정 행동의 예를 보여 주기 위해 비디오를 멈추거나, 되감거나, 반복 재생할 수 있다.
- 슈퍼바이저는 수련생에게 필요할 경우 측정치(반응률, 백분율 등)를 계산하는 방법과 특정 도구(예: 기록지, 요약지, 프로그램 바인더)를 이용하여 데이터를 기록하는 방법을 보여 준다.

④ 시연
- 슈퍼바이저가 수련생에게 앞에서 모델로 보여 준 것과 같은 비디오와 자료를 제시한다.
- 수련생은 PMC에 나온 준비 단계를 완수한다.
- 수련생은 비디오를 보며 목표 행동에 대한 자료를 수집한다.
- 슈퍼바이저가 수련생의 자료로 IOA를 계산한다.

⑤ 피드백
- 슈퍼바이저와 수련생의 자료 간의 IOA가 80%를 넘지 못했을 경우, 슈퍼바이저는 수련생과 함께 비디오와 수집된 자료를 다시 리뷰한다.
- 슈퍼바이저는 이와 함께 PMC를 참고하여 수련생의 수행 내용을 리뷰한다.
- 자료와 PMC 수행 기준이 일치하지 않을 경우, 슈퍼바이저는 수련생이 이 과정을 반복하게 한다.

(4) 일반화

① 수련생이 숙달 기준에 도달하려면, 같은 측정 방법을 이용하여 적어도 3개의 각각 다른 목표 행동(비디오에 나타난)에 대한 자료를 수집해야 한다.

② 비디오 과제를 통해 일반화 기준에 도달하게 되면, 슈퍼바이저는 수련생이 실제 상황에서 같은 측정 방법을 시행하는 것으로 목표를 조정한다.

- 실제 상황에서 적어도 2개의 다른 행동에서 기준을 충족하게 되면, 슈퍼바이저는 수련생에게 기본 역량을 습득하였다고 말해 줄 수 있다.

  » 주: 수련생이 기본 역량 기준에 도달하였는지 평가하기 위해 슈퍼바이저에 따라 다른 수의 행동을 충족 기준으로 설정 할 수 있다.

〈표 9-9〉 수련생 작성용 측정 방법 차트

측정	행동의 측정 가능한 차원	자료 수집 절차	그래프에서의 세로축, 가로축	장점	단점	이 측정 방법이 적합한 행동 및 절차(적어도 5개)
빈도/반응률						
회기당 지속시간						
발생당 지속시간						
잠재시간						
반응 간 시간						
발생의 백분율						
기준 도달 시도 수						
전간격 기록법						
부분간격 기록법						
순간시간 표집법						
계획된 활동 기록						
영구 산물[4]						

---

4) 영구 산물: 행동의 결과로 남게 되는 영속적인 변화(예: 찢은 종이)나 직접 보고 만질 수 있는 것(예: 문제 답안지, 창작물 등)를 말한다.

✿ 가능한 집단 슈퍼비전 활동

앞서 제시한 사례는 슈퍼바이저가 '기본 역량 2'와 관련된 훈련을 어떻게 진행할 수 있는지 보여 주는 하나의 예시이다. 이 사례는 개별 슈퍼비전뿐만 아니라 집단 슈퍼비전 활동에서도 응용될 수 있다. 아울러 행동 측정 기술에 대한 훈련을 하기 위해 슈퍼바이저는 수련생들에게 여러 개의 비디오를 보여 주고, 자료수집을 위한 행동 측정 도구를 만들게 할 수도 있다. 슈퍼바이저는 수련생에게 IOA를 계산하게 하여 본인이 선택한 행동 측정 방법과 측정 도구가 해당 행동을 측정하는 데 적합한지 근거를 제시하도록 할 수도 있다. 또한 슈퍼바이저는 가상의 자료, 또는 익명 처리된 실제 자료를 주고 수련생에게 그래프를 그리게 하거나 자료를 해석하게 할 수도 있다. 이런 모든 활동을 통해 수련생은 주어진 행동에 적합한 측정 방법을 선택하고, 왜 그 측정 도구와 방법이 적절한지 설명하고, 다른 사람이 이해할 수 있는 형태의 자료로 정리하는 방법을 연습할 수 있다.

✿ 과제 목록

사례 및 집단 슈퍼비전 활동에 대한 제안과 더불어, 여기에는 '기본 역량 2'와 관련된 기술들을 숙달하는 데 필요한 과제들을 정리해 놓았다. 〈표 9-10〉부터 〈표 9-18〉은 여러분이 슈퍼바이저와 함께 과제를 시작하고 활동들을 선택하는 데 도움이 될 것이다. 앞서 언급하였듯이, 슈퍼비전의 매 단계마다 슈퍼바이저와 지속적으로 논의하며 이 중 어떤 과제가 자신에게 적합한지, 또는 추가적인 과제가 필요한지 여부에 관한 결정을 내리길 권한다.

〈표 9-10〉 슈퍼바이저와 공동으로 작업해야 하는 목표 행동 선택 기술과 관련된 과제 목록

과제 목록	완수 여부 또는 완료 시점 기록
Ⅰ. BACB의 윤리 가이드라인 검토하기	
1. 슈퍼바이저와 다음을 리뷰하고 논의한다. • 윤리적으로 목표 행동을 선택·평가하기	
Ⅱ. 목표 행동의 우선순위를 세우는 양식을 개발하고 사용하기	
1. 잠재적인 목표 행동의 사회적 중요도를 평가한다.	
2. 잠재적인 목표 행동의 우선순위를 매긴다.	

Ⅲ. 관찰 및 측정 가능한 용어를 사용하여 목표 행동 정의하기	
1. 관찰 및 측정 가능한 용어를 사용하여 목표 행동을 형식적으로 정의 한다(적어도 10개의 다른 행동). • 정의를 슈퍼바이저와 함께 논의하고 수정한다. • 작성한 조작적 정의의 최종본을 첨부한다.	
2. 관찰 및 측정 가능한 용어를 사용하여 목표 행동을 기능적으로 정의한다(적어도 10개의 다른 행동). • 정의를 슈퍼바이저와 함께 논의하고 수정한다. • 작성한 조작적 정의의 최종본을 첨부한다.	
3. 행동[사적 사건(private event) 포함]을 행동분석적인[유심론적(mentalistic)인 것이 아닌] 용어를 사용하여 묘사하고 설명한다.	

〈표 9-11〉 수행 모니터링 체크리스트(PMC) 예시

기본 역량	준거 기준	평가	수행 피드백
Ⅰ. BACB 윤리 가이드라인을 리뷰하고 슈퍼바이저와 논의하기			
1. 윤리적으로 평가 및 잠재적인 목표 행동 선택하기 2. 윤리적으로 목표 행동을 선택하는 절차에 대해 요약하고 첨부할 것	• 윤리적으로 목표 행동을 선택하기에는 다음이 포함된다. A. 내담자의 정의 B. 내담자 및 그 외 대상에 대한 책임 C. 자문 및 제3자의 서비스 요청 D. 내담자 권리	☐ 준거 기준을 충족함 ☐ 준거 기준을 충족하지 못함	완료 날짜:
Ⅱ. 목표 행동의 우선순위를 세우는 양식을 개발하고 사용하기			
1. 잠재적인 목표 행동의 사회적 중요도 평가하기	• 적어도 두 가지 상황에서 잠재적인 목표 행동의 사회적 중요도를 평가할 수 있는 적절한 양식을 사용하기	☐ 준거 기준을 충족함 ☐ 준거 기준을 충족하지 못함, 양식을 적절하게 완성하지 못함	완료 날짜:
2. 잠재적인 목표 행동의 우선순위 매기기	• 적어도 두 가지 상황에서 잠재적인 목표 행동의 사회적 중요도를 평가할 수 있는 적절한 양식을 사용하기	☐ 준거 기준을 충족함 ☐ 준거 기준을 충족하지 못함, 양식을 적절하게 완성하지 못함	완료 날짜:

III. 관찰 및 측정 가능한 용어를 사용하여 목표 행동 정의하기			
1. 관찰 및 측정 가능한 용어를 사용하여 목표 행동을 형식적으로 정의하기(적어도 5개의 다른 행동)	• 5개의 목표 행동의 형식적 정의는 다음을 포함한다. − 기술적('낯선 사람 규칙'[2]을 통과함) − 관찰 가능한('죽은 사람 테스트'를 통과함) − 측정 가능한(행동의 측정 가능한 차원을 포함함) − 필요할 경우, 예외 요소들을 포함할 수 있음(예: 어떤 학생은 허락을 받고 자리를 떠날 수 있음) − 간단하고 함축적이어야 함[예: 공격, 자해, 가출은 각각 개별적인 행동이며, '떼쓰기(Tantrum)'의 부분이 될 수 없음]	☐ 준거 기준을 충족함(행동의 정의가 앞에서 기술한 모든 요소를 포함함) ☐ 준거 기준을 충족하지 못함(행동의 정의가 앞에서 기술한 요소 중 한 가지 이상을 충족하지 못함)	완료 날짜:
2. 관찰 및 측정 가능한 용어를 사용하여 목표 행동을 기능적으로 정의하기(적어도 5개의 다른 행동)	• 5개의 목표 행동의 기능적 정의는 모두 다음을 포함한다. − 기술적('낯선 사람 규칙'을 통과함) − 관찰 가능한('죽은 사람 테스트'를 통과함) − 측정 가능한(행동의 측정 가능한 차원을 포함함) − 필요할 경우, 예외 요소들을 포함할 수 있음(예: 어떤 학생은 허락을 받고 자리를 떠날 수 있다) − 간단하고 함축적이어야 함(예: 공격, 자해, 가출은 각각 개별적인 행동이며, '떼쓰기'의 부분이 될 수 없음)	☐ 준거 기준을 충족함(행동의 정의가 앞에서 기술한 모든 요소를 포함함) ☐ 준거 기준을 충족하지 못함(행동의 정의가 앞에서 기술한 요소 중 한 가지 이상을 충족하지 못함)	완료 날짜:
3. 슈퍼비전 폴더에 슈퍼바이저와 함께 리뷰하고 수정한 각 행동의 조작적 정의들을 정리해 둔다.		☐ 준거 기준을 충족함 ☐ 준거 기준을 충족하지 못함	완료 날짜:

---

5) 낯선 사람 규칙(The Stranger Rule): 목표 행동을 정의할 때 그것이 적절한지 확인해 보는 방법이다. 해당 상황과 전혀 관련이 없는 사람이 목표 행동의 정의를 보고 정확히 그 행동을 관찰해 낼 수 있다면, 행동의 조작적 정의가 명료하게 내려진 것이다.

〈표 9-12〉 슈퍼바이저와 공동으로 작업해야 하는 다양한 직접 관찰 측정 방법을 이용한 목표 행동 측정 기술과 관련된 과제 목록

과제 목록	완수 여부 또는 완료 시점 기록
Ⅰ. BACB의 윤리 가이드라인 검토하기	
1. 슈퍼바이저와 다음을 리뷰하고 논의한다. • 윤리적으로 자료를 수집하고, 자료를 기반으로 의사결정을 하기	
Ⅱ. 목표 행동의 여러 차원을 적절하게 측정할 수 있는 측정 절차와 관찰 및 기록 방법 결정하기	
1. 연속 및 비연속 측정 절차를 이용할 때의 장단점을 정리한 기초적인 표를 작성한다. • 슈퍼바이저와 함께 작성한 표를 살펴보고 최종본을 첨부한다. 2. 평가를 시행하거나 치료 계획을 세울 때, 적절한 측정 방법을 선택하고 다음에 열거된 측정 방법에 맞는 자료수집 형식을 계획한다. • 슈퍼바이저와 함께 선택한 내용과 자료수집 형식을 살펴보고 피드백을 받은 후 최종본을 첨부한다.	
➤ 연속적 측정 절차를 계획하기	
• 빈도/반응률	
• 지속시간	
• 지연시간	
• 반응 간 시간	
• 발생 백분율	
• 기준 도달 시도 수	
➤ 비연속적 측정 절차를 계획하기	
• 부분간격 기록법	
• 전간격 기록법	
• 순간시간 표집법	
• 계획된 활동 기록	
• 영구 산물(예: 완수한 수학 문제 수)	
Ⅲ. 관찰 스케줄 및 기록 간격을 선택하고, 목표 행동을 측정하기	
1. 개입 단계에서 평가 또는 경과 관찰을 시행할 때 적절한 관찰 간격을 선택하고, 적절한 측정 절차를 통해 기초선 및 개입 자료를 수집한다. • 선택한 내용을 슈퍼바이저와 논의하고 피드백을 받는다. 2. 자료를 수집하고 결과에 대해 슈퍼바이저와 논의한다. • 수정이 필요한 부분이 있는지 확인하고 수정한다. 3. 결과를 그래프화하고 슈퍼바이저에게 피드백을 받는다.	

➢ 연속적 측정 절차를 시행한다.	
• 빈도/반응율 측정	
• 지속시간 측정	
• 지연시간 측정	
• 반응 간 시간 측정	
• 발생 백분율 측정	
• 기준 도달 시도 수 측정	
➢ 비연속적 측정 절차를 시행한다.	
• 부분간격 기록법 사용하기	
• 전간격 기록법 사용하기	
• 순간시간 표집법 사용하기	
• 영구 산물을 이용하여 행동 측정하기	

〈표 9-13〉 수행 모니터링 체크리스트(PMC) 예시 1

기본 역량	기준	척도 1	척도 2	척도 3
기록지를 이용하여 변화가 목표인 행동을 직접 측정하기				
장비 활용	'횟수 세기' 옵션이 있는 스톱워치, 또는 비슷한 기능이 있는 스마트폰 앱을 이용한다.	❏ 예 ❏ 아니요	❏ 예 ❏ 아니요	❏ 예 ❏ 아니요
자료수집	다음에 열거된 측정 방법에 대한 자료수집에서 IOA 90% 이상을 달성한다. 각 측정 방법에서 적어도 IOA 90%를 2회 달성한다.	IOA 1	IOA 2	IOA 3
	빈도/반응률	❏	❏	❏
	지속시간	❏	❏	❏
	지연시간	❏	❏	❏
	반응 간 시간	❏	❏	❏
	순간시간 표집법	❏	❏	❏
	부분간격 기록법	❏	❏	❏
	전간격 기록법	❏	❏	❏
	기준 도달 시도 수 또는 발생 백분율	❏	❏	❏
	계획된 활동 기록	❏	❏	❏

〈표 9-14〉 수행 모니터링 체크리스트(PMC) 예시 2

수행 모니터링 도구: 빈도/반응율 자료 수집		Y / N / NA		
날짜:				
수행 절차				
1. 회기를 시작하기 전 필요한 도구를 모두 준비한다(예: 펜, 기록지)				
2. 기록지를 준비한다.				
• 기록지 상단에 날짜와 이름 초성을 기입한다.				
• 관찰할 목표 행동을 기록한다.				
• 관찰 회기의 시작 시간을 기록한다(예: 시간:분, 오전/오후).				
3. 목표 행동이 발생할 때마다 3~5초 이내에 기록지에 표시한다.				
4. 관찰 회기가 끝났을 때, 종료 시간을 기록한다(예: 시간:분, 오전/오후).				
5. 기록을 토대로 행동 발생의 총 빈도를 계산하고 기록한다. 총 빈도를 기록한다.				
6. 시작 시간과 종료 시간을 토대로 총 관찰 시간을 계산한다.				
7. 목표 행동의 반응률을 계산한다(행동의 총 빈도/총 관찰 시간).				
8. 목표 행동의 빈도를 빈도/분 형식으로 기록지에 기록한다.				
정반응 비율: (총 Y의 수/총 Y + N + NA 수의 합계)				
메모:				

출처: Cooper, J. O., Heron, T. E., & Heward, W. L. (2007). *Applied behavior analysis* (2nd ed.). Upper Saddle River, NJ: Pearson.

〈표 9-15〉 슈퍼바이저와 공동으로 작업해야 하는 행동 측정 방법의 질을 평가하는 기술과 관련된 과제 목록

과제 목록	완수 여부 또는 완료 시점 기록
I. 측정의 정확도, 타당도, 신뢰도에 영향을 줄 수 있는 요인을 표로 정리하기	
1. 다음에 영향을 줄 수 있는 요인을 요약한 표를 첨부한다. • 행동 자료의 타당도 • 행동 자료의 신뢰도 • 행동 자료의 정확도	
II. 관찰자 간 일치도를 평가하고 해석하기	
1. 해당 자료수집 방법에 적합한 관찰자 간 자료수집 방법을 결정한다. • 선택한 방법을 슈퍼바이저와 논의하고 수정한다.	
2. 다음에 대해 표로 정리한다. • IOA의 종류 • 각 종류의 IOA를 계산하는 방법 • 적절한 수준의 IOA 범위 • IOA를 보고하는 형식	
3. IOA를 시행 · 해석 · 보고한다. • 기초선 또는 개입 자료를 수집할 때 자료 및 측정 절차의 정확도 및 신뢰도를 평가하기 위해 IOA를 사용하기 • 개입에 대한 슈퍼비전을 진행할 때 자료수집의 정확도와 신뢰도를 평가하기 위해 IOA 사용하기 • 해당 자료에 적합한 방법으로 IOA를 계산하고 IOA 자료를 보고하기 • 측정 절차 수정을 위해 IOA 자료를 사용하거나 자료수집 기술 향상을 위해 행동기술훈련 기법을 사용하기	
총 횟수 IOA를 사용하고 결과를 보고하기	
총 지속시간 IOA를 사용하고 결과를 보고하기	
발생당 평균 지속시간 IOA를 이용하고 결과를 보고하기	
간격 대 간격 IOA를 이용하고 결과를 보고하기	
발생, 비발생 간격 IOA를 이용하고 결과를 보고하기	
시도 대 시도 IOA를 이용하고 결과를 보고하기	

〈표 9-16〉 IOA 정리표 양식 예시

IOA 방법	이 IOA 방법이 적합한 자료 수집 방법의 종류	이 IOA 방법을 사용해야 하는 경우	이 절차를 이용하여 IOA 계산하기	예시	이 IOA의 장점	이 IOA의 단점
총 횟수 IOA						
평균 횟수 IOA						
시도 대 시도 IOA						
총 지속시간 IOA						
발생당 평균 지속시간 IOA						
반응당 평균 반응 간 시간						
반응당 평균 지연시간						
간격 대 간격 IOA						
발생 간격 IOA						
비발생 간격 IOA						

〈표 9-17〉 슈퍼바이저와 공동으로 작업해야 하는 그래프 그리기와 자료 분석하기 기술과 관련된 과제 목록

과제 목록	완수 여부 또는 완료 시점 기록
Ⅰ. BACB의 윤리 가이드라인 검토하기	
1. 자료 수집, 시각 자료 정리 및 분석과 관련된 윤리 가이드라인을 살펴본다.	
2. 해당 가이드라인을 슈퍼바이저와 논의한다.	
Ⅱ. 설계, 그래프 그리기, 자료 해석하기	
1. 등간격 그래프를 이용하여 그래프 그리기(엑셀 또는 다른 도구 사용하기)	
• 막대 그래프	
• 중다기초선 설계 그래프	
• 중다간헐 기초선 설계 그래프	
• ABAB 설계 그래프	
• 교대중재설계	
– 다요소설계	
– 동시설계	
• 준거변경설계 그래프	
2. 표준 셀러레이션 차트(SCC)를 이용하여 그래프를 그리고 자료를 해석하기	
3. 누적기록을 이용하여 그래프 그리기	
4. 기초선 논리를 이용하여 시각화된 자료를 해석하기	
• 수준과 경향선을 그리기	
• 수준, 경향, 가변성에서의 변화를 평가하기	
• 다음을 이용하여 효과 크기를 측정하기	
– 겹치지 않는 지점	
– 이중 준거 방법	
5. 그래프를 출력하여 첨부할 것	

〈표 9-18〉 수행 모니터링 체크리스트(PMC) 예시

준거	예	아니요
1. 그래프의 제목이 자료를 잘 나타낸다.		
2. 그래프가 자료를 올바르게 보여 준다(예: 명목 및 범주 자료에 막대 그래프, 회기/일시와 같이 연속적 자료에 선 그래프).		
3. 참가자들의 세로축의 범위가 같다.		
4. 세로축의 제목이 적절하다(예: 정반응의 백분율).		
5. 가로축의 제목이 적절하다(예: 회기).		
6. 가로축 지표가 자료점에 부합한다.		
7. 각 조건(또는 독립변인)을 잘 대표하는 조건 제목(예: 기초선, DRA*, 철회)이 있다.		
8. 조건들(각 독립변인들) 사이에 조건 단계선(phase line)이 있다(분명한 독립변인의 변경이 있을 경우에는 실선, 공유된 요소가 있는 조건 간에는 점선).		
9. 각 조건 간에는 자료선이 연결되어 있지 않다.		
10. 그래프에 격자선이 없다.		
11. 각 그래프는 회기가 일치하게 나열한다.		
12. 세로축 지표가 자료점에 부합한다.		
13. 여러 종속변인이나 자료선이 있을 경우 그래프에 범례가 포함되어 있다.		

* DRA(Differential Reinforcement of Alternative Behavior): 대체행동 차별강화

─ 추가 참고자료 ─

Baer, D. M. (1977). Reviewer's comment: Just because it's reliable doesn't mean that you can use it. *Journal of Applied Behavior Analysis, 10*, 117-119.

Baer, D. M., Wolf, M. M., & Risley, T. R. (1968). Some current dimensions of applied behavior analysis. *Journal of Applied Behavior Analysis, 1*, 91-97.

Bailey, J., & Burch, M. (2016). *Ethics for behavior analysis* (3rd ed.). New York, NY: Routledge.

Cooper, J. O., Heron, T. E., & Heward, W. L. (2007). *Applied behavior analysis* (2nd ed.). Upper Saddle River, NJ: Pearson.

Cummings, A. R., & Carr, J. E. (2009). Evaluating progress in behavioral programs for children with autism spectrum disorders via continuous and discontinuous measurement. *Journal of Applied*

Behavior Analysis, 42, 57-71. doi:10.1901/jaba.2009.42-57

Deochand, N., Costello, M. S., & Fuqua, R. W. (2015), Phase-change lines, scale breaks, and trend lines using Excel 2013. *Journal of Applied Behavior Analysis, 48*, 478-493. doi:10.1002/jaba.198

Fiske, K., & Delmolino, L. (2012). Use of discontinuous methods of data collection in behavioral intervention: Guidelines for practitioners. *Behavior Analysis in Practice, 5*(2), 77-81. doi:10.1007/BF033

Gast, D. L. (2010). *Single subject research methodology in behavioral sciences.* New York, NY: Routledge.

Johnson, J. M., & Pennypacker, H. S. (2008). *Strategies and tactics in behavioral research* (3rd ed.). New York, NY: Routledge

Kazdin, A. E. (2011). *Single-case research designs: Methods for clinical and applied settings* (2nd ed.). New York, NY: Oxford University Press.

LeBlanc, L. A., Raetz, P. B., & Sellers, T. P. (2016). A proposed model for selecting measurement procedures for the assessment and treatment of problem behavior. *Behavior Analysis in Practice, 9*, 77-83. doi:10.1007/s40617

Lerman, D. C., Dittlinger, L. H., Fentress, G., & Lanagan, T. A. (2011). Comparison of methods for collecting data on performance during discrete trial teaching. *Behavior Analysis in Practice, 4*, 53-62. doi:10.1007/BF03391775.

Mayer, R. G., Sulzer-Azaroff, B., & Wallace, M. (2013). *Behavior analysis for lasting change* (3rd ed.). Cornwall-on-Hudson, NY: Sloan Publishing.

O'Neil, R. E., Horner, R. H., Albin, R. W., Sprague, J. R., Sorey, K., & Newton, J. S. (1997). *Functional assessment and program development for problem behavior: A practical handbook.* Pacific Grove, CA: Brooks/Cole Publishers.

Umbreit, J., Ferro, J., Liaupsin, C. J., & Lane, K. L. (2006). *Functional behavioral assessment and function-based intervention: An effective, practical approach.* Englewood Cliffs, NJ: Prentice Hall.

Wolf, M. M. (1978). Social validity: The case for subjective measurement or how applied behavior analysis is finding its heart. *Journal of Applied Behavior Analysis, 11*, 203-214.

[기본 역량 3]
행동 평가를 시행하기

'기본 역량 3'은 행동 평가를 시행하는 능력에 초점을 두고 있다. 행동분석가는 내담자의 행동 개입을 의뢰받았을 때 여러 종류의 행동 평가(예: 기초선 평가)를 시행하게 되므로, 내담자에게 어떤 평가가 필요한지 결정을 내릴 수 있어야 한다. 행동분석가는 우선적으로 평가를 통해 내담자가 어떤 기술들을 가지고 있는지, 선호하는 자극은 무엇인지, 내담자가 가진 문제행동의 기능은 무엇인지, 문제행동 및 치료 계획에 영향을 줄 수 있는 환경적 요인(예: 가족 상황, 이전의 치료력)은 무엇인지 파악한다. 개입 계획을 세우고 경과를 모니터링하는 데 유용한 평가를 실시하기 위해, 각 평가 방법의 목적과 더불어 각각의 진행 절차, 그리고 결과를 해석하는 방법 또한 배워야 한다. 이에 더하여, 평가를 진행하는 과정에서 내담자 및 상황적 요인과 관련하여 새롭게 고려해야 하는 부분을 인지하거나 때로는 미리 조처를 취했어야 하는 난관에 부딪히기도 한다. 유능한 행동분석가는 목적에 맞는 평가 방법을 판단할 수 있어야 할 뿐만 아니라 개입 계획을 세우는 데 필요한 정보를 얻기 위해 필요한 부분을 수정하는 능력을 갖춰야 한다. 또한 자신이 특정 평가 방법을 선택한 이유를 설명할 수 있어야 하며, 제삼자에게 평가 절차를 설명할 수 있어야 하고, 평가 결과가 어떻게 적절한 근거 기반의 개입 계획을 세우는 데 도움이 될 수 있는지 설명할 수 있어야 한다(즉, 이 평가를 위해 왜 시간을 소비하였는가 대한 질문).

'기본 역량 3'과 관련하여 다음 2개의 구성 기술을 제시하였다. ① 기능 행동 평가, ② 선호도/강화물 평가이다. 〈표 9-19〉에서 이 기본 역량 계발의 기준을 확인할 수 있다.

〈표 9-19〉 행동 평가 시행을 위한 기본 역량의 기준

초급 기술
• 기능 행동 평가 　- 기능 행동 평가의 목적과 효과에 대해 설명할 수 있다. 　- 기능 행동 평가 절차를 단계에 따라 설명할 수 있다. 　- 간접 평가와 직접 평가의 차이점을 설명할 수 있다. 　- 간접 평가 도구의 종류를 나열할 수 있다.

- 기술적 자료수집 방법(예: ABC 연속적 기록, ABC 서술적 기록)의 종류를 나열하고, 각각의 강점과 약점을 설명할 수 있다.
- 전형적인 기능 분석의 조건을 정확하게 설명할 수 있다.
• 선호도/강화물 평가
  - 선호도 평가의 목적을 설명할 수 있다.
  - 강화물 평가의 목적을 설명할 수 있다.
  - 선호도 평가의 종류를 나열할 수 있다.

중급 기술

• 기능 행동 평가
  - 녹화 자료, 인터뷰, 척도[예: 기능평가 선별 도구(Functional Assessment Screening Tool: FAST)][6]등을 이용한 간접 평가를 시행할 수 있다.
  - 적합한 측정 방법을 사용하여 기초선 자료를 정확하게 수집할 수 있다.
  - 다양한 기술적 평가 방법(예: 연속적 ABC 기록)을 사용하여 정확하게 자료를 수집할 수 있다.
  - 기술적 평가 자료를 보고 조건 확률을 계산할 수 있다.
  - 정확하게 기능 분석 조건들을 시행하고 자료를 수집할 수 있다.
  - 기술적 평가 및 기능 분석 자료를 정확하게 해석하고 그래프화할 수 있다.
• 선호도/강화물 평가
  - 다양한 선호도 평가(예: 자유 작동, 두 자극 조합, 대체 없는 중다 자극 선호도 평가)를 시행할 수 있다.
  - 강화물 평가를 시행할 수 있다.
  - 선호도 및 강화물 평가 결과를 정확하게 해석하고 그래프화할 수 있다.

고급 기술

• 기능 행동 평가
  - 행동 평가를 시행하기 위한 서면 동의서를 받는다.
  - 적합한 관찰 스케줄과 기록 간격, 기초선 자료수집을 위한 가장 적절한 측정 방법을 선택할 수 있다.
  - 목표 행동의 심각도, 이용 가능한 자원, 평가 환경 등을 고려하여 적합한 기능 분석 형태를 선택할 수 있다.
  - 간접 평가 및 기술적 평가 결과를 토대로 목표 행동의 기능에 대한 가설을 세울 수 있다.

---

6) Iwata, B. A., & Deleon, I. G. (1995). *Functional assessment screening tool (FAST)*. Gainsville, FL: University of Florida.

- 실험적 통제가 보장되는 기능 분석의 조건들을 계획할 수 있다.
- 평가 결과를 토대로 포괄적인 기능 행동 평가 보고서 및 치료적 제언을 쓸 수 있다.
- 보호자/교사에게 평가 결과를 분명하게 설명할 수 있다.
- 행동기술훈련 기법을 이용하여 행동분석 조건들을 시행하는 방법 및 기술적 평가를 시행하는 방법을 가르칠 수 있다.
• 선호도/강화물 평가
- 내담자의 기술 수준, 활용 가능한 자원, 평가 환경 등을 고려하여 적합한 선호도 평가를 선택할 수 있다.
- 선호도 및 강화물 평가 결과를 기능 행동 분석 보고서 및 치료 계획에 통합할 수 있다.
- 행동기술훈련 기법을 이용하여 다양한 종류의 선호도 평가 방법을 가르칠 수 있다.

보수교육 및 직업적 성장

✿ 사례: 간접 평가

(1) 사례

> 수련생은 새로 내원한 내담자의 평가 준비를 하고 있다. 내담자의 이름은 수디아 라마스이며, 자폐 스펙트럼 장애 진단을 받은 3세 여아이다. 슈퍼바이저는 수련생에게 다음주 월요일 오전 10시에 내담자의 집에서 내담자 가족과 함께 간접 평가를 진행하라고 지시하였다.

① 수련생은 바인랜드 적응행동평가척도(Vineland Adaptive Behavior Skills; 최신판), FAST를 이용해 간접 평가를 진행할 것이다.
② 수련생은 또한 초기 평가를 진행하며 다음의 양식을 작성해야 한다.
- 평가 동의서
- 사생활 보호 관련 서류
- 재정적 책임과 관련된 서류

(2) 현재 기술에 대한 기초선 평가

① 평가를 위한 가정 방문을 하기 전 준비해야 하는 모든 절차를 목록화한다.
② 슈퍼바이저(수디아의 어머니 또는 아버지 역할)와 함께 초기 평가를 가정하고 역할극을 진

행한다.

③ 슈퍼바이저가 PMC를 이용하여 수련생의 수행을 평가한다.

④ 수련생이 수행 기준(PMC에 나온 진행 단계 중 적어도 90%를 정확하게 수행)에 도달하면, 역할극 시나리오로 넘어간다.

- PMC에 나온 진행 단계 중 80%를 도달하지 못한다면, 훈련을 반복한다.

(3) 훈련

① 1단계

- 지도
  - 슈퍼바이저가 간접 평가에 대한 PMC 사본을 주고 인터뷰 모델을 보여 준다.
  - 슈퍼바이저와 함께 PMC의 각 단계를 살펴본다.
  - **예** '1단계: 구글맵을 이용하여 평가 장소까지의 이동시간을 확인한다. 거기에 15분을 더하여 통근시간을 정한다.
    » 설명: 15분을 더하는 이유는 평가를 위해 반드시 정시에 도착하기 위함이다.
- 모델
  - 수련생이 대본을 보며 내담자의 부모 역할을 한다.
  - 수련생은 PMC를 사용하여 슈퍼바이저의 수행을 평가한다.
  - 슈퍼바이저는 PMC의 적어도 세 부분에서 의도적으로 오류를 범한다. 수련생은 그 오류를 파악해야 한다.
    - 만약 모든 오류를 정확하게 찾아냈다면, 기본 역량 체크로 넘어간다.
    - 만약 오류를 모두 파악하지 못했다면, 인터뷰 역할극 중 어느 부분을 제대로 수행했고 어느 부분에서 실수했는지 슈퍼바이저와 함께 논의한 후 다시 같은 훈련을 반복한다.
- 기본 역량 체크
  - 간접 평가의 준비에서부터 완료까지의 모든 수행 단계를 글로 기술한다.

② 2단계

- 역할극
  - 슈퍼바이저가 수디아의 부모 역할을 하고, 수련생은 간접 평가의 준비부터 완료까지의 모든 단계를 수행한다.
    - 바인랜드 적응행동척도의 한 섹션을 시행한다(예: '의사소통: 수용 언어').

• 기능평가 선별 도구의 목표 행동 중 공격행동을 평가한다.
- 슈퍼바이저가 자신의 경험을 토대로 간접 평가를 진행하는 동안 부모 역할을 연기한다. 수련생은 슈퍼바이저의 반응에 맞춰 간접 평가를 진행한다.
- 슈퍼바이저는 다음의 두 가지 부분에서 피드백을 준다.
  • PMC 중 '수행' 항목
  • 슈퍼바이저가 판단했을 때 수련생이 잘한 부분과 개선해야 하는 부분(예: 목소리 톤, 진행 속도, 기록, 질문하기, 질문의 명확도 등)
- 수련생이 80% 이상의 정확도로 간접 평가를 완수했다면 직접 평가 기본 역량 파트로 넘어간다.
  • 만약 80%보다 낮은 정확도로 수행했다면, 역할극을 다시 한다.
  • 기본 역량 준거에 도달할 때까지 훈련을 반복한다.

(4) 일반화

① 실제 상황에서 부모와의 간접 평가를 완수한다.
• 슈퍼바이저는 훈련에 사용했던 PMC와 같은 것을 이용한다.
• 가능하면 부모에게 평가 과정에 대한 피드백을 요청한다.

〈표 9-20〉 간접 평가를 위한 수행 모니터링 체크리스트(PMC)

간접 평가 PMC	Y / N / NA		
날짜:			
준비			
1. 보호자에게 줄 명함 3장			
2. 바인랜드 최신판의 검사지			
3. 필요한 서류 일체(예: 평가 동의서, 재정적 의무 관련 서류, 사생활 보호 관련 동의서)			
4. 주소 및 이동에 소요되는 시간 확인하기			
5. 내담자와 보호자의 이름 기억하기			
도착			
1. 약속시간보다 최소 10분 전에 도착하기			
2. 모든 준비물을 챙겼는지 확인하기			
3. 단정한 옷차림			

소개할 때			
1. 눈맞춤을 하고 자신을 소개하기			
2. 이름, 회사, 예약된 내용에 대해 확인하기			
3. 면담을 시작할 준비가 되었는지 보호자에게 물어보기			
4. 어디서 면담을 진행하면 좋을지 물어보기			
5. 보호자가 안내하는 곳으로 이동하기			
필요한 서류(평가 동의서, 재정적 의무 관련 서류, 사생활 보호 관련 동의서)			
1. 각 서식을 보호자에게 설명하기			
2. 각 서식에 서명을 받아야 하는 이유와 서명을 하지 않았을 때 어떻게 진행될지에 대해 설명하기			
3. 보호자가 서식에 대해 질문이 있는지 물어보기			
4. 보호자의 질문에 정확하게 대답하기			
5. 서식에 보호자의 서명을 받기, 또는 보호자가 서명을 하지 않은 이유를 기록해 놓기			
6. 보호자에게 서류의 사본을 컴퓨터 문서화하여 이메일로 보내기			
면담 서식(IISCA,[7] FAI[8] 등)			
1. 면담 서식의 목적을 보호자에게 설명하기			
2. 질문의 80% 이상을 열린 질문[9]으로 진행하기			
3. 모든 질문을 분명하게 읽어 주기			
4. 질문에 대한 보호자의 대답을 기록하기			
5. 보호자의 질문에 대답하기			
바인랜드 적응행동 평가척도(최신판)			
1. 보호자에게 평가 목적 및 면담 절차를 설명하기			
2. 보호자 앞에 반응 용지(모든 질문에 대한 척도)를 펼쳐 놓기			
3. 모든 질문을 분명하게 읽어 주기			

---

7) IISCA(Interviw-Informed Synthesized Contingency Analysis): 면담을 통한 유관 분석. Hanley, G. P., Jin, C. S., Vanselow, N. R., & Hanratty, L. A. (2014). Producing meaningful improvements in problem behavior of children with autism via synthesized analyses and treatments. *Journal of Applied Behavior Analysis*, 47(1), 16-36.

8) FAI(Functional Assessment Interview): 기능 평가 면담. O'Neill, R. E., Horner, R. H., Albin, R. W., et al. (1997) *Functional assessment and program development for problem behavior: A practical handbook*. Pacific Grove: Brooks/Cole Publishing.

9) 열린 질문: 상대방이 '예/아니요' 등 단답형으로 대답할 수 있는 질문이 아닌, 자신의 생각을 자유롭게 설명할 수 있도록 하는 질문을 말한다.

4. 필요할 경우 보호자가 반응 용지를 사용하도록 촉구하기(총 질문 중 최소한 80%)			
5. 질문에 대한 보호자의 반응을 기록하기			
6. 보호자의 질문에 대답하기			
7. 바인랜드 척도의 각 하위 척도를 실시하기(주어진 기회 중 최소 80%)			
면담 기술(면담 과정을 통해 평가)			
1. 면담 중 적어도 한 번 쉬는 시간이 필요한지 보호자에게 물어보기			
2. 질문을 하거나 보호자가 대답을 할 때 눈맞춤을 유지하기			
3. 질문 및 설명을 객관적으로 진행하기(유도 심문을 하지 않음. 총 질문 및 설명의 80% 이상)			
4. 면담을 진행하는 동안 전문적인 어조와 태도를 유지하기			
5. 적절한 시간 안에 면담을 완료하기(최대 2시간 30분)			
면담을 마무리하기			
1. 보호자에게 면담을 마친 것에 대해 감사를 표시하기			
2. 보호자에게 다른 질문이 더 없는지 확인하기			
3. 보호자에게 다음 평가 절차에 대해 안내하기			
4. 다음 평가를 위한 방문 날짜/시간을 정하기			
5. 보호자에게 명함과 연락 가능한 전화번호를 제공하기			
'Y'의 합계/41:			

〈표 9-21〉 인터뷰 역할극을 위한 기본 시나리오

시나리오 내용 가이드

(번호) PMC의 항목

   1) 특정 과제/평가자의 언어 행동: 대사 예시임

      ① 평가자의 말에 대한 가능한 반응임

         • 이어지는 반응(평가자)임

           - 평가자에 대한 반응(이 섹션의 상황극의 마지막 부분)임

시나리오(평가를 위해 평가자가 내담자의 집에 방문한 상황)

(1) 소개

  1) 평가자가 보호자에게 인사한다. "안녕하세요. 저는 ABC의 행동분석가, 다렌 제니퍼입니다. 오늘 9시에 평가 예약이 있어 방문하였습니다. 면담을 진행하는 것이 괜찮으신가요?"

    ① 수락 "예, 면담을 진행해도 괜찮습니다."

      • 평가자는 2)를 진행한다.

    ② 거부 "죄송하지만 갑자기 일이 생겨 지금 면담을 진행하기 어려울 것 같습니다."

      • 평가자는 새로 약속을 잡는다. "죄송하지만 지금 바로 다음 스케줄을 잡기 어려울 것 같습니다. 괜찮으시다면 있다가 다시 연락을 드려 새로운 날짜와 시간을 잡아도 될까요?"

        - 수락 "예, 전화 주세요."

        - 거부 "글쎄요, 시간이 될지 모르겠네요."

        - 시간을 제시함 "혹시 10시에 다시 와 주셔도 될까요?"

  2) 평가자는 보호자에게 면담을 어디서 진행하면 좋을지 물어본다. "곤잘레스 부인, 오늘 면담을 어디서 진행하면 좋을까요?"

    ① 적절한 장소(예: 식당, 식탁, 노트 기록을 할 수 있는 곳)

      • 평가자는 해당 장소로 이동하여 (2)를 진행한다.

    ② 부적절한 장소(예: 바닥에 앉아서 하기, 식사를 준비하고 있는 부엌, TV가 켜져 있는 거실)

      • 평가자는 혹시 다른 적당한 장소가 있는지 물어본다. "죄송하지만 면담을 기록해야 해서 컴퓨터를 사용했으면 합니다. 혹시 대화를 나누며 기록을 할 수 있는 다른 장소가 있을까요? 혹시 없다면 그냥 편하신 곳에서 해도 괜찮습니다." (2)로 넘어간다.

        - 수락 "예, 괜찮은 다른 장소가 있습니다."

        - 거부 "아니요, 우리집에서 여기가 면담을 하기 가장 나은 곳이에요."

          * 평가자는 해당 장소로 이동한다.

(2) 필요한 서류 작업

  1) 평가 동의서를 설명한다. "첫 번째 서류에는 검사에 대한 설명이 나와 있습니다. 제가 평가를 진행하는 데 동의하면, 이 서류에 서명하십시오. 원할 때에는 언제든 평가를 거부할 수 있고, 평가 전체, 또는 특정 부분을 거부할 수도 있습니다. 서류에 서명을 하지 않으면 평가를 멈추고 다음 단계에 대해 논의할 것입니다. 서명을 하기 전 궁금하신 부분이 있으시면 질문해 주세요."

① 수락 "서류에 서명하겠습니다."
- 평가자는 감사 표시를 하고 2)로 넘어간다. "서명해 주셔서 감사합니다. 다음으로……."

② 거부 "나는 서명하지 않겠습니다."
- 평가자는 결정을 재확인하고, 질문이 있는지 물어본 후, 다음 단계에 대해 알려 준다. "거부 의사를 알려 주셔서 감사합니다. 결정하신 부분을 확정하고 넘어가기 전에 혹시 다른 질문이 있으신가요? 네, 그럼 이제 다음 단계로 진행하겠습니다……."
  – 동의하지 않음을 확정한다.
  – 서식에 대한 질문 "이 서식에 ○○ 부분에 대해 설명해 주시겠어요?"

③ 질문 "이 서식의 ○○ 부분에 대해 설명해 주시겠어요?"
- 평가자는 서식에 대한 질문에 정확하게 대답한다. "질문해 주셔서 감사합니다. 이 부분은 ○○에 대한 내용입니다. 질문에 대한 답이 되었나요?"
  – 수락 "네, 이해했습니다. 서류에 서명하겠습니다." 2)로 넘어간다.
  – 거부 "그건 질문에 대한 답이 아닌 것 같네요."
    * 평가자는 질문에 보다 명료하게 대답해 준다.
  – 질문 "○○에 대해 설명해 주시겠어요?"

2) 재정적 책임에 대한 서류 "이 서류는 당신이 가진 보험에서 지불하는 검사 비용에 대해 설명하고 있습니다. 이 서류에 서명한다면 여기 나와 있는 비용들에 대해 책임을 지겠다는 것을 확정하는 것입니다. 만약 비용을 지불할 수 없거나 서명을 하지 않겠다고 결정하신다면, 일단 검사를 종료하고 다음 단계에 대한 안내를 해드리겠습니다."

① 수락 "서류에 서명하겠습니다."
- 평가자는 감사를 표하고 다음 단계로 넘어간다. "서명 감사합니다. 다음으로……."

② 거부 "서명하지 않겠습니다."
- 평가자는 결정을 재확인하고, 질문이 있는지 물어본 후, 다음 단계에 대해 알려 준다. "거부 의사를 알려 주셔서 감사합니다. 결정하신 부분을 확정하고 넘어가기 전에 혹시 다른 질문이 있으신가요? 네, 그럼 이제 다음 단계로 진행하겠습니다."
  – 동의하지 않음을 확정한다.
  – 서식에 대한 질문 "이 서식에 ○○ 부분에 대해 설명해 주시겠어요?"

③ 질문 "이 서식의 ○○부분에 대해 설명해 주시겠어요?"
- 평가자는 서식에 대한 질문에 정확하게 대답한다. "질문해 주셔서 감사합니다. 이 부분은 ○○에 대한 내용입니다. 질문에 대한 답이 되었나요?"
  – 수락 "네, 이해했습니다. 서류에 서명하겠습니다." 다음 단계로 넘어간다.
  – 거부 "그건 질문에 대한 답이 아닌 것 같네요."
    * 평가자는 질문에 보다 명료하게 대답해 준다.
  – 질문 "○○에 대해 설명해 주시겠어요?"

✿ 가능한 집단 슈퍼비전 활동

앞서 제시한 사례는 슈퍼바이저가 '기본 역량 3'을 다루면서 어떻게 목표 기술을 선택하는지를 보여 준다. 집단 활동에서 슈퍼바이저는 목표가 되는 평가의 일부를 수련생들이 함께 진행하게 할 수도 있다. 이 역할극 활동에서는 집단을 기초선 수행에 따라 보다 작은 집단으로 나눈 뒤, 집단 구성원들에게 특정 역할(예: 부모, 평가자, 관찰자)을 배정하고, PMC를 이용하여 수행을 평가하게 할 수도 있다. 집단 슈퍼비전 미팅의 한 가지 예는 다음과 같다. 집단 구성원 중 평가자 1명, 부모 1명, 자료 수집자 1명을 정하여 각 역할을 한다. 평가자 역할을 하는 사람은 평가를 진행하고, 부모 역할을 사람은 대본에 나온 내용대로 반응한다. 모든 집단 구성원이 각각의 역할을 모두 해 볼 수 있도록 역할을 바꾸면서 활동을 진행한다. 이 때 슈퍼바이저는 가상의 평가 자료를 주고 이 활동에서 배운 점들을 집단 구성원들에게 발표하도록 할 수도 있다. 수련생들은 발표 기술, 제공된 정보를 평가하는 능력, 다양한 제3의 집단(예: 재정지원, 부모, 다른 전문가들)에게 정보를 전달하는 능력 등을 평가받게 될 것이다.

✿ 과제 목록

사례 및 집단 슈퍼비전 활동에 대한 제안과 더불어, 여기에는 '기본 역량 3'과 관련된 기술들을 숙달하는 데 필요한 과제들을 정리해 놓았다. 〈표 9-22〉부터 〈표 9-30〉은 여러분이 슈퍼바이저와 함께 과제를 시작하고 활동들을 선택하는 데 도움이 될 것이다. 앞서 언급하였듯이, 슈퍼비전의 매 단계마다 슈퍼바이저와 지속적으로 논의하며 이 중 어떤 과제가 자신에게 적합한지, 또는 추가적인 과제가 필요한지 여부에 관한 결정을 내리길 권한다.

〈표 9-22〉 슈퍼바이저와 공동으로 작업해야 하는 기능 행동 평가와 관련된 과제 목록

과제 목록	완수 여부 또는 완료 시점 기록
I. BACB의 윤리 가이드라인 1.0, 2.0, 3.0을 검토하고 슈퍼바이저와 논의하기	
1. 윤리적으로 행동 평가를 진행한다.	
2. 슈퍼바이저와 윤리적 시행, 자신의 전문적 역량 내에서 작업을 시행하는 것의 중요성, 자문, 슈퍼비전, 훈련, 필요할 경우 다른 곳으로 의뢰하는 것에 대해 논의한다.	
II. 의뢰된 문제를 파악하기 위한 예비 평가 시행하기	
1. 평가에 대해 고지하고 동의서를 받는다.	

2. 문제가 무엇인지 파악한다.
  1) 간접 평가를 시행한다.
    • 기록을 비롯한 활용 가능한 자료를 검토한다.
    • 반-구조적인 형식의 면담(예: FAI)을 시행한다.
    • 척도를 이용한다.
      - 기능 평가 선별 도구(FAST)[10]
      - 동기 평가 척도(Motivation Assessment Scale: MAS)[11]
      - 자해 외상 척도(Self-Injury Trauma Scale: SIT)[12]
    • 내담자에게 영향을 줄 수 있는 생물학적/의학적 변인을 고려한다.
    • 완료한 간접 평가 서식 및 면담 중 기록한 내용을 첨부한다.
  2) 자연스러운 환경에서 내담자를 관찰한다.
    • 목표 행동을 발생시키는 변인을 파악한다.	

3. 예비 평가를 기초로 내담자에 대한 가설을 세운다.
  • 각 목표 행동에 대해 다음에 대한 잠재적인 가설을 세운다.
    - 내담자에게 영향을 줄 수 있는 생물학적/의학적 변인
    - 근접한 선행사건
    - 결과	

4. 관찰 및 측정 가능한 용어를 사용하여 목표 행동을 정의한다.
  • 직접 평가를 진행하기 전 관찰 및 측정 가능한 용어를 사용하여 목표 행동의 조작적 정의를 내린다.
  • 작성한 정의를 슈퍼바이저와 논의하고 필요할 경우 수정한다.	

10) Iwata, B. A., & Deleon, I. G. (1995). *Functional assessment screening tool (FAST)*. Gainsville, FL: University of Florida.

11) Durand, V. M., & Crimmins, D. B. (1992). *The Motivation Assessment Scale (MAS) administration guide*.

12) Iwata, B. A., Pace, G. M., Kissel, R. C., Nau, P. A., & Farber, J. M. (1990). The self-injury trauma (SIT) scale: A method for quantifying surface tissue damage caused by self-injurious behavior. *Journal of Applied Behavior Analysis*, *23*(1), 99-110.

III. 기초선 자료수집을 위한 직접 관찰하기	
1. 행동의 차원에 맞춰 기초선 자료수집을 위한 관찰 간격을 정하고 관찰 및 자료수집 방식을 결정한다. • 관찰 간격을 결정하기 위해 산포도를 이용하기 • 면담에서 얻은 정보를 토대로 관찰 간격 결정하기	
2. 행동의 차원에 맞춰 기초선 자료 수집을 위한 측정 체계를 결정하고, 관찰 및 기록 방식을 선택한다. • 다음을 포함하는 기본 정리표를 만든다. 　- 기본 측정 항목(예: 빈도, 지속시간, 발생 시점) 　- 행동의 측정 절차(예: 사건 기록, 시간 표집) 　- 각 자료수집 방법 및 절차를 사용하는 행동의 예시 • 각 측정 체계에 따라 자료수집을 위한 기록지를 만든다.	
3. 목표 행동을 직접 관찰한다. • 행동의 차원에 맞춰 기초선 자료를 수집하기 위해 기록지를 사용한다. 　- 기초선 자료를 수집하기 　- 슈퍼바이저와 함께 기초선 자료에 대해 논의하기 　- IOA를 실시하기 　- 필요할 경우 자료수집 방법 및 기록지를 수정하기	
4. 자료의 수량적 관계를 효과적으로 보여 주는 자료 제시 방법을 결정한다. • 기초선 자료 결과를 보여 주기 위한 그래프를 엑셀을 이용하여 작성한다. • 그래프는 다음을 포함해야 한다. 　- 세로축과 가로축의 정확한 제목 　- 그래프 제목 　- 정확한 자료점 　- 범례 • 수집된 자료를 분석하고 해석한다.	
IV. 문제행동을 발생시키는 요인을 파악하기	
1. 다음 방법들의 활용 및 한계에 대한 기본 정리표를 만든다. • ABC 기록과 기능 분석(FA) • 반응-의존적 ABC 기록과 반응-독립적(계획된 관찰 스케줄) ABC 기록	
2. ABC 기록을 통해 어떤 정보를 수집할 수 있는지 슈퍼바이저와 논의한다. • ABC 기록의 한계점과 기술적 평가를 통해 기능에 대한 정확한 결론을 이끌어낼 수 없는 이유를 슈퍼바이저와 논의한다. • ABC 기록을 사용할 경우 　- 환경적 변인을 관찰 및 측정 가능한 용어로 정의한다(예: 사전 사건 및 결과를 정의하기). 　- 관찰한 변인들 사이의 시간적 관계를 평가한다.	

3. 기능 분석을 계획하고 시행한다.
- 다음에 관한 정리표를 작성한다.
  - 다양한 형태의 기능 분석 절차
  - 기능 분석 절차의 각 형태에 알맞은 목표 행동의 예시
  - 기능 분석 절차의 각 형태의 한계점
- 주어진 목표 행동에 알맞은 기능 분석 절차를 선택한다.
  - 평가와 관련된 위험 요인에 대해 슈퍼바이저와 논의하기
  - 위험 요인을 줄이는 방법에 대해 슈퍼바이저와 논의하기
  - 주어진 목표 행동에 가장 알맞고, 내담자에 대한 위험 요인이 가장 낮은 기능분석 절차를 제시하기
- 보호자 및 내담자에게 기능 분석에 대해 고지하고 동의서를 받는다.
- 슈퍼바이저의 직접 감독하에 기능 분석을 시행한다.
  - 기능 분석 결과를 그래프화하고 분석하기
  - 관찰한 변인들 사이의 시간적 관련성을 평가하기

V. 기능 행동 평가(FBA) 보고서를 작성하기

1. FBA 보고서는 다음의 요소를 포함해야 한다.
- 의뢰 사유
- 배경 정보
- 보고된 목표 행동 및 목표 행동에 영향을 주는 환경적 요인의 행동분석적 기술
- 각 목표 행동에 대한 가설
- 기초선 자료
- 기능 분석 결과
- 요약
- 권고사항
  - 학습이 필요한/유지되어야 하는/증가시켜야 하는/감소시켜야 하는 행동과 관련된 권고
    - 개입 목표는 관찰 및 측정 가능한 용어를 사용한다.
  - 평가 결과 및 최선의 과학적 근거를 기초로 적용 가능한 개입 방법 제시하기
- 완성한 FBA 보고서를 첨부한다(내담자 정보는 익명화할 것).

〈표 9-23〉 수행 모니터링 체크리스트(PMC) 예시

과제 분석	Y / N / NA			피드백
	1회기	2회기	3회기	
1. 평가자는 자료수집을 맡은 사람이 준비가 되었는지 확인한다.				
2. 평가자는 내담자에게 중간 수준의 선호하는 사물을 제시한다.				
3. 평가자는 내담자가 사물에 주의를 주도록 이끈다.				
4. 평가자가 "나는 잠시 할 일이 있으니, 이것을 가지고 놀고 있으렴." 이라고 말한다.				
5. 평가자는 내담자로부터 몸을 돌리고 앉아 바쁜 척을 한다.				
6. 손물기가 발생할 때마다 평가자는 질책하는 형태의 사회적 관심(예: "하지마, 멈춰.")을 보여 주거나 가벼운 신체 접촉을 한다.				
7. 말로 관심을 표현할 때에는 자연스러운 어조로 말한다.				
8. 행동 발생 시마다 관심을 준 이후 평가자는 다시 내담자로부터 몸을 돌리고 바쁜 척을 한다.				
9. 다른 행동(적절한 것이든 아닌 것이든)에 대해서는 무시한다.				
10. 미리 정해 놓은 시간 안에 조건을 완료한다.				

〈표 9-24〉 고지된 동의서 예시

본 동의서는 슈퍼바이저 _____의 슈퍼비전하에 _____에 의해 진행될 서비스에 대해 설명합니다.

본인, _____는 나의 부모/보호인이 내가 _____에게 직접적인 서비스(개입, 계획, 조직)를 받는 데 동의합니다.

나는 다음의 권리를 알고 있습니다.

• 나는 _____에게 제공한 내 인적사항이 법을 위반한 경우, 내 자신이나 타인에게 직접적인 위협이 되는 경우를 제외하고 비밀이 보장된다는 사실을 알고 있습니다.
• 나는 내가 받게 될 개입, 서비스, 평가에 대한 모든 정보(이익 및 부작용을 포함)를 제공받을 권리가 있음을 알고 있습니다.
• 나는 개입, 서비스, 검사를 수락 또는 거부 결정을 하는 데 필요한 충분한 정보를 제공받을 권리가 있음을 알고 있습니다.
• 나는 _____로부터 다음에 대해 충분히 이해할 수 있도록 개입, 서비스, 평가에 대한 서면, 또는 구두 형식의 설명을 제공받을 권리가 있음을 알고 있습니다.

　　- 평가 결과

　　- 개입, 서비스, 평가 절차

　　- 서비스의 강도 및 빈도

　　- 예상되는 서비스 종결 시점

　　- 예상되는 편익 요인

　　- 알려진 부작용 및 위험 요인

　　- 가용한 다른 서비스의 유무

　　- 개입, 서비스, 검사가 진행되지 않을 경우 일어날 수 있는 일에 대한 정보

서비스는 _____(요일/시간)에 진행될 것입니다. 만약 _____가 회기를 취소해야 할 경우, 적어도 시작 시간 30분 전에 나의 부모/보호인에게 연락을 취하여 회기가 진행되지 못할 것임을 알려 줄 것입니다.

_____는 또한 나의 부모/보호인에게 다음 회기가 진행될 시간을 알려 줄 것입니다.

만약 나의 부모가 회기를 취소해야 할 경우, 나의 부모는 _____에게 적어도 회기 당일 시작 시간 30분 전까지 이를 알릴 것입니다. 나는 나의 부모에게 내가 회기를 취소해야 함을 알려 그들이 _____에게 최대한 빨리 연락을 취할 수 있게 할 것임을 약속합니다.

연락처

질문 및 남기실 말이 있을 경우 언제든 슈퍼바이저에게 연락주십시오.

홍길동 (BCBA-D)

petros@csun.edu

(02) ○○○-○○○○

서울시 ○○구 ○○대학교

실습생 정보

김 ○○

석사과정생, MS-ABA

Avcd@my.csun.edu

(010) ○○○-○○○○

○○대학교

나는 본 서비스를 받길 원하며, 본 서비스의 위험 및 편익 요인을 이해하고 있으므로, 본 서비스를 받겠습니다.

내담자 서명 _____　　일시 _____

실습생 서명 _____

〈표 9-25〉 슈퍼바이저와 공동으로 작업해야 하는 선호도 평가와 관련된 과제 목록

과제 목록	완수 여부 또는 완료 시점 기록
I. 강화물 추정을 위한 선호도 평가의 계획 및 시행하기	

1. 다음의 활용 및 한계점에 대한 정리표를 작성한다.
 • 간접 선호도 평가
 • 직접 관찰(접근 기반의)
 • 선호하는 자극의 구조적 평가
  - 대체 없는 중다자극 선호도 평가(Multiple Stimulus Presentations WithOut replacement: MSWO)
  - 대체 있는 중다자극 선호도 평가(Multiple Stimulus Presentations With replacement: MSW)
  - 두 자극조합 선호도 평가(Paired Stimulus presentation: PS)	

2. 선호도 평가를 계획하고 시행한다. • 가용한 자원, 검증할 자극의 형태, 내담자의 기능 수준을 고려하여 알맞은 선호도 평가를 계획하기 • 선호도 평가 계획을 슈퍼바이저와 논의하기	
3. 슈퍼바이저의 직접 슈퍼비전하에 MSWO, PS, 접근 기반의 선호도 평가를 시행한다.	
4. 선호도 평가 수행의 정확도를 평가하기 위한 PMC를 만들고, 슈퍼바이저가 PMC를 이용하여 수행에 대해 채점하고 피드백을 준다.	
5. 완료한 PMC를 첨부한다.	
II. 선호도 평가 결과서 작성하기	
1. 적합한 시각 자료를 이용하여 선호도 평가 결과를 요약한다. • 슈퍼바이저에게 선호도 평가 결과서를 보여 주고, 필요할 경우 수정한다.	
2. 부모 및 교사와 결과를 공유한다.	

〈표 9-26〉 다중 선호도 평가의 수행 모니터링 체크리스트(PMC) 예시

다중 선호도 평가의 수행 모니터링 체크리스트(PMC)

점수 기준: 1=해당 단계를 정확하게 수행함, 0=해당 단계를 부정확하게 수행함, NA=관찰되지 않음

과제 분석	시도 1	시도 2	시도 3	시도 4	시도 5	시도 6	시도 7	시도 8	시도 9	시도 10	정확도 (%)
1. 평가에 사용할 7가지 자극을 선택한다.											
2. 자극을 제시하기 전 테이블을 깨끗하게 정리한다.											
3. 7개 자극을 동시에 활 모양으로 제시한다.											
4. 아동이 자극을 선택하면 나머지 자극들은 모두 치운다.											
5. 선택한 자극을 기록한다.											
6. 다음 항목을 제시하기 전 아동이 선택한 자극을 10초 정도 가지고 놀게 한다.											
7. 나머지 자극들을 다시 제시하고, 양쪽 끝에 제시했던 자극의 위치는 서로 바꾼다(왼쪽 끝의 자극은 오른쪽 끝으로, 오른쪽 끝의 자극은 왼쪽 끝으로 이동하기).											
8. 만약 아동이 1개 이상의 자극에 손을 뻗을 경우, 자극에 대한 접근을 막는다.											
9. 만약 아동이 2개의 자극에 접근할 경우, 5초 후 자극을 수거하고 바로 그 2개 자극들을 다시 제시한다.											
10. 만약 아동이 한 개의 자극을 선택하지 못하는 경우, 5초 후 모든 자극을 치우고, 양 끝의 자극의 위치를 서로 바꾸어 자극 전체를 다시 제시한다.											
11. 모든 단계가 정확하게 시행되었다. 　　1=한 시도에 모든 단계가 정확하게 수행됨 　　0=한 시도 내 생략된 단계가 있음											

다음 회기의 목표:

1.

2.

3.

〈표 9-27〉 슈퍼바이저와 공동으로 작업해야 하는 강화물 평가와 관련된 과제 목록

과제 목록	완수 여부 또는 완료 시점 기록
I. 강화물 추정을 위한 강화물 평가의 계획 및 시행하기	
1. 강화물 평가를 계획한다. • 문헌 탐색 후 강화물 평가의 절차를 계획하기 • 슈퍼바이저와 계획한 절차를 논의하고 필요할 경우 수정하기 • 계획한 절차 첨부하기	
2. 강화물 평가를 시행한다. • 슈퍼바이저의 직접 감독하에 승인된 강화물 평가를 시행하기	
3. 강화물 평가 수행의 정확도를 평가하기 위한 PMC를 만들고, 슈퍼바이저가 PMC를 이용하여 수행에 대해 채점하고 피드백을 준다.	
4. 완료한 PMC를 첨부한다.	
II. 강화물 평가 결과서를 작성하기	
1. 적합한 시각 자료를 이용하여 강화물 평가 결과를 요약한다. • 슈퍼바이저에게 선호도 평가 결과서를 보여 주고, 필요할 경우 수정한다.	
2. 부모 및 교사와 결과를 공유한다.	

〈표 9-28〉 단순 강화물 평가를 위한 수행 모니터링 체크리스트(PMC) 예시

단순 강화물 평가				
과제 분석	Y / N / NA			피드백
	1회기	2회기	3회기	
1. 내담자의 레퍼토리에 있고 자유 작동 배치에서 발생할 수 있는 행동 하나를 선택한다.				
2. 강화물 평가를 시행할 행동의 조작적 정의를 내린다.				
3. 행동의 현재 발생률을 알아보기 위해 적어도 3번의 기초선 관찰 회기를 진행한다.				
4. 발생하는 행동에 유관하게 사물/활동 또는 다른 특정 결과를 제공하지 않는다.				
5. 강화물로 사용할 사물/활동을 선택한다.				
6. 평가를 진행할 특정 강화물에 대한 시간 간격을 결정한다.				
7. 목표 행동이 관찰될 때마다 이에 유관하여 사물/행동을 제공한다.				

8. 어떤 행동의 변화가 관찰되는지 확인하기 위해 적어도 3번의 강화물 관찰 회기를 진행한다.			
9. 기초선 조건을 다시 시행하여 반전 단계를 완료한다.			
10. 선택한 사물/활동이 강화물로서 기능하는지 정확하게 판단한다.			

〈표 9-29〉 슈퍼바이저와 공동으로 작업해야 하는 계수 분석[13]과 관련된 과제 목록

과제 목록	완수 여부 또는 완료 시점 기록
I. 계수 분석의 계획 및 시행하기	
1. 계수 분석을 계획한다. • 문헌 탐색 후 다음을 위한 계수 분석 절차를 계획한다. 　– 목표 행동에 대한 다양한 강화 스케줄의 효과를 평가하기 　– 목표 행동에 대한 다양한 강화 강도의 효과를 평가하기 　– 목표 행동에 영향을 미치는(회피 행동을 유지시키는) 다양한 과제들을 평가하기 • 슈퍼바이저와 계획한 절차를 논의하고 필요할 경우 수정한다. 　– 계획한 절차를 첨부한다.	
2. 계수 분석을 시행한다. • 슈퍼바이저의 직접 슈퍼비전하에 계수 분석을 시행한다. • 계수 분석 수행의 정확도를 평가하기 위한 PMC를 만들고, 슈퍼바이저가 PMC를 이용하여 수행에 대해 채점하고 피드백을 준다. • 완료한 PMC를 첨부한다.	
II. 평가 결과서 작성하기	
1. 적절한 시각 자료를 이용하여 계수 분석 평가 결과를 요약한다. • 슈퍼바이저에게 선호도 평가 결과서를 보여 주고, 필요할 경우 수정한다. • 치료 계획에 평가 결과를 활용한다.	
2. 부모 및 교사와 결과를 공유한다.	

---

13) 계수 분석(parametric analysis): 독립 변인의 수준을 체계적으로 변화시키면서 종속변인에 미치는 효과가 어떻게 변화하는지 실험적으로 평가해 보는 분석 방법이다.

⟨표 9-30⟩ 계수 분석의 수행 모니터링 체크리스트(PMC) 예시

계수 분석의 수행 모니터링 체크리스트

점수 기준: 1=해당 단계를 정확하게 수행함, 0=해당 단계를 부정확하게 수행함, NA=관찰되지 않음

과제 분석	1	2	3	4	5	6	7	8	9	10	비고
I. 평가 전 준비하기											
1. 자료수집에 필요한 모든 준비물을 준비하였다.											
2. 목표 문제행동의 정의가 관찰 및 측정 가능하다.											
3. 독립변인을 제시하기 위한 모든 준비물이 준비되었다.											
4. 문제행동의 발생/비발생과 유관하여 독립변인을 종료하는 준거가 분명하고 측정 가능하다.											
5. 독립변인의 수준을 제시하는 순서가 기록지에 정확하게 제시되어 있다(예: 1번 시도를 시작한 후 2번 시도를 하기).											
II. 계수 분석을 시행하기											
6. 내담자가 확실히 준비되었을 때 첫 번째 독립변인을 제시하였다(예: 지시를 내리기 전에 내담자가 평가자에게 주의를 기울이고 있는 것이 분명하게 관찰된다. 또는 선호도 평가에서 사물 접촉 시간을 측정하기 전 내담자가 확실히 선호하는 활동에 참여하고 있음을 확인한다).											
7. 독립변인을 낮은 수준에서부터 높은 강도의 순서로 제시하였다.											
8. 문제행동 발생 시, 평가를 멈추고 정확하게 자료를 기록하였다.											
9. 문제행동이 발생하지 않았을 경우, 설정된 준거에 도달할 때마다 독립변인의 수준을 지속적으로 증가시켰다.											
10. 독립변인의 수준과 문제행동의 기능적 관계를 확립하기 위해 검증과 반복을 통해 결과를 재확인하였다.											

11. 평가 결과를 그래프화하였다.								
총점(%)								

피드백:

다음 회기의 목표:

슈퍼바이저 서명: _____　날짜: _____

치료자 서명: _____　날짜: _____

추가 참고자료

Bloom, S. E., Iwata, B. A., Fritz, J. N., Roscoe, E. M., & Carreau, A. B. (2011). Classroom application of a trial-based functional analysis. *Journal of Applied Behavior Analysis, 44,* 19-31. doi:10.1901/jaba.2011.44-19

Carr, J. E., Nicolson, A. C., & Higbee, T. S. (2000). Evaluation of a brief multiple-stimulus preference assessment in a naturalistic context. *Journal of Applied Behavior Analysis, 33,* 353-357. doi:10.1901/jaba.2000.33-353

DeLeon, I. G., & Iwata, B. A. (1996). Evaluation of a multiple-stimulus presentation format for assessing reinforcer preferences. *Journal of Applied Behavior Analysis, 29,* 519-533. doi:10.1901/jaba.1996.29-519

Fahmie, T. A., Iwata, B. A., Harper, J. M., & Querim, A. C. (2013). Evaluation of the divided attention condition during functional analyses. *Journal of Applied Behavior Analysis, 46,* 71-78. doi:10.1002/jaba.20

Fisher, W., Piazza, C. C., Bowman, L. G., Hagopian, L. P., Owens, J. C., & Slevin, I. (1992). A comparison of two approaches for identifying reinforcers for persons with severe and profound disabilities. *Journal of Applied Behavior Analysis, 25,* 491-498. doi:10.1901/jaba.1992.25-491

Fritz, J. N., Iwata, B. A., Hammond, J. L., & Bloom, S. E. (2013). Experimental analysis of precursors to severe problem behavior. *Journal of Applied Behavior Analysis, 46,* 101-129. doi:10.1002/jaba.27

Hagopian, L. P., Long, E. S., & Rush, K. S. (2004). Preference assessment procedures for individuals with developmental disabilities. *Behavior Modification, 28,* 668-677. doi:10.1177/0145445503259836

Hagopian, L. P., Rooker, G. W., Jessel, J., & DeLeon, I. G. (2013). Initial functional analysis outcomes and modifications in pursuit of differentiation: A summary of 176 inpatient cases. *Journal of Applied Behavior Analysis, 46,* 88-100. doi:10.1002/jaba.25

Hammond, J. L., Iwata, B. A., Rooker, G. W., Fritz, J. N., & Bloom, S. E. (2013). Effects of fixed versus random condition sequencing during multielement functional analyses. *Journal of Applied Behavior Analysis, 46*, 22–30. doi:10.1002/jaba.7

Hanley, G. P. (2012). Functional assessment of problem behavior: Dispelling myths, overcoming implementation obstacles, and developing new lore. *Behavior Analyst in Practice, 5*, 54–72. doi:10.1007/BF03391818

Hanley, G. P., Iwata, B. A., McCord, B. E. (2003). Functional analysis of problem behavior: A review. *Journal of Applied Behavior Analysis, 36*, 147–185. doi:10.1901/jaba.2003.36–147

Iwata, B. A., Dorsey, M. F., Slifer, K. J., Bauman, K. E., & Richman, G. S. (1994). Toward a functional analysis of self-injury. *Journal of Applied Behavior Analysis, 27*, 197–209. doi:10.1901/jaba.1994.27–197

Iwata, B. A., & Dozier, C. L. (2008). Clinical application of functional analysis methodology. *Behavior Analysis in Practice, 1*, 3–9. doi:10.1007/BF033

Jessel, J., Hanley, G. P., & Ghaemmaghami, M. (2016), Interview-informed synthesized contingency analyses: Thirty replications and reanalysis. *Journal of Applied Behavior Analysis, 49*, 576–595. doi:10.1002/jaba.316

Neidert, P. L., Iwata, B. A., Dempsey, C. M., & Thomason-Sassi, J. L. (2013). Latency of response during the functional analysis of elopement. *Journal of Applied Behavior Analysis, 46*, 312–316. doi:10.1002/jaba.11

O'Neil, R. E., Horner, R. H., Albin, R. W., Sprague, J. R., Sorey, K., & Newton, J. S. (1997). *Functional assessment and program development for problem behavior: A practical handbook.* Pacific Grove, CA: Brooks/Cole Publishers.

Querim, A. C., Iwata, B. A., Roscoe, E. M., Schlichenmeyer, K. J., Ortega, J. V., & Hurl, K. E. (2013). Functional analysis screening for problem behavior maintained by automatic reinforcement. *Journal of Applied Behavior Analysis, 46*, 47–60. doi:10.1002/jaba.26

Repp, A. C., & Horner, R. (1998). *Functional analysis of problem behavior: From effective assessment to effective support.* Belmont, CA: Wadsworth Publishing.

Thompson, R. H., & Iwata, B. A. (2007). A comparison of outcomes from descriptive and functional analyses of problem behavior. *Journal of Applied Behavior Analysis, 40*, 333–338. doi:10.1901/jaba.2007.56–06

Touchette, P. E., MacDonald, R. F., & Langer, S. N. (1985). A scatter plot for identifying stimulus control of problem behavior. *Journal of Applied Behavior Analysis, 18*, 343–351. doi:10.1901/jaba.1985.18–343

[기본 역량 4]
근거 기반 개입 계획을 평가하고 수립하기

　내담자에게 근거 기반의 치료적 개입 전략을 권하는 것은 능력 있는 행동분석가의 윤리적인 의무 중 하나이다. 근거 기반 수행(evidence-based practice)이란 최선의 과학적 근거와 임상적 경험을 바탕으로 내담자에 대한 의사결정을 내리는 것을 말한다. 근거 기반 수행이 많은 응용 분야(예: 의학, 임상심리학, 물리치료 등)에서 기준이 되고 있음에도 불구하고 연구자들은 연구와 실제 사이에 여전히 커다란 격차가 있다고 말한다. 이런 격차는 임상가와 연구자가 가진 기술의 차이에 의한 것이라고 볼 수 있는데, 이 차이는 임상가가 연구자가 내놓은 연구 결과를 실제에 적용하는 것을 어렵게 만드는 요인이 된다. 이는 행동분석가에게도 예외가 아니다. 석사학위 프로그램을 수료 중인 수련생들에게 자주 동료 리뷰(peer-reviewed) 논문을 읽는 과제를 주는데, 이는 수련생들이 논문을 읽고, 이해하고, 실제에 적용하는 연습을 하게 하기 위함이다. 하지만 과학은 꾸준히 발전하고, 근거 기반 개입에 영향을 주는 새로운 발견들이 매년 발표되고 있다. 따라서 유능한 행동분석가라면 발표되는 연구의 '교육된 소비자(educated consumer)'여야만 하며, 석사학위를 받은 이후에도 늘 최신의 문헌들에 익숙해야 한다. 여러분은 연구 논문들을 읽어야 하고, 특정 행동분석적 전략에 대한 연구 결과가 실제로 사용되는 데 문제가 없는지 판단해야 한다.

　근거 기반의 의사결정과 함께, 모든 행동분석가는 행동이 환경의 기능적 요인에 의해 발생한다는 기본 전제를 따른다. 그러므로 유능한 행동분석가로서 치료 계획을 세울 때에는 반드시 포괄적인 평가 결과에 기초해야 한다. 여러분은 문제행동을 발생·유지·증가시키는 요인을 확인하기 위한 체계적인 기능 평가를 진행하는 절차에 숙련되어야 한다. 아울러 동기 조작, 경쟁관계에 있는 유관, 강화물의 기능이 있는 자극, 목표 행동의 강화 요인, 사전 자극 등 문제행동이나 대체행동을 발생시키거나 억제하는 정보들을 어떻게 파악하는지 알고 있어야 한다. 따라서 '기본 역량 4'에는 반드시 습득해야 하는 다음의 두 가지 구성 기술이 있다. ① 권고사항이나 개입 계획을 세울 때 연구 논문들을 찾고, 요약하고, 평가하기, 그리고 ② 평가 결과와 최선의 과학적 근거를 기반으로 개입 전략 권고하기이다. 〈표 9-31〉은 이 기본 역량 계발의 완료 시점을 제시하고 있다.

〈표 9-31〉 평가 결과 및 기초선 자료를 토대로 근거 기반 개입 계획 수립하기를 위한 기본 역량의 기준

초급 기술

- 응용행동분석(ABA)의 7개의 차원에 대해 설명하고, 이것이 개입에 대한 평가에 어떻게 적용되는지 각각의 예시를 제시할 수 있다.
- 행동분석 연구 논문들이 정기적으로 발표되는 저널명을 알고 있다.
- 무선할당 임상시도(randomized clinical trials)와 단일 피험자 연구 사이의 차이점을 설명할 수 있다.
- 미국심리학회(APA)에서 제시한 근거 기반 개입(집단 또는 단일 피험자 설계)에 관한 준거를 설명할 수 있다.
- 근거 기반, 가능성 있는, 비-근거 기반 치료의 차이점을 설명할 수 있다.

중급 기술

- 가정된 상황과 관련된 특정 키워드(예: 스태프 훈련)를 사용하여 동료 리뷰 논문이 실린 행동분석 저널을 검색하여 찾을 수 있다.
- 찾은 논문이 ABA의 7개 차원에 부합하는지 정확하게 평가할 수 있다.
- 찾은 논문에 나온 정보를 정확하게 요약할 수 있다.
  - 내담자의 요구, 활용 가능한 자원, 평가 결과, 적용 가능한 최선의 과학적 근거 등을 고려하여 근거 기반 치료를 권고할 수 있다.
  - 가상의 상황이 주어졌을 때, 행동분석 연구로부터 얻은 치료 정보를 참고하여 기술적인 행동 감소 및 기술 습득 치료 계획을 세울 수 있다.

고급 기술

- 특정 내담자와 관련된 키워드를 이용하여 ABA의 7개의 차원에 부합하는 동료 리뷰 논문이 실린 행동분석 저널을 검색하여 찾을 수 있다.
- 내담자의 요구, 활용 가능한 자원, 평가 결과, 적용 가능한 최선의 과학적 근거 등을 고려하여 초기 평가 또는 경과 보고서에서 근거 기반 치료를 권고할 수 있다.
- 행동분석 연구로부터 얻은 치료 정보를 참고하여 의뢰된 내담자에게 필요한 기술적인 행동 감소 및 기술 습득 치료 계획을 세울 수 있다.

보수교육 및 직업적 성장

✿ 사례: 근거 기반 개입 계획의 수립

(1) 선행 기술

① 다음 자료를 읽고 토론을 준비한다.

- Chambless, D., Sanderson, W., Shoham, V., Johnson, S., Pope, K., Crits-Christoph, P., . . . McCurry, S. (1996). An update on empirically validated therapies. *The Clinical Psychologist, 49*, 5-18.
- Chambless, D. L., & Hollon, S. D. (1998). Defining empirically supported therapies. *Journal of Consulting and Clinical Psychology, 66*(1), 7-18. doi:10.1037/0022-006X.66.1.7
- Nathan, P. E., & Gorman, J. M. (Eds.). (1998). *A guide to treatments that work.* New York, NY: Oxford University Press.

② 다음 정보들의 차이점을 구분한다.

- 일화 서술(anecdotal)
- 소비자 보고서(consumer report)
- 사례 연구(case study)
- 상관 연구(correlational research)
- 유사 실험 연구(quasi-experimental research)
- 실험 연구(experimental research)
- 메타 분석(meta-analyses)

(2) 현재 기술에 대한 기초선 평가

① 슈퍼바이저가 현재 수련생이 작업 중인 내담자의 진단군에 효과가 있는 치료 방법의 목록을 준다.

② 수련생은 Chambless와 동료들(1988), Nathan과 Gorman(1998)에서 제시한 준거를 사용하여 근거의 정도를 분석하고 설명한다.

- 과제 예시: Chambless와 동료들(1988), Nathan과 Gorman(1998)에서 제시한 준거를 이용하여 주의력결핍 과잉행동장애(ADHD)의 개입 방법을 잘 확립된 것부터 순서를 매긴다.

  – 생물의학적 방법(예: 특별한 식이요법)

- 뉴로피드백

- 행동적 개입

- 자극성 약물(예: 암페타민)

- 감각 통합 치료

- 수련생은 이 과제를 완수하기 위해 어떤 학술지나 다른 적절한 자료들을 활용해도 좋다.

③ 슈퍼바이저는 다음을 평가한다.

- 각 개입 종류의 카테고리 분류

- 수련생이 찾고 평가한 자료의 형태

- 각 개입 형태와 제시한 근거에 대한 평가 기술

- 수련생이 분류한 카테고리를 토대로 한 각 개입 방법의 질에 대한 구두 설명

④ 슈퍼바이저가 설정한 기준에 부합할 경우, 훈련의 일반화 단계로 넘어간다.

- 기준에 부합하지 못했을 경우, 훈련 단계로 넘어간다.

(3) 훈련

① 지도와 모델

- 이 과제를 시작하기 전, 슈퍼바이저가 근거 기반 개입 방법을 찾는 과정의 모델을 보여 준다.

- 슈퍼바이저는 ABA 이외의 개입 방법이나 특정 진단에 대한 개입 방법(예: 햇볕으로 입은 화상에 대한 효과적인 개입 방법)에 대해서도 모델을 보여 준다.

- 모델을 보여 줄 때에는 다음을 포함한다.

- 어떻게 자료를 찾는가(예: 대학교 도서관, Google Scholar)

- 어떻게 연구 논문을 평가하는가

· 논문의 출처

· 저널명

· 연구 설계 방법

· 논문에서 제시한 사회적 · 통계적 유의도

· 해당 연구의 반복 연구를 찾고 원논문과의 차이점 비교하기

· 효과성 평가

- 앞서 언급한 논문들에서 제시한 준거를 이용하여 근거의 강도 평가하기
- 특정 효과에 대한 여러 개입 방법들의 연구 결과들을 비교하기

② 시연
- 슈퍼바이저가 보다 일반적인 영역의 범주에서 동일한 절차를 통해 개입 방법을 찾는 과제(예: 체중 감소, 활력 증진)를 준다.
- 수련생은 선택한 개입 방법을 뒷받침하는 근거와 이를 지지하지 않는 근거를 찾아 발표한다. 슈퍼바이저가 '개입의 근거 기반 여부를 평가하기'와 같은 과제명이나 지시어를 줄 수도 있다.

(4) 일반화

① 슈퍼바이저가 수련생에게 특정 ABA 평가 또는 절차에 대한 평가를 스스로 만들어 보도록 지시한다.
- 근거에 대한 기술을 어떻게 수행하는지 PMC를 이용하여 평가한다.
- 수련생의 수행이 기준을 충족한다면, 행동 프로그램 및 기술 습득 프로그램 계획에 관한 기본 역량으로 넘어간다.

〈표 9-32〉 비-행동분석적 개입에 대해 근거 기반 여부 확인하기

- 흔히 사용되는 개입 방법, 약물 또는 대체 요법(예: 비타민 C 요법, 콜라겐 요법)을 선택하고 간단한 자료 검색을 한다. 검색과 질문을 간단하게 한다. 다음의 질문에 답한다.
  1. 어떤 개입, 약물 또는 대체 요법인가? (1점)
  2. 그 개입 방법이 주장하는 효과는 무엇인가? (1점)
  3. 그 개입 방법의 주 소비자는 누구인가? (1점)

- 그 개입 방법이 효과적이라는 과학적인 근거가 있는가? 다음의 근거들에 대한 정보를 제시하면서 여러분의 주장을 뒷받침하시오.
  4. 그 개입 방법을 평가한 동료 리뷰가 있는 경험적 연구를 찾았는가?
    1) 만약 그렇다면, 미국심리학회(APA)에서 제시하는 준거를 제시하고 다음에 답한다. (2점)
      ① 연구에서 개입 방법이 독립변인인가? (1점)
      ② 종속변인(DV; 향상시키고자 하는 것)이 개입 방법과 관련하여 제기된 내용인가? (1점)
      ③ 주장하는 내용이 근거 기반인지 보여 주기 위해 APA 기준을 이용한다.
        - 무선 할당 임상적 시도, 통제 집단, 다른 설계 요인을 사용하였는가? (2점)

- 주장을 뒷받침하는 2개의 독립적인 연구진이 있는가? (2점)
- 단일 피검자 설계라면, 관련 연구들을 합쳐 9명 이상의 참가자가 있는가? (2점)
- 연구들은 다음을 사용하였는가?
  - 치료 매뉴얼 (1점)
  - 신뢰도, 타당도가 뒷받침되는 효과 측정 방법 (1점)
  - 적합한 분석 (1점)
- 행동적인 연구인가(DV가 측정 및 관찰 가능한가)? (2점)

2) 그렇지 않다면, 어떤 검색 방법과 키워드를 이용하였는지 분명하게 설명한다(2점). 평가를 진행하기 위한 다른 개입 방법을 제안하고 경험적인 근거를 찾아본다.

〈표 9-33〉 근거 설명 보고를 위한 수행 모니터링 체크리스트(PMC)

준거	충족 여부
전반적인 형식, 문법, APA 형식	
1. APA 형식 매뉴얼에 따라 제목을 정했다(서론, 방법, 결과, 논의, 참고문헌).	Y / N / NA
2. APA 형식 매뉴얼의 '방법' 부분에서 제시하는 형식에 맞춰 하위 제목을 정했다(참가자와 세팅, 종속변인(또는 반응 측정), 관찰자 일치도, 실험 설계, 절차).	Y / N / NA
3. APA 형식 매뉴얼의 '절차'에 해당하는 형식에 맞게 하위 제목을 작성하였다(기초선과 개입).	Y / N / NA
4. 글자 크기가 32폰트로 보기 편하다.	Y / N / NA
5. 글자체가 전문적인 인상을 주며 읽기 쉽다(예: Arial).	Y / N / NA
6. 배경색이 검정 혹은 어두운 색일 경우 글자 색이 흰색이거나, 배경색이 밝은 색일 경우 글자 색이 검은색으로, 배경색과 글자 색 간 대비가 크다.	Y / N / NA
7. 배경의 색이나 그림이 슬라이드의 내용을 방해하지 않는다.	Y / N / NA
8. 단락 내 인용이 APA 형식을 따른다.	Y / N / NA
9. 각 슬라이드의 내용이 잘 요약 정리되어 있다.	Y / N / NA
10. 각 슬라이드에 오타가 없다.	Y / N / NA
11. 인용 및 참고문헌이 정확하고 오타 없이 기술되어 있다.	Y / N / NA
12. 주관적(예: "그는 이해했다") 또는 유심론적(예: "그의 불안")인 표현 및 순환론적 표현(예: "왜냐하면 그가 알고 있기 때문에")이 없다.	Y / N / NA
총점:	
백분율(%):	

발표	
서론	
• 제목이 특별하지만 프로젝트를 정확하게 반영한다.	Y / N / NA
• 서론이 프로젝트와 관련된 전반적인 기술로 시작한다(예: 문제행동과 사회적 중요도, 또는 ABA가 개입과 어떻게 연관되어 있는가).	Y / N / NA
– 관련된 연구 문헌을 요약하고 있다(연구 목적이 무엇인가, 참가자는 누구인가, 연구자들이 무엇을 했는가, 연구 결과는 무엇인가).	Y / N / NA
– 인용한 연구가 프로젝트와 어떻게 연결되는가	Y / N / NA
– 프로젝트의 목적 및 목표에 대해 언급하며 마무리한다(필수적으로 연구 질문이 포함되어야 한다).	Y / N / NA
방법	
• 참가자와 세팅 부분에서는 실험 참가자에 대한 정보, 나이, 성별, 그리고 프로젝트에 관련되는 정보(예: 개의 교배, 과거 훈련력, 입양 여부)를 포함한다.	Y / N / NA
– 개입이 진행된 세팅에 대한 정보를 포함한다.	Y / N / NA
– 충분한 정보를 포함하여 독자로 하여금 개입이 적용 가능한 집단 및 세팅을 파악할 수 있게 해야 한다.	Y / N / NA
• 종속변인(또는 반응 측정) 부분에서는 목표 행동을 제시하고 측정한 행동의 관찰 및 측정 가능한 정의를 제공해야 한다.	Y / N / NA
– 행동이 어떻게 측정되었는지에 관한 정보를 제공한다.	Y / N / NA
– 만약 반응지(예: 수학문제지)를 사용했다면, 자료의 형태를 정확하게 설명하여 다른 사람이 반복 연구를 위해 목표 행동에 대한 자료를 수집할 때 같은 측정 방법을 개발할 수 있도록 해야 한다.	Y / N / NA
• 관찰자 일치도(IOA)에서는 관찰한 회기의 비율(%)을 제시해야 한다.	Y / N / NA
– IOA의 평균 일치도를 포함한다.	Y / N / NA
– 두 번째 관찰자가 어떤 훈련을 받았는가에 대한 정보를 포함한다.	Y / N / NA
– 두 번째 관찰자가 어떻게 자료를 수집하였는가에 대한 정보를 포함한다.	Y / N / NA
• 실험 설계 부분에서는 사용한 실험 설계 방법을 제시한다.	Y / N / NA
• 절차 부분의 하위 범주로서 기초선 부분에서는 기초선 단계에서 참가자들이 어떤 경험을 했는지에 관한 자세한 정보를 제공한다.	Y / N / NA
• 개입 부분에서는 개입 단계에서 참가자들이 어떤 경험을 했는지에 관한 자세한 정보를 제공한다.	Y / N / NA
– 여러 범주가 사용되었다면 이에 대한 정보를 포함한다.	Y / N / NA
– 만약 과제 분석이 시행되었다면 이에 대한 정확한 정보(예: 단계의 수)를 포함한다.	Y / N / NA
– 강화물이 사용되었다면 이에 대한 정보를 포함한다.	Y / N / NA
– 강화물이 사용되었다면, 어떤 종류의 선호도 평가를 시행했는지(적용 가능할 경우)와 그 결과에 대한 정보를 포함한다.	Y / N / NA

– 만약 습득 준거가 사용되었다면 이에 대해 설명한다(예: 참가자의 수행이 특정 준거에 도달하지 않았을 때 다음 단계의 학습으로 넘어갈 수 없는 경우).	Y / N / NA
– 만약 저자가 특정 교수 방법(예: 전진행동연쇄, 전-과제 행동연쇄, 차별 강화)을 사용했다면, 절차의 명칭을 정확하게 기재한다.	Y / N / NA

결과

• 기초선 단계에서의 참가자의 수행에 대해 요약한다(예: "기초선 단계에서 조이는 2분 동안 평균적으로 7개의 문제를 완수했다.").	Y / N / NA
• 개입 단계에서의 참가자의 수행에 대해 요약한다(예: "개입 단계에서 조이는 2분 동안의 회기에서 평균적으로 22개의 문제를 완수했다.").	Y / N / NA
• 성과에 대해 요약한다(예: "이 개입 방법을 효과적인 것으로 나타났는데, 반응의 수준에서 유의미한 변화가 있었고 경향선이 증가했기 때문이다.").	Y / N / NA
• 그래프가 독립변인 섹션에서 기술한 자료 측정 방법과 일치한다.	Y / N / NA
• 그래프가 정확하게 작성되었다(예: y축 및 x축의 제목, 자료선이 조건 간 연결되어 있지 않음).	Y / N / NA
• 그래프를 설명할 때 청자가 먼저 x축, 그 다음 y축을 향하게 한 뒤 범례 및 데이터에 대해 설명한다.	Y / N / NA

논의

• 유추할 수 있는 결론에 대한 문장을 제시한다(예: "결과를 살펴보았을 때, 조이의 수학문제지 수행을 증가시키는 데 차별 강화가 효과적인 것으로 시사된다.").	Y / N / NA
• IOA에 대한 포괄적인 설명을 제공한다(수용 가능한 수준일 경우, 그렇지 않다면 추후 수정해야 하는 부분에 대한 설명).	Y / N / NA
• 프로젝트의 한계점에 대해 설명한다(예: "이 연구의 한계점 중 하나는 이 개입 방법이 효과적인지 증명하기 위해 치료의 효과를 반복하여 보여 줄 수 있는 다른 행동에 대한 자료를 수집할 충분한 시간이 없었다는 것이다.").	Y / N / NA
• 저자가 추후 연구에서 어떤 다른 시도를 할 것인지 설명한다(예: "추후 연구에서는 두 가지 행동에 대한 자료를 동시에, 여러 주 이전에 측정하는 방법을 고려해 보겠다.").	Y / N / NA

참고문헌

• APA 형식에 맞게 작성하였다.	Y / N / NA

총점:
백분율(%):
전체 평가 등급:
전반적인 형식에 대한 백분율 점수:
하위 섹션에 대한 백분율 점수:
평균 백분율 점수:

❂ 가능한 집단 슈퍼비전 활동

앞서 제시한 사례에서 설명한 내용과 더불어, 슈퍼바이저는 집단 활동에서 '기본 역량 4'를 목표로 다룰 수 있다. 집단 활동을 진행하는 방법 중 하나는 다음과 같다. 슈퍼바이저는 우선 가상의 내담자에 대한 배경 정보, 기초선 평가 자료, 그리고 다른 관련된 정보들을 제공한다. 그리고 각 집단 구성원들에게 내담자에게서 우선적으로 고려해야 하는 문제를 다룬 연구 논문을 찾아보도록 한다. 이후 모든 집단 구성원에게 논문에서 제시한 개입 방법의 경험적 근거 수준과 가상 내담자에게 적합한 정도를 평가해 보도록 한다.

또한 슈퍼바이저는 집단 구성원들을 소집단으로 나눈 후, 특정 집단을 대상으로 일반적으로 사용되는 특정 개입 절차의 타당도에 대해 토론해 보도록 할 수도 있다. 이 때 두 팀 중 한쪽은 옹호 입장, 다른 쪽은 반대 입장이 되어 토론할 수 있다. 토론을 위한 개입 방법의 예시들로는 상동행동을 감소시키기 위한 감각적 식이요법, 주의력결핍 과잉행동장애를 치료하기 위한 뉴로피드백의 사용, 재범률을 감소시키기 위한 감옥 프로그램의 실시 등이 있으며, 또는 집단 구성원이 실제 작업을 진행하고 있는 집단과 관련된 주제를 다룰 수도 있다. 이 활동에는 각 팀의 주장의 근거가 되는 연구 논문의 탐색 및 리뷰, 비공격적인 태도로 논쟁하기, 해당 주제에서 입장이 다른 상대와 대화하기 등이 포함될 수 있다.

❂ 과제 목록

사례 및 집단 슈퍼비전 활동에 대한 제안과 더불어, 여기에는 '기본 역량 4'와 관련된 기술들을 숙달하는 데 필요한 과제들을 정리해 놓았다. 〈표 9-34〉부터 〈표 9-37〉은 여러분이 슈퍼바이저와 함께 과제를 시작하고 활동들을 선택하는 데 도움이 될 것이다. 앞서 언급하였듯이, 슈퍼비전의 매 단계마다 슈퍼바이저와 지속적으로 논의하며 이 중 어떤 과제가 자신에게 적합한지, 또는 추가적인 과제가 필요한지 여부에 관한 결정을 내리길 권한다.

〈표 9-34〉 슈퍼바이저와 공동으로 작업해야 하는 연구 논문의 검색·요약·평가를 통한 권고사항 및 개입 계획
수립과 관련된 과제 목록

과제 목록	완수 여부 또는 완료 시점 기록
I. 행동분석 관련 논문을 리뷰하기	

1. 연구 논문을 검색하고 요약한다.
• 다음에 대해 다룬 동료 리뷰가 된 행동분석 관련 논문을 탐색한다.
  – 자신이 계획/시행한 개입 계획에서 다루는 것과 기능이 비슷한 문제행동
  – 자신이 계획/시행한 기술 습득 프로그램에서 다루는 기술과 비슷한 것	

2. 논문을 요약하여 첨부한다.
• 요약에는 다음을 포함한다.
  – APA 형식의 인용
  – 제목
  – 목표 행동의 조작적 정의
  – 시행된 FBA의 형태와 결과
  – 개입 절차
  – 개입 결과
  – 논문의 강점 및 제한점
  – 논문에서 얻은 정보를 본인이 맡은 사례에 어떻게 적용할 것인가	

〈표 9-35〉 수행 모니터링 체크리스트(PMC) 예시

준거	충족 여부
1. APA 형식에 맞게 논문을 인용함	Y / N / NA
2. 참가자 특성을 정확하게 설명함	Y / N / NA
3. 모든 목표 행동을 조작적으로 정의함	Y / N / NA
4. 평가 절차를 정확하게 설명함	Y / N / NA
5. 논문에서 사용된 절차를 기술적으로 설명함	Y / N / NA
6. 개입 결과를 정확하게 설명함	Y / N / NA
7. 논문의 강점을 논의함	Y / N / NA
8. 논문의 한계점을 논의함	Y / N / NA
9. 특정 내담자/참가자에 대한 논문의 적용 가능성을 설명함	Y / N / NA
10. 3개 이하의 오타 및 문법 오류	Y / N / NA

〈표 9-36〉 슈퍼바이저와 공동으로 작업해야 하는 평가 결과 및 최선의 과학적 근거를 기반으로 한 개입 전략의 권고와 관련된 과제 목록

과제 목록	완수 여부 또는 완료 시점 기록
I. FBA 평가 결과를 토대로 개입 전략 권고하기	
1. 내담자의 욕구, 최선의 수행, 가용한 자원, FBA 결과, 최선의 적용 가능한 과학적 근거를 고려하여 개념적으로 구조적이고 효과적인 개입 전략을 권고한다.	
2. 권고에는 다음을 포함하되, 여기에만 국한되지 않는다. • 파악된 동기 조작과 변별자극에 대한 설명을 포함한, 문제행동을 감소시키기 위한 선행 사건의 개입(참고문헌 첨부하기) • 사회적으로 적절한 행동의 증가와 부적절한 행동의 감소를 위한 결과 기반 개입(참고문헌 첨부하기) • 적합한 초기 강화 스케줄과 강화 간격 늘리기의 준거 • 내담자의 레퍼토리에 없는 대체행동을 조형하기(예: 기능적 의사소통 훈련; 참고문헌 첨부하기) • 개입 중 문제행동이 발생하였을 때 이에 대처하는 방법(참고문헌 첨부하기) • 보조 인력 및 부모 훈련(참고문헌 첨부하기) • 시행의 정확도 감독(참고문헌 첨부하기) • 자료수집, 모니터링, 자료 기반의 의사결정	
II. 기술 평가 결과를 근거로 한 개입 전략 권고하기	
1. 내담자의 욕구, 최선의 수행, 가용한 자원, FBA 결과, 최선의 적용 가능한 과학적 근거를 고려하여 개념적으로 구조적ㆍ효과적 개입 전략을 권고한다.	
2. 권고에는 다음을 포함하되, 여기에만 국한되지 않는다. • 부족한 기술에 대한 각각의 목표 • 각 기술에 적합한 교수 방법 • 적절한 행동 연쇄 방법 • 일반화를 위한 적절한 계획 • 시행의 정확도 감독 • 자료수집, 모니터링, 자료 기반의 의사결정	

〈표 9-37〉 기능 행동 평가 결과 보고서 작성을 위한 수행 모니터링 체크리스트 예시(PMC)

FBA의 구성 요소 준거

인적 사항

의뢰 사유
- 의뢰인이나 기관에 대해 명확하게 적시한다(예: 교사, 부모, 지역 센터).
- 아동/청소년의 의뢰 사유를 문제(목표) 행동(예: 가출, 떼쓰기)에 대한 기술을 포함하여 설명한다.
- 목표 행동이 과거부터 지속되어 온 것이라면 평가의 필요성을 정당화하기 위해 목표 행동이 나빠졌는지 혹은 개선되었는지 여부에 관한 정보를 포함한다.

FBA의 목적
- 목표 행동의 기초선 자료(예: 빈도, 지속시간)를 수집한다.
- 문제행동 발생에 영향을 주는 환경적 요인과 관련된 사건을 알아본다.
- 목표 행동을 일으키는 사전 사건을 파악한다.
- 목표 행동의 기능을 파악한다.
- 필요한 환경적 변화, 기능 기반의 개입, 사회적으로 적절한 행동의 발생 빈도를 증가시키고 문제행동을 감소시키는 교수 전략에 대한 개입 전략을 권고한다.

의뢰 사유의 문장 구조

[배경 정보]

배경 정보를 수집한 방법에 대한 설명을 포함한다.
- 기록물을 통해 자료수집을 했을 경우, 자료수집 방법으로서 부모/교사와의 면담과 함께 기록물 검토에 대한 정보를 기술한다.

가족 관련 정보의 형식
- 대상 아동/청소년이 함께 사는 가족 구성원
- 주 양육자와 부모 교육 참여 가능성
- 가족 구성원의 변화를 포함하여 가정 내 변화 이력
- 최근의 이사 여부
- 가정에서 사용하는 언어
- 지역 센터의 참여 여부
  - 가정 기반 행동 서비스
- 정부 지원 서비스의 참여 여부(Department of Child and Family Service: DCFS)
  - 위탁가정의 배치

의료 관련 개인력의 형식
- 학습 및 현재 행동에 영향을 줄 수 있는 건강 관련 문제, 시각 및 청력 관련 문제
- 약물 복용과 관련된 정보
- 입원 및 최근의 부상 관련 병력

교육 관련 개인력의 형식
- 학력

- 최초의 개별화 교육 프로그램(IEP[14]) 일시와 적격성(적용 가능할 경우)
- 교수 환경 및 과거부터 현재까지 받아온 서비스
- 특정 행동적 어려움의 이력(예: 학적부에 기록된 문제)
  - 각 행동의 빈도, 지속시간, 강도
  - 학적부에서 언급된 모든 문제행동과 정확한 출처(예: "2011.11.14.에 작성된 IEP에 따르면, 존은 또래 친구와 성인들에게 공격행동을 보였다.")
  - 징계 경험
    · 징계위원회
    · 정학 또는 퇴학
- 행동이 학업에 미친 영향을 설명하기 위한 현재까지의 학업성취에 관한 짧은 논의
  - 성적 정보(열람 가능할 경우)
  - 현재 작업 예시와 교실 수행평가 결과(열람 가능할 경우)

개입 관련 개인력

[간접 평가 요약]

간접 평가 방식에 대한 정보를 기술한다.
- 기록물을 통해 자료수집을 했을 경우, 자료수집 방법으로서 부모/교사와의 면담과 함께 기록물 검토에 대한 정보를 기술한다.
- 구조화된 면담 및 척도(예: FAI, FAST, MAS, QABF[15]), 비구조화된 면담 등 면담 방식을 기술한다.
- 면담을 진행한 날짜를 명시한다.

문제행동을 파악하기 위한 표에는 다음을 포함한다.
- 행동(전반적인 묘사도 괜찮음)
- 발생(범위를 정해 줄 수 있음)
- 지속시간
- 심각도

간접 평가 결과, 부모/교사가 관찰했을 때 행동이 덜 심각한 것부터 보다 심각한 것까지 순서가 구분된다면, 예상되는 반응군의 위계를 기술한다.

적절한 행동
- 아동의 레퍼토리에서 적절한 행동(기초 언어 행동, 적응 기술, 사회 기술)이 있다면 분명하게 기술한다.

선행 사건: 예상되는 선행 사건을 확인하기 위한 표에는 다음을 포함한다.
- 행동(간접 평가에서 나타난)
- 선행 사건(간접 평가에서 나타난)

---

14) 개별화 교육 프로그램(Individualized Education Program: IEP) 아동이 가진 장애 유형 및 특성, 개인 특성 등을 바탕으로 개인의 발달 수준에 적절한 교육 목표 및 내용을 계획하고 시행하는 것을 말한다.

15) QABF(Questions about Behavioral Function): 행동기능에 대한 질문지. Matson, J. L., & Vollmer, T. (2007). *Questions about Behavioral Function: QABF*. Disability Consultants, LLC.

행동을 유지시키는 것으로 예상되는 결과: 예상되는 결과 요인을 파악하기 위한 표에는 다음을 포함한다.
- 행동(간접 평가에서 나타난)
- 결과(간접 평가에서 나타난)

문제행동에 영향을 주는 상황 관련 사건
- 기술적인 언어를 사용하지 않고 상황 관련 사건을 설명한다.
- 특정한 상황 관련 사건이 파악된다면, 보고서에서는 각 상황 관련 사건에 대해 다음을 설명해야 한다.
  - 파악된 상황 관련 사건 및 행동 발생과 연관된 것으로 예상되는 요인을 열거한다.
  - 상황 사건과 목표 행동 사이의 가능한 관계를 파악한다(예: "불충분한 수면: 존의 수면시간이 8시간 이하일 경우, 떼쓰기의 빈도 및 지속시간이 증가하는 것으로 보고됨").
    * 상황 사건은 가능성이 있는 상관관계이다. 실험적 검증 없이 인과 관계로 설명하면 안 된다.

간접 평가 요약과 예측 요인 및 문제행동 기능에 대한 가설에는 다음을 포함한다.
- 각 목표 행동과 관련된 상황 관련 사건
- 목표 행동을 발생시킬 수 있는 선행 사건
- 예상되는 기능(간접 평가에서 나타난)

[직접 평가]

직접 관찰 회기를 설명하는 표에는 다음을 포함한다.
- 관찰자
- 각 관찰 회기의 날짜와 시간

목표 행동의 조작적 정의
- 정의는 객관적이고, 명료하며, 목표 행동의 예로 적합한 것과 그렇지 않은 것을 구분해야 한다.
- 정의는 관찰 가능하고, 측정 가능해야 한다. 정의는 상황 특정적이고, 개별화되어야 한다.
  * 목표 행동은 형태적·기능적으로 정의된다.

목표 행동의 기초선 자료
- 평균 수준을 보고한다.
- 그래프 자료를 첨부한다.
- 그래프의 축 제목이 정확하다(자료수집 방법에 적합하다).
- 자료가 정확하게 그래프에 제시되어 있다.

[기술적 평가]

기술적 평가 방식(예: ABC 자료, 사건 기록법)을 기술적(technological)으로 설명한다.

결과
- 자료를 적절한 측정 방법으로 정리한다(예: ABC 자료를 조건 확률로 정리함).
- 정확하게 작성한 결과 그래프를 첨부한다.

요약
- 요약문이 간접 평가 및 기술적 평가에서 수집된 자료와 관련된다.
- 잠재적인 기능에 대한 가설을 세운다.

[기능 분석]

기능 분석의 절차가 기술적이다.
- 절차에 대한 질문 없이 기능 분석을 진행할 수 있다.
- 절차에는 평가에 참고했던 논문을 인용한다.

계수 분석을 시행한 경우, 절차가 기술적이다.
- 절차에 대한 질문 없이 계수 분석을 진행할 수 있다.
- 분석에 사용된 자료를 명확하게 설명한다.
- 절차에는 평가에 참고했던 논문을 인용한다.
  * 심각한 문제행동(예: 자해, 도피, 공격)의 경우, 기능 분석 절차에서 아동의 안전을 위해 어떤 조치를 취했는지 설명한다. 또한 평가자는 동의를 받았는지 여부와 누구에게 동의를 받았는지 보고한다.

기능 분석 결과(과제 분석 참조)
  각 목표 행동에 대해,
- 그래프를 작성한다.
- 그래프에 나타난 결과를 토대로 기능을 설명한다.
- 목표 행동을 발생시키는 선행 사건을 설명한다(기능 분석에서 조작한 선행 사건).

기능 분석 그래프
- 모든 축의 제목이 정확하다.
- 자료가 정확하게 그래프에 제시되어 있다.
- 그래프의 모든 필수 요건을 충족한다(Cooper, Heron, & Heward, 2007 참조).

[기능 행동 평가의 요약]

요약은 다음 세 개의 문단으로 구성된다.

첫 번째 문단은 다음을 포함한다.
- 의뢰 사유
- 학교에서의 출석, 성적, 반
- 특수교육 여부 및 현재 이용하는 서비스
- 현재의 학업 수행
- 과거 및 현재 참여 중인 개입과 그것의 효과성
- 의료 관련 개인력

두 번째 문단은 다음을 포함한다.
- 보고서에서 보고한 것과 동일한 상황 사건
- 보고서에서 보고한 것과 동일한 기초선 자료

세 번째 문단은 다음을 포함한다.
  각각의 행동에 대해,
- 행동을 가장 많이 통제하는 선행 사건
- 행동을 유지시키는 결과

[권고]

근거 기반의 선행 사건 개입 방법을 권고한다. 선행 사건 개입에 대한 권고는 기술적일 필요는 없으나 다음 기준을 충족해야 한다.

- 각각의 상황 사건에 대한 선행 사건 개입 계획을 세운다.
- 각각의 문제행동에 대해 선행 사건 개입 방법을 권고한다.
- 모든 사전 사건 개입은 개입 계획을 세우는 데 도움을 줄 수 있도록 구체적인 설명을 포함한다.
  - 초기 시행 절차
  - 촉구의 사용(필요할 경우)
  - 사전 사건 자극을 점진적으로 제시하고 제거하는 방법(용암법의 기준)

근거 기반의 결과 개입 방법을 권고한다. 결과 기반 개입 방법은 기술적일 필요는 없으나 다음의 기준을 충족해야 한다.

- 각각의 문제행동에 대해 기능 기반의 결과 기반 개입 방법을 권고한다.
- 가장 덜 제한적인 개입 방법을 권고한다.
- 만약 처벌 전략을 권고한다면(타임아웃 또는 반응대가),
  - 평가자가 보다 제한적인 개입 방법을 권고한 이유를 설명한다(예: 해당 개입 방법이 목표 행동에 가장 효과적이라는 연구 근거, 덜 제한적인 개입 방법이 덜 효과적이라는 근거)
  - 처벌 절차와 강화 절차를 함께 사용한다(즉, 처벌 전략과 강화 전략을 통합한 연구 기반의 개입 방법)
- 모든 결과 기반 개입 방법은 개입 계획을 세우는 데 도움을 줄 수 있도록 구체적인 설명을 포함한다.
  - 초기 강화 스케줄(기초선 자료에 기반한)
  - 강화물이 될 수 있는 구체적인 물건 또는 활동(선호도 평가에서 나타난)
  - 촉구의 사용
  - 강화 스케줄을 조정해야 하는 시기

자료 수집과 분석

- 자료수집의 빈도
- 자료수집 서식(예시 첨부하기)
- 자료 입력 및 분석의 책임자
- 계획의 효과성을 검토하기 위한 분명한 준거

추가 참고자료

- 미국 자폐증 치료과학협회(Association for Science in Autism Treatment: ASAT)에서는 연구 결과들을 평가하고 가족원이나 임상가가 활용할 수 있는 요약 보고서를 제공한다(www. Asatonline.org → Treatment → Autism Treatments: Descriptions and Research Summaries → Summaries of Scientific Research on Interventions on Autism).
- 미국 국립자폐증센터(The National Autism Center)에서는 National Standards Reports(2009, 2015)를 통해 연구 성과를 설명하기 위해 과학적 장점 평점 스케일(Scientific Merit Rating Scale: SMRS) 및 효과적인 진단체계의 장점(4점 척도: 잘 확립된, 근거가 수집되고 있는, 아직 밝혀지지 않은, 비효과적인/해로운)를 제공한다(www.nationalautismcenter.org/national-standards-project/phase-2).

참고문헌

Bailey, J., & Burch, M. (2002). *Research methods in applied behavior analysis*. Thousand Oaks, CA: Sage.

Behavior Analyst Certification Board. (2010). Guidelines for responsible conduct for behavior analysts. Retrieved from http://www.bacb.com/index.php?page=57

Carr, J. E., & Briggs, A. M. (2010). Strategies for making regular contact with the scholarly literature. *Behavior Analysis in Practice, 3*, 13-18. doi:10.1007/BF033

Cochrane Library. (n.d.). Cochrane reviews. Retrieved from https://www.cochranelibrary.com/cdsr/reviews

Cooper, J. O., Heron, T. E., & Heward, W. L. (2007). *Applied behavior analysis* (2nd ed.). Upper Saddle River, NJ: Pearson.

Dubuque, E. M. (2011). Automating academic literature searches with RSS feeds and Google reader. *Behavior Analysis in Practice, 4*, 63-69. doi:10.1007/BF033

Gillis, J. M., & Carr, J. E. (2014). Keeping current with the applied behavior-analytic literature in developmental disabilities: Noteworthy articles for the practicing behavior analyst. *Behavior Analysis in Practice, 7*, 10-14. doi:10.1007/s4061

Normand, M. P. (2008). Science, skepticism, and applied behavior analysis. *Behavior Analysis in Practice, 1*(2), 42-49. doi:10.1007/BF03391727

Parsons, M. B., & Reid, D. H. (2011). Reading groups: A practical means of enhancing professional knowledge among human service practitioners. *Behavior Analysis in Practice, 4*, 53-60. doi:10.1007/BF033

Slocum, T. A., Detrich, R., Wilczynski, S. M., Spencer, T. D., Lewis, T., & Wolfe, K. (2014). The evidence-based practice of applied behavior analysis. *The Behavior Analyst, 37*, 41-56. doi:10.1007/s40614-014-0005-2

Smith, T. (2013). What is evidence-based behavior analysis? *The Behavior Analyst, 36*, 7-33. doi:10.1007/BF03392290

Van Houten, R., Axelrod, S., Bailey, J. S., Favell, J. E., Foxx, R. M., Iwata, B. A., & Lovaas, O. I. (1988). The right to effective behavioral treatment. *Journal of Applied Behavior Analysis, 21*, 381-384. doi:10.1901/jaba.1988.21-38

[기본 역량 5]
초기 평가 결과를 기반으로 기술 습득 절차를 계획하고 시행하기

　행동분석가는 '학습' 분야의 전문가이다. 행동분석의 이론 및 개념들은 학습 이론에 깊숙하게 뿌리를 두고 있다. 따라서 유능한 행동분석가라면 기술 평가를 해석 · 시행하는 방법을 반드시 숙지하고 있어야 한다. 또한 새로운 기술(예: 의사소통, 놀이, 사회 기술)이 습득된 이후 자연스러운 환경에서도 그 행동이 유지되고 다양한 맥락에서 일반화될 수 있도록 평가 결과에 기초하여 기술 습득 프로그램을 계획 · 시행하는 방법을 숙지하고 있어야 한다. 내담자에게 새로운 기술을 가르치는 것은 매우 가치 있는 일인데, 왜냐하면 내담자가 행동 레퍼토리 안에서 할 수 있는 기술들이 늘어날수록 그들의 삶에서 보다 자유로워지고 자기 의지에 따라 선택할 수 있는 기회가 늘어나기 때문이다.

　어떤 맥락 안에서 어떤 내담자와 함께 작업하느냐에 따라 기초 기술이 매우 부족한 내담자(예: 중증의 자폐 스펙트럼 장애와 지적장애를 가진 아동)를 만나게 될 수도 있다. 예를 들면, 내담자에게 지시를 하는 동안 눈맞추기, 대상을 쫓아 시선 따라가기, 화자를 향해 몸을 돌리기 등의 기술을 가르치게 될 것이다. 또는 모방, 기초적인 지시 따르기, 기본적인 욕구를 표현하기 등을 가르칠 수도 있다. 또 다른 경우에는 내담자가 독립적인 자조 기술을 습득할 수 있도록 내담자가 가진 기초 기술 수준에 따라 다양한 일상 적응 기술(예: 배변, 단장하기, 의사소통하기)을 생애 처음으로 가르치거나, 트라우마 등으로 인해 잃은 기술을 재학습시킬 수도 있다.

　어떤 경우에는 내담자에게 보다 복잡한 행동을 가르치게 될지도 모른다. 예를 들면, 어떤 아동에게 다양한 놀이 기술을 가르침으로써 자연적 환경에서의 학습 기회를 증가시키고 친구 관계를 만들고 유지할 수 있는 가능성을 늘려 줄 수 있다. 아울러 청소년 및 성인에게 대화 및 사회 기술을 가르침으로써 그들의 사회적 관계를 확대시키고 개인이 느끼는 고독감을 감소시킬 수도 있다. 또는 성인에게 복잡한 독립 생활 기술(예: 길 건너기, 버스 타기, 직업 생활하기 등)을 가르칠 수도 있다. 발달장애의 범주를 넘어, 대학생 대상의 수업이나 직장인 대상의 새로운 보안 절차 훈련 등과 같은 작업을 하게 될지도 모른다. 어떤 종류의 기술 습득 프로그램이냐에 관계 없이 유능한 행동분석가라면 다음의 작업들을 하게 될 것이다. 즉, 보호자나 의뢰인에게 평가 동의를 받기 위해 평가 목적 및 개입 목표 설명하기, 내담자의 기술 수준에 대한 초기 행동 평가, 학습이 필요한 기술들의 우선순위 정하기, 중심 행동(pivotal behavior) 또는 우선 순위의 행동을 목표로 정하기, 적합한 교수 방법 선택하기, 기술의 일반화 및 유지를 위한 프로그램 진행하기, 그리고 개입을 통해 성취되어야 하는 중요한 기술 단계 등을 고려하기 등이다. 여러분은 수집된 자료를 검토하고 자료의 추세(path), 수준(level), 가변성(variability)을 기초로 절차를 수정하면서 기술 습득 프로그램의 목표를 점검하게 될 것이다. 또한 스태프들이 충분한 절차적 정확도를 유지하면서 교수 절차를 수행하는지 감독하게 될 것이다.

이와 관련된 기본 역량을 가지기 위해 다음의 구성 기술과 관련된 작업을 해야 한다. ① 규준 참조 평가와 범주 참조 평가의 차이점과 각 종류의 검사가 어떤 정보를 제공하는지 설명하기, ② 언어행동 마일스톤 평가 및 배치 프로그램(Verbal Behavior Milestones Assessment and Placement Program: VB-MAPP) 또는 기본언어 및 학습기술평가-개정판(Assessment of Basic Language and Learning Skills-Revised: ABLLS-R)[16]와 같은 표준화된 검사 시행하기, ③ 직접 지시[예: 분절 시도 훈련(DTT)], 정밀 교수(precision teaching), 자연적 환경(natural envirionment)/우발적 교수(incidental teaching)를 이용하여 언어행동·모방·변별을 가르치기 위한 기술 습득 프로그램 시행하기, ④ 직접 지시(예: DTT), 정밀 교수, 자연적 환경/우발적 교수를 이용하여 언어행동·모방·변별을 가르치기 위한 기술 습득 프로그램 개발하기, ⑤ 형식적 평가 결과를 바탕으로 자조기술훈련 프로그램 시행하기, 그리고 ⑥ 형식적 평가 결과를 바탕으로 사회/놀이 기술 프로그램 시행하기이다. 〈표 9-38〉은 이 기본 역량 계발의 기준을 제시하고 있다.

〈표 9-38〉 초기 평가 결과를 기반으로 기술 습득 절차를 계획하고 시행하기 위한 기본 역량의 기준

초급 기술
• 기술 습득 평가 - 기술 습득 평가를 시행하는 목적 및 장점을 설명할 수 있다. - 규준 참조 검사와 준거 참조 검사의 차이점을 설명할 수 있다(예: 바인랜드 척도 vs. VB-MAPP) - 표준화된 평가 점수를 명명하고 설명할 수 있다(예: 평균=95~105의 표준 점수, 9~11의 환산 점수) - 규준 참조 및 준거 참조 기술 습득 검사를 말할 수 있다(예: VB-MAPP, 바인랜드 척도) • 기술 습득 절차를 계획하고 시행하기 - 조기 개입의 중요성을 설명할 수 있다.

16) Partington, J. W. (2006). *The Assessment of Basic Language and Learning Skills-Revised (The ABLLS-R)*. Pleasant Hill, CA: Behavior Analysts.

- 언어 작동행동, 모방, 사회 기술, 적응 기술을 정의하고 예를 제시할 수 있다.
- 개입 시작 시기부터 시행할 수 있는 일반화를 위한 다양한 전략을 열거할 수 있다.
- 중추적 행동을 정의하고 이를 가르치는 것의 중요성을 설명할 수 있다.
- 새로운 기술을 가르칠 때 사용할 수 있는 근거 기반의 행동분석적 절차를 열거할 수 있다(예: 분절 시도 교수법, 조형법).

중급 기술

- 기술 습득 평가
  - 준거 참조 기술 평가를 정확하게 시행할 수 있다(예: VB-MAPP, ABLLS)
  - 규준 참조 기술 평가를 정확하게 시행할 수 있다(예: 바인랜드 척도)
  - 준거 참조 및 규준 참조 기술 평가 결과를 채점하고 해석할 수 있다.
- 기술 습득 절차를 계획하고 시행하기
  - 분절 시도 교수법 및 자연적 교수법을 이용하여 주의 주기, 언어 및 청자 행동, 모방, 변별, 학업 기술 등을 가르칠 수 있다.
  - 목표 기술의 일반화를 위한 다양한 전략을 정확하게 시행할 수 있다.
  - 가르친 기술의 일반화와 유지 여부를 점검할 수 있다.
  - 조형법 및 행동연쇄를 이용하여 놀이, 사회 기술, 적응 기술을 가르칠 수 있다.
  - 독립적인 반응을 이끌어 내기 위해 최소에서 최대, 또는 최대에서 최소 촉구 방법, 촉구 용암법을 정확하게 시행할 수 있다.
  - 습득된 기술의 유창성 훈련을 위해 정밀 교수 방법을 사용할 수 있다.
  - 학업 기술을 가르치기 위해 직접 교수 방법을 사용할 수 있다.

고급 기술

- 기술 습득 평가
  - 기술 평가를 시행하기 위해 고지된 동의서를 받을 수 있다.
  - 내담자의 행동, 면담 및 관찰 결과를 토대로 적합한 기술 평가 검사를 선택하고 시행할 수 있다.
  - 포괄적인 기술 평가 보고서와 평가 결과를 토대로 한 개입 목표 및 절차에 대한 권고안을 작성할 수 있다.
  - 보호자/교사에게 평가 결과, 개입 목표 및 절차 권고를 명료하게 설명할 수 있다.
  - 규준 참조 및 준거 참조 검사를 사용할 수 있다.

- 기술 습득 절차를 계획하고 시행하기
  - 기술 습득 목표를 작성할 수 있다(예: 목표는 구체적인 맥락, 관찰 가능한 행동, 분명하고 측정 가능한 기준으로 이루어져 있어야 함).
  - 평가 결과를 토대로 내담자의 욕구를 충족할 수 있는 기술 습득 치료 계획을 세울 수 있다.
  - 가르친 기술의 일반화를 위해 개입 초기에서부터 사용할 수 있는 다양한 전략을 사용할 수 있다.
  - 기술 평가 결과(내담자의 현재 레퍼토리), 자원, 위험 요인, 그리고 적용 가능한 과학적 근거를 토대로 적절하고 효율적인 근거 기반의 기술 습득 교수 전략을 선택할 수 있다.
  - 독립적인 반응을 이끌어내기 위한 촉구 용암 계획을 세우고, 이에 대한 슈퍼비전을 제공할 수 있다.
  - 목표 성취를 최적화할 수 있는 등가-기반 지도(equivalence-based instruction)를 선택할 수 있다[예: 내담자는 '자동차'를 가장 먼저 배우고, 그다음 같은 목표 자극을 대상으로 다른 청자 기술(명칭을 듣고 변별하기)을 프로브해 본다; 내담자에게 '자동차'를 가리키라고 지시한다].
  - 기술의 습득, 일반화, 유지를 위해 적절한 강화 스케줄을 선택할 수 있다.
  - 다른 사람에게 분절 시도 교수법 또는 자연적 교수법, 조형법, 행동연쇄, 촉구, 촉구 용암법 등을 시행하는 방법을 가르치기 위해 행동기술훈련을 사용할 수 있다.

보수교육 및 직업적 성장

✿ 사례: 분절시도훈련을 이용한 기술 습득 프로그램

(1) 사례

> 수련생은 기술 습득 프로그램에 참가하게 된 새로운 참가자를 배정받았다. 슈퍼바이저는 분절시도훈련(DTT)을 이용하여 청자반응 자극선택(Listener Responding Stimulus Selection: LRSS)과 샘플과 매칭하기(Matching To Sample: MTS)를 가르치기로 결정하였다. 수련생은 내담자의 가정에 방문하여 프로그램을 진행한다.

(2) 현재 기술에 대한 기초선 평가

① 다음 목록 중 목표를 1개 선택한다.

- 청자반응 자극선택(LRSS): 3차원 사물을 5개 제시
  - 장난감 자동차
  - 컵

　　- 크레용

　　- 장난감 고양이

　　- 장난감 옥수수

- 청자반응 자극선택(LRSS): 2차원 사물을 4개 제시

　　- 개

　　- 버스

　　- 칫솔

　　- 포크

- 샘플과 매칭하기(MTS): 3차원 동일한 사물 매칭하기, 3개의 사물 제시

　　- 공

　　- 블록

　　- 인형

- 샘플과 매칭하기(MTS): 2차원 동일한 사물 매칭하기, 5개의 사물 제시

　　- 테이블

　　- 숟가락

　　- 나무

　　- 연필

　　- 사과

② 슈퍼바이저는 각 목표 세트에서 촉구를 주는 방법을 알려 준다.

③ 수련생이 선택한 프로그램을 진행할 때, 슈퍼바이저가 내담자 역할을 한다.

- 슈퍼바이저는 역할극을 진행하면서 문제행동을 하지 않는다. 이 활동에서 평가하는 것은 DTT 수행 능력으로, 문제행동에 대처하는 능력은 포함되지 않는다.

- 슈퍼바이저는 다음의 반응 형태 중 하나를 연기한다.

　　- 정반응: 제시한 변별자극에 맞게 참가자가 행동한다.

　　　　예 "자동차 만져."(변별자극) ➡ 참가자가 자동차를 만진다.

　　- 오반응: 제시한 변별자극에 맞지 않게 참가자가 행동한다.

　　　　예 (펜 사진을 주며) "같은 데 놔."(변별자극) ➡ 참가자가 앞에 놓여진 사진들 중 펜이 아닌 사진 위에 펜 사진을 올려놓는다.

　　- 무반응: 5초 이내에 참가자가 아무런 반응도 하지 않는다.

예 "꽃 만져."(변별자극) ➡ 참가자가 아무 반응도 하지 않는다(이때, 숨쉬기, 자세 바꾸기
와 같은 반응은 배제한다.)

④ 수련생은 다음을 수행해야 한다.

- 필요한 모든 도구를 준비한다.
- 필요한 기록지를 준비한다.
- 변별자극을 제시한다.
- 반응 형태를 판단한다(정반응, 오반응, 무반응).
- 정확한 결과를 제시한다.
- 적절한 촉구를 제시한다.
- 기록을 한다.

⑤ 참가자 역할을 연기하는 슈퍼바이저와 함께 최소 10회 시행한다.

- 슈퍼바이저는 DTT의 PMC를 이용하여 수련생의 수행 정확도를 평가한다.
- 만약 총 시도 중 적어도 80%(8/10)에서 100%의 정확도(모든 절차를 정확하게 수행함)
를 보였다면, 일반화 단계로 진행한다. 만약 기준을 충족하지 못하였다면, 훈련 단계
를 진행한다.

(3) 행동기술훈련(BST)

① 만약 기준을 충족하지 못하였다면, 슈퍼바이저는 BST를 이용하여 훈련을 진행한다.

② 1단계: 지도

- 슈퍼바이저가 기초선 평가 시 선택했던 프로그램 목표/형태에 대한 지시가 정리되어
있는 종이를 준다.
- 슈퍼바이저가 지시 내용을 설명한다.
- 설명에는 다음의 내용이 포함된다.
  - 준비해야 하는 도구
  - 사용할 촉구의 위계
  - 자료 기록 절차
  - 전반적인 프로그램 절차
  - 오반응을 수정해 주는 방법
  - 프로그램과 오반응 수정 방법의 근거

- 슈퍼바이저가 수행 정확도 평가에 사용하는 PMC 용지를 함께 제공할 수도 있다.

③ 2단계: 모델

- 슈퍼바이저가 프로그램을 시연한다.
- 시연을 하면서 다음에 어떻게 반응해야 하는지 보여 준다.
  - 변별자극에 대한 정반응
  - 변별자극에 대한 오반응
  - 변별자극에 대한 무반응
    * 슈퍼바이저가 무반응을 오반응의 형태로 범주화할 수도 있다.
- 지도 단계에서 설명한 모든 절차의 모델을 보여 준다.

④ 3단계: 시연

- 수련생이 선택한 프로그램을 시행하는 동안 슈퍼바이저가 내담자 역할을 한다.
  - 슈퍼바이저는 이 역할극을 진행하면서 문제행동을 하지 않는다.
  - 슈퍼바이저는 다음의 반응 형태 중 하나를 연기한다.
    - 변별자극에 대한 정반응
    - 변별자극에 대한 오반응
    - 변별자극에 대한 무반응

⑤ 4단계: 피드백

- 슈퍼바이저는 수련생의 수행 내용에 대해 PMC를 이용하여 피드백을 준다.
- 슈퍼바이저는 정확하게 수행한 부분(유지할 부분)과 부정확하게 수행한 부분(개선할 부분) 모두에 대해 피드백을 준다. 슈퍼바이저는 수행 도중에 피드백을 주거나, 또는 수행을 모두 마친 후 피드백을 줄 수 있다.

⑥ 5단계: 3단계와 4단계를 반복하기

- 연속으로 3회의 시도에서 100%의 정확도로 수행할 때까지 시연과 피드백을 반복한다.

(4) 일반화 1

① 숙달 기준(연속된 3회의 시도에서 100%의 정확도로 수행)을 충족했다면, 슈퍼바이저는 수련생이 기초선 평가에서 시행한 것과 다른 목표 목록/프로그램으로 10회의 시도를 하도록 지시한다.

② 만약 총 시도 중 적어도 80%(8/10)에서 100%의 정확도(모든 절차를 정확하게 수행함)를 보였다면, 일반화 2단계로 진행한다.

- 만약 기준을 충족하지 못하였다면, 슈퍼바이저는 해당 프로그램에 대해 시연/피드백 단계를 다시 진행한다.
- 시연/피드백 단계의 기준을 충족했다면, 새로운 목표 목록을 시행한다. 이 단계를 기준이 충족될 때까지 반복한다.

(5) 일반화 2

① 숙달 기준(일반화 단계의 시도 중 80%를 100%의 정확도로 수행)을 충족했다면, 슈퍼바이저는 수련생이 실제 참가자를 대상으로 10회의 시도를 하도록 한다.

- 만약 총 시도 중 적어도 80%(8/10)에서 100%의 정확도(모든 절차를 정확하게 수행함)를 보였다면, 주기적인 확인 단계로 넘어간다.
- 만약 기준을 충족하지 못하였다면, 슈퍼바이저는 실제 내담자를 대상으로 한 세트(10회의 시도)에서 기준을 충족할 때까지 피드백을 제공한다.

〈표 9-39〉 DTT 수행을 위한 수행 모니터링 체크리스트(PMC)

분절시도훈련(DTT)				
관찰자:	시행자:		날짜:	

지시:

1. 모든 항목은 '1' 또는 '0'으로 채점한다.
2. 각 시도에서 한 가지 구성 요소라도 '0'점을 받는다면, 그 시도는 '0'으로 채점한다.
3. 7번, 8번, 9번 항목의 경우, 하위 구성 요소가 부정확하게 시행되었다면 '0'으로 채점한다. 표시된 항목은 전체 점수를 계산할 때 0점 처리한다.

훈련 전	점수				
1. 필요한 도구를 모두 준비하였다(예: 기록지, 펜, 자극).					
2. 효과적인 강화물을 선택하였다(예: 높은 선호도, 원하는 자극).					
3. 기술 습득 계획서에 나와있는 주요 구성 요소를 파악한다(예: 목표 반응, 촉구 방법).					
4. 자극을 제시하는 방법을 파악한다(동시에 또는 순차적으로).					

훈련 중	시도				
	1	2	3	4	5
5. 아동의 주의를 잡아 둔다(예: 아동이 지시자/자극에 1초 이상 시선을 준다).[1]					
6. 지시를 정확하게 한다(계획서에 나온 대로).[1]					
7. 지시가[2, 3, 4] **명료**하고(주의를 분산시키지 않으면서 최소한의 단어로),[4] **절제된 어조**(최소한의 목소리 변조)를 사용한다.[2]	__명료 __절제된 어조	__명료 __절제된 어조	__명료 __절제된 어조	__명료 __절제된 어조	__명료 __절제된 어조

8. 의도치 않은 힌트를 주지 않는다.[4] **시선**: 지시자가 지시를 하면서 자극이 아닌 내담자를 본다. **신체 움직임**: 지시자가 지시를 하면서 몸 움직임을 최소한으로 한다.	__시선 __신체 움직임	__시선 __신체 움직임	__시선 __신체 움직임	__시선 __신체 움직임	__시선 __신체 움직임
9. (적용 가능할 경우) 자극을 제시할 때[4]: **동일한 간격으로 배치한다.** 시도마다 체계적으로 **위치를 바꾼다.**	__동일한 간격 __위치 바꾸기	__동일한 간격 __위치 바꾸기	__동일한 간격 __위치 바꾸기	__동일한 간격 __위치 바꾸기	__동일한 간격 __위치 바꾸기
10. 촉구를 정확하게 준다[4](촉구를 사용하지 않았다면 표시하지 않음).					
촉구 수준[4]: (직접 기록) 언어 지시 반복, 부분적인 언어 촉구, 전체 언어 촉구, 글씨, 시각적, 동작, 모델, 위치 단서, 부분 신체, 전체 신체 등	___	___	___	___	___
정반응일 경우					
11. 강화물을 제공한다.[1]					
12. 강화물이 즉시 제공되었다(2초 이내).[1]					
13. 적절한 효력/양/크기의 강화물[4]					
오반응일 경우					
14. 반응을 막고 도구를 치운다.[1]					
전반적인 진행 관련					
15. 시도 간 간격이 3~5초이다.[1]					
16. 기록을 한다.[1]					

총점	0/1	1/1	/1	/1	/1
백분율(1점을 받은 시도 수/ 전체 시도 수)	/5=_____ × 100 = _____%				

참고

1. Components on DTTEF(Fazzio et al., 2007)
2. Components found on PMTs outside of DTTEF
3. BACB Registered Behavior Technician Task List
4. Components absent from DTT training literature

❂ 가능한 집단 슈퍼비전 활동

앞서 다룬 사례는 이 목표 기술을 훈련하기 위한 집단 슈퍼비전에서도 사용될 수 있다. 슈퍼바이저는 집단 구성원들에게 내담자의 그래프 자료를 절차와 함께 제시하고 거기에서 나온 정보를 토대로 내담자에게 필요한 다음 단계의 절차를 판단하도록 할 수도 있다. 다른 가능한 집단 활동은 기술 습득 절차를 위한 PMC를 만들고, 다른 집단 구성원에게 그 절차를 훈련시킨 뒤, 수행 정확도를 평가해 보는 것이다. 이 경우 각 집단 구성원은 각기 다른 기술 습득 목표(예: 자조 기술, 사회 기술, 언어 기술, 청자 기술, 학업 기술)와 활동 중 집단 구성원들에게 진행할 훈련 절차를 배정받게 된다. 마지막으로, 슈퍼바이저는 수련생에게 기술 습득 절차를 검토하고 수정하는 과제를 줄 수도 있다. 이 활동의 목표는 특정 오류를 파악하는 것이며, 집단 구성원이 작성한 기술 습득 절차 계획서를 검토해 보는 활동으로 확장할 수 있다.

❂ 과제 목록

사례 및 집단 슈퍼비전 활동에 대한 제안과 더불어, 여기에는 '기본 역량 5'와 관련된 기술들을 숙달하는 데 필요한 과제들을 정리해 놓았다. 〈표 9-40〉부터 〈표 9-46〉는 여러분이 슈퍼바이저와 함께 과제를 시작하고 활동들을 선택하는 데 도움이 될 것이다. 앞서 언급하였듯이, 슈퍼비전의 매 단계마다 슈퍼바이저와 지속적으로 논의하며 이 중 어떤 과제가 자신에게 적합한지, 또는 추가적인 과제가 필요한지 여부에 관한 결정을 내리길 권한다.

〈표 9-40〉 슈퍼바이저와 공동으로 작업해야 하는 VB-MAPP 또는 ABLLS-R를 이용한 형식적 평가 시행과 관련된 과제 목록

과제 목록	완수 여부 또는 완료 시점 기록
I. BACB의 윤리 가이드라인 1.0, 2.0, 3.0을 검토하고 슈퍼바이저와 논의하기	
1. 행동 평가를 윤리적으로 시행한다.	
2. 윤리적 시행, 자신의 전문가적 역량 내에서 임상적 활동을 하는 것의 중요성, 상의, 슈퍼비전, 훈련을 받거나 필요할 경우 다른 곳으로 의뢰하는 것에 대해 슈퍼바이저와 논의한다.	
II. 형식적 평가를 시행하기	
1. 평가에 대해 고지하고 동의서를 받는다.	
2. VB-MAPP 또는 ABLLS-R을 시행한다.	
3. VB-MAPP 또는 ABLLS-R의 시행을 평가하기 위한 PMC 양식을 개발하고 슈퍼바이저가 그 양식을 이용하여 피드백을 준다. 　• 피드백을 첨부한다.	
4. VB-MAPP 또는 ABLLS-R을 채점하고 그래프를 작성한다.	
5. 결과에 대해 슈퍼바이저와 논의한다.	
III. 평가 보고서를 작성하기	
1. 기술 평가 보고서에는 다음을 포함한다. 　• 의뢰 사유 　• 배경 정보 　• 평가 결과 　• 요약 　• 권고	
2. 작성한 보고서의 최종본을 첨부한다.	

〈표 9-41〉 슈퍼바이저와 공동으로 작업해야 하는 DTT, 정밀 교수, 자연적 환경/우발적 교수를 이용하여 언어행동 · 모방 · 변별을 가르치는 기술 습득 프로그램 시행과 관련된 과제 목록

과제 목록	완수 여부 또는 완료 시점 기록
I. BACB의 윤리 가이드라인 검토하기	
1. 첫 번째 내담자와 (시행자로서) 작업을 시작하기 전, 첫 번째 개입 계획을 세우기 전, 다음의 윤리 가이드라인을 검토하고 슈퍼바이저와 논의한다(예: 연구 프로그램의 일부가 아닌 행동 변화 개입 프로그램을 시행하고 계획해야 하는 경우, 다음을 검토한다). • 1.0 행동분석가의 책임적 수행 • 2.0 행동분석가의 내담자에 대한 의무 • 3.0 행동 평가 • 4.0 행동분석가와 개별 행동 변화 프로그램 • 6.0 행동분석가와 업무 현장 • 8.0 행동분석가의 동료에 대한 책임	
II. 언어 행동을 가르치기 위한 기술 습득 프로그램 시행하기	
1. 다음 목록의 기술 습득 프로그램을 시행하고, PMC로 평가했을 때 각 프로그램에서 적어도 두 번 연속 90% 이상의 수행 정확도로 수행한다. • 완료한 PMC를 첨부한다. • 응용행동분석의 차원(Baer, Wolf, & Risley, 1968)을 이용하여 시행한 개입이 행동분석적인 특성을 지니고 있는지 평가한다.	
기술 습득 프로그램 ／ 교수 방법 • 분절시도훈련(DTT) • 자연적 환경/우발적 교수 • 정밀 교수 • 그 외: _____	
따라 말하기 훈련	
다양한 형태로 요구하기 훈련(적어도 2가지)	
구두 언어	
그림	
수화	
보완대체 의사소통(ACC) 기구	
명명하기 훈련	
행동	

사물	
색깔과 모양	
전치사 사용하기	
형용사 사용하기	
부사 사용하기	
완성된 문장 사용하기	
기타:	
기타:	
기타:	
질문에 답하기 훈련	
'무엇'에 대한 질문	
'언제'에 대한 질문	
'어디'에 대한 질문	
'누구'에 대한 질문	
이야기를 읽고 질문에 대답하기	
기타:	
기타:	
기타:	
청자 훈련	
화자에게 집중하기	
한 가지 동작이 포함된 지시 따르기	
두 가지 동작이 포함된 지시 따르기	
명칭을 듣고 고르기	
기능, 특징, 종류를 듣고 고르기	
전치사가 포함된 지시 따르기	
서로 다른 형용사를 구별하기	
2~3단계 행동의 지시 따르기	
기타:	
기타:	

III. 모방과 등가성을 가르치기 위한 기술 습득 프로그램 시행하기	
운동모방훈련	
대근육 동작(예: 뛰어오르기)	
소근육 동작(예: 손가락 움직이기)	
기능적 기술(예: 숟가락 사용하기)	
기타:	
기타:	
기타:	
자극의 등가성 및 변별 훈련	
짝 맞추기	
분류하기	
패턴 완성하기, 차례 맞추기	
기타:	
기타:	
기타:	
IV. 기술 습득 프로그램에서 행동 변화 요소를 사용하기	
새로운 조건화된 강화물을 만들기 위해 짝짓기 이용하기	
적절한 강화 스케줄 이용하기	
초기 시행 단계	
강화 간격 늘이기(혹은 스케줄 약화)	
유지	
촉구와 촉구 용암법 사용하기	
무오류 학습법과 촉구 용암법 사용하기	
차별강화 사용하기	

〈표 9-42〉 슈퍼바이저와 공동으로 작업해야 하는 DTT, 정밀 교수, 자연적 환경/우발적 교수를 이용하여 언어행동·모방·변별을 가르치는 기술 습득 프로그램 계획과 관련된 과제 목록

과제 목록	완수 여부 또는 완료 시점 기록
I. BACB의 윤리 가이드라인 검토하기	
1. 첫 번째 내담자와 (시행자로서) 작업을 시작하기 전, 첫 번째 개입 계획을 세우기 전, 다음의 윤리 가이드라인을 검토하고 슈퍼바이저와 논의한다. • 1.0 행동분석가의 책임적 수행 • 2.0 행동분석가의 내담자에 대한 의무 • 4.0 행동분석가와 개별 행동 변화 프로그램 • 6.0 행동분석가와 업무 현장 • 8.0 행동분석가의 동료에 대한 책임 • 9.0 행동분석가의 사회에 대한 윤리적 책임 • 10.0 행동분석가와 연구	
II. 언어 행동을 가르치기 위한 기술 습득 프로그램 계획하기	
1. 평가 결과 및 이용 가능한 최선의 과학적 근거를 토대로 개입 전략을 선택한다. • 슈퍼바이저와 논의하며 선택의 근거 및 이를 뒷받침할 수 있는 논문을 제시한다.	
2. 슈퍼바이저와 논의하며, 다음을 고려한다. • 내담자의 선호와 현재의 레퍼토리 • 환경 및 자원상의 제약 • 개입의 사회적 타당도	
3. 다음의 기술들을 위한 기술적이고 개념적으로 구조적인 기술 습득 프로그램을 계획한다. • 관찰 및 측정 가능한 용어를 사용하여 목표를 기술한다. • 자극 및 반응 일반화와 기술의 유지를 위한 프로그램을 계획한다.	
4. 슈퍼바이저가 프로그램 계획서가 행동분석적인지 평가하고 피드백을 줄 때 PMC 서식을 사용하게 한다. • 필요할 경우 수정하고, 최종본과 피드백을 첨부한다.	
5. 스태프에게 계획을 시행하는 방법을 훈련할 때 행동기술훈련 방법을 사용한다. • 개입 계획을 시행할 때 절차의 정확도를 감독하기 위해 PMC를 만들어서 사용한다.	
6. 지속적인 자료 수집 및 분석을 통해 개입의 효과성을 평가하고 이를 기반으로 의사결정을 한다.	
BACB 과제 목록 번호 기술 습득 프로그램(자세한 설명은 시행 섹션의 항목 참조) 교수 방법 • 분절시도훈련(DTT) • 자연적 환경/우발적 교수 • 정밀 교수 • 그 외: _____	

〈표 9-43〉 슈퍼바이저와 공동으로 작업해야 하는 형식적 평가 결과에 기초한 자조기술훈련 프로그램 시행과
관련된 과제 목록

과제 목록	완수 여부 또는 완료 시점 기록
I. BACB의 윤리 가이드라인 검토하기	
1. 첫 번째 내담자와 (시행자로서) 작업을 시작하기 전, 첫 번째 개입 계획을 세우기 전, 다음의 윤리 가이드라인을 검토하고 슈퍼바이저와 논의한다. • 1.0 행동분석가의 책임적 수행 • 2.0 행동분석가의 내담자에 대한 의무 • 4.0 행동분석가와 개별 행동 변화 프로그램 • 6.0 행동분석가와 업무 현장 • 8.0 행동분석가의 동료에 대한 책임 • 9.0 행동분석가의 사회에 대한 윤리적 책임 • 10.0 행동분석가와 연구	
II. 자조 기술을 가르치기 위한 기술 습득 프로그램 계획하기	
1. 다음 목록의 기술 습득 프로그램을 시행하고, PMC로 평가했을 때 각 프로그램에서 적어도 두 번 연속 90% 이상의 수행 정확도로 수행한다. • 완료한 PMC를 첨부한다.	
2. 응용행동분석의 차원(Baer, Wolf, & Risley, 1968)을 이용하여 시행한 개입이 행동분석적인 특성을 지니고 있는지 평가한다.	
자조 기술 습득 프로그램 · 행동연쇄 방법 • 전진행동연쇄 • 후진행동연쇄 • 전체 과제 연쇄	
옷 입기	
날씨에 알맞은 의복 고르기	
티셔츠, 바지, 양말을 입고 벗기	
외투를 입고 벗기	
신발을 신고 벗기	
기타:	
기타:	
기타:	
화장실 이용하기	
개인 위생	
양치질하기	

손 씻기, 세수하기	
샤워하기	
머리 빗기	
식사와 마시기	
식기를 이용하기	
컵으로 마시기	
식사 준비하기	
주방용품 이용하기	
기타:	
기타:	
기타:	
집안일하기	
청소	
침구 정리하기	
테이블 정리하기	
설거지하기	
애완동물에게 먹이 주기	
기타:	
기타:	
기타:	
세탁	
빨래하기, 건조하기	
세탁한 옷을 개고 정리하기	
기타:	
기타:	
안전에 대한 인식	
유괴 방지	
길 건너기	
안전/위험 관련 표지판과 신호	
응급 처치 기술	
대중교통 이용하기	

금전 관리	
취업 관련 기술	
III. 기술 습득 프로그램에서 행동 변화 요소를 사용하기	
1. 새로운 조건화된 강화물을 만들기 위해 페어링 이용하기	
2. 적절한 강화 스케줄 이용하기	
• 초기 시행 단계	
• 강화 간격 늘이기(혹은 스케줄 약화)	
• 유지	
3. 촉구와 촉구 용암법 사용하기	
4. 무오류 학습법과 촉구 용암법 사용하기	
5. 차별강화 사용하기	

〈표 9-44〉 슈퍼바이저와 공동으로 작업해야 하는 형식적 평가 결과에 기초한 자조기술훈련 프로그램 계획과 관련된 과제 목록

과제 목록	완수 여부 또는 완료 시점 기록
I. BACB의 윤리 가이드라인 검토하기	
1. 첫 번째 내담자와 (시행자로서) 작업을 시작하기 전, 첫 번째 개입 계획을 세우기 전, 다음의 윤리 가이드라인을 검토하고 슈퍼바이저와 논의한다. • 1.0 행동분석가의 책임적 수행 • 2.0 행동분석가의 내담자에 대한 의무 • 4.0 행동분석가와 개별 행동 변화 프로그램 • 6.0 행동분석가와 업무현장 • 8.0 행동분석가의 동료에 대한 책임 • 9.0 행동분석가의 사회에 대한 윤리적 책임 • 10.0 행동분석가와 연구	
II. 자조 기술을 가르치기 위한 기술 습득 프로그램 계획하기	
1. 다음 목록의 각 자조 기술에 대해 과제분석을 시행한다. • 과제분석을 시행하여 기초선을 측정한다. • 적절한 형식의 기초선 그래프를 작성한다. • 슈퍼바이저와 평가 결과 및 그래프에 대해 논의한다. • 기초선 자료와 과제분석 내용을 첨부한다.	
2. 과제 분석 결과와 적용 가능한 최선의 과학적 근거를 토대로 개입 전략을 선택한다. • 슈퍼바이저에게 자문을 구하고 자신이 선택한 전략에 대한 근거와 참고문헌을 제시한다.	
3. 슈퍼바이저와 논의하며 다음을 고려한다. • 내담자의 선호와 현재의 레퍼토리 • 환경 및 자원상의 제약 • 개입의 사회적 타당도	
4. 다음의 기술들을 위한 기술적이고 개념적으로 구조적인 자조 기술 습득 프로그램을 계획한다. • 관찰 및 측정 가능한 용어를 사용하여 목표를 기술한다. • 자극 및 반응 일반화와 기술의 유지를 위한 프로그램을 계획한다.	
5. 슈퍼바이저가 프로그램 계획서가 행동분석적인지 평가하고 피드백을 줄 때 PMC 서식을 사용하게 한다. • 필요할 경우 수정하고, 최종본과 피드백을 첨부한다.	
6. 스태프에게 계획을 시행하는 방법을 훈련할 때 행동기술훈련 방법을 사용한다. • 개입 계획을 시행할 때 절차의 정확도를 감독하기 위해 PMC를 만들어서 사용한다.	

7. 지속적인 자료 수집 및 분석을 통해 개입의 효과성을 평가하고 이를 기반으로 의사결정을 한다.			
BACB 과제 목록 번호	자조 기술 습득 프로그램(자세한 설명은 시행 섹션의 항목 참조)	행동연쇄 방법 • 전진행동연쇄 • 후진행동연쇄 • 전체 과제 연쇄	

〈표 9-45〉 슈퍼바이저와 공동으로 작업해야 하는 형식적 평가 결과에 기초한 사회/놀이 기술 프로그램 시행과 관련된 과제 목록

과제 목록	완수 여부 또는 완료 시점 기록
I. BACB의 윤리 가이드라인 검토하기	
1. 첫 번째 내담자와 (시행자로서) 작업을 시작하기 전, 첫 번째 개입 계획을 세우기 전, 다음의 윤리 가이드라인을 검토하고 슈퍼바이저와 논의한다. • 1.0 행동분석가의 책임적 수행 • 2.0 행동분석가의 내담자에 대한 의무 • 4.0 행동분석가와 개별 행동 변화 프로그램 • 6.0 행동분석가와 업무 현장 • 8.0 행동분석가의 동료에 대한 책임 • 9.0 행동분석가의 사회에 대한 윤리적 책임 • 10.0 행동분석가와 연구	
II. 사회/놀이 기술을 가르치기 위한 기술 습득 프로그램 계획하기	
1. 다음 목록의 기술 습득 프로그램을 시행하고, PMC로 평가했을 때 각 프로그램에서 적어도 두 번 연속 90% 이상의 수행 정확도로 수행한다. • 완료한 PMC를 첨부한다.	
2. 응용행동분석의 차원(Baer, Wolf, & Risley, 1968)을 이용하여 시행한 개입이 행동분석적인 특성을 지니고 있는지 평가한다.	
사회/놀이 기술 습득 프로그램　　행동연쇄 방법 • 전진행동연쇄 • 후진행동연쇄 • 전체 과제 연쇄	
독립 놀이 기술	
기능적 놀이	
창의적 놀이	
독립 실내 놀이	

독립 야외 놀이	
기타:	
기타:	
기타:	
사회적 놀이	
장난감 공유하기	
순서 주고받기	
실내 및 야외에서 또래와 놀이 활동을 시작하고 유지하기	
또래와 가장놀이하기	
집단 스포츠와 스포츠맨 정신	
기타:	
기타:	
기타:	
사회적 상호작용	
눈맞춤을 시작하고 유지하기	
인사하기	
대화를 시작하고 끝내기	
칭찬해 주기, 칭찬에 적절히 반응하기	
타인의 기분을 이해하고 명명하기	
도움을 주기, 도움을 받기	
협상하기	
타인의 관점에서 생각하기	
공동주의	
기타:	
기타:	
기타:	
III. 기술 습득 프로그램에서 행동 변화 요소를 사용하기	
1. 새로운 조건화된 강화물을 만들기 위해 페어링 이용하기	
2. 적절한 강화 스케줄 이용하기	
• 초기 시행 단계	
• 강화 간격 늘이기(혹은 스케줄 약화)	

• 유지	
3. 촉구와 촉구 용암법 사용하기	
4. 무오류 학습법과 촉구 용암법 사용하기	
5. 차별강화 사용하기	

〈표 9-46〉 슈퍼바이저와 공동으로 작업해야 하는 형식적 평가 결과에 기초한 사회/놀이 기술 프로그램 계획과 관련된 과제 목록

과제 목록	완수 여부 또는 완료 시점 기록
I. BACB의 윤리 가이드라인 검토하기	
1. 첫 번째 내담자와 (시행자로서) 작업을 시작하기 전, 첫 번째 개입 계획을 세우기 전, 다음의 윤리 가이드라인을 검토하고 슈퍼바이저와 논의한다. • 1.0 행동분석가의 책임적 수행 • 2.0 행동분석가의 내담자에 대한 의무 • 4.0 행동분석가와 개별 행동 변화 프로그램 • 6.0 행동분석가와 업무 현장 • 8.0 행동분석가의 동료에 대한 책임 • 9.0 행동분석가의 사회에 대한 윤리적 책임 • 10.0 행동분석가와 연구	
II. 일상생활기술을 가르치기 위한 기술 습득 프로그램 계획하기	
1. 다음 목록의 각 자조 기술에 대해 과제분석을 시행한다. • 과제분석을 시행하여 기초선을 측정한다. • 적절한 형식의 기초선 그래프를 작성한다. • 슈퍼바이저와 평가 결과 및 그래프에 대해 논의한다. • 기초선 자료와 과제분석 내용을 첨부한다.	
2. 과제 분석 결과와 적용 가능한 최선의 과학적 근거를 토대로 개입 전략을 선택한다. • 슈퍼바이저에게 자문을 구하고 자신이 선택한 전략에 대한 근거와 참고문헌을 제시한다.	
3. 슈퍼바이저와 논의하며 다음을 고려한다. • 내담자의 선호와 현재의 레퍼토리 • 환경 및 자원상의 제약 • 개입의 사회적 타당도	
4. 다음의 기술들을 위한 기술적이고 개념적으로 구조적인 자조 기술 습득 프로그램을 계획한다. • 관찰 및 측정 가능한 용어를 사용하여 목표를 기술한다. • 자극 및 반응 일반화와 기술의 유지를 위한 프로그램을 계획한다.	

5. 슈퍼바이저가 프로그램 계획서가 행동분석적인지 평가하고 피드백을 줄 때 PMC 서식을 사용하게 한다. • 필요할 경우 수정하고, 최종본과 피드백을 첨부한다.		
6. 스태프에게 계획을 시행하는 방법을 훈련할 때 행동기술훈련 방법을 사용한다. • 개입 계획을 시행할 때 절차의 정확도를 감독하기 위해 PMC를 만들어서 사용한다.		
7. 지속적인 자료 수집 및 분석을 통해 개입의 효과성을 평가하고 이를 기반으로 의사결정을 한다.		
BACB 과제 목록 번호	일상생활 습득 프로그램(자세한 설명은 시행 섹션의 항목 참조)	행동연쇄 방법 • 전진행동연쇄 • 후진행동연쇄 • 전체 과제 연쇄	

추가 참고자료

Ala'i-Rosales, S., & Zeug, N. (2010). Three important things to consider when starting intervention for a child diagnosed with autism. *Behavior Analysis in Practice, 3*, 54-55. doi:10.1007/BF03391766

Albert, K. M., Carbone, V. J., Murray, D. D., Hagerty, M., & Sweeney-Kerwin, E. J. (2012). Increasing the mand repertoire of children with autism through the use of an interrupted chain procedure. *Behavior Analysis in Practice, 5*(2), 65-76. doi:10.1007/BF033

Baer, D. M., Wolf, M. M., & Risley, T. R. (1968). Some current dimensions of applied behavior analysis. *Journal of Applied Behavior Analysis, 1,* 91-97.

Barnes, C. S., Mellor, J. R., & Rehfeldt, R. A. (2014). Implementing the verbal behavior milestones assessment and placement program (VB-MAPP): Teaching assessment techniques. *The Analysis of Verbal Behavior, 30*, 36-47. doi:10.1007/s40616-013-0004-5

Bosch, S., & Fuqua, R.W. (2001). Behavioral cusps: A model for selecting target behaviors. *Journal of Applied Behavior Analysis, 34*, 123-125. doi:10.1901/jaba.2001.34-123

Carroll, R. A., Kodak, T., & Fisher, W. W. (2013). An evaluation of programmed treatment-integrity failures during discrete-trial instruction. *Journal of Applied Behavior Analysis, 46*, 379-394. doi:10.1002/jaba.49

Dixon, M. R., Belisle, J., Stanley, C., Rowsey, K., Daar, J. H., & Szekely, S. (2015). Toward a behavior analysis of complex language for children with autism: Evaluating the relationship between PEAK and the VB-MAPP. *Journal of Developmental and Physical Disabilities, 27*, 223-233. doi:10.1007/s1088

Esch, J. W., Esch, B. E., & Love, J. R. (2009). Increasing vocal variability in children with autism using a lag schedule of reinforcement. *The Analysis of Verbal behavior, 25*, 73-78. doi:10.1007/BF033

Geiger, K. B., Carr, J. E., LeBlanc, L. A., Hanney, N. M., Polick, A. S., & Heinicke, M. R. (2012). Teaching receptive discriminations to children with autism: A comparison of traditional and embedded discrete trial teaching. *Behavior Analysis in Practice, 5*, 49-59. doi:10.1007/BF033

Grow, L., & LeBlanc, L. (2013). Teaching receptive language skills: Recommendations for instructors. *Behavior Analysis in Practice, 6*, 56-75. doi:10.1007/BF03391791

Grow, L. L., Carr, J. E., Kodak, T., Jostad, C. M., & Kisamore, A. N. (2011). A comparison of methods for teaching auditory visual conditional discriminations to children diagnosed with autism spectrum disorders. *Journal of Applied Behavior Analysis, 44*, 475-498. doi:10.1901/jaba.2011.44-475

Hall, G., & Sundberg, M. L. (1987). Teaching mands by manipulating conditioned establishing operations. *Analysis of Verbal Behavior, 5*, 41-53. doi:10.1007/BF033

Hanley G. P., Heal, N. A., Ingvarsson, E. T., & Tiger, J. H. (2007). Evaluation of a classwide teaching program for developing preschool life skills. *Journal of Applied Behavior Analysis, 40*, 277-300. doi:10.1901/jaba.2007.57-06

Hood, S. A., Luczynski, K. C., & Mitteer, D. R. (2017). Toward meaningful outcomes in teaching conversation and greeting skills with individuals with autism spectrum disorder. *Journal of Applied Behavior Analysis, 50*, 459-486. doi:10.1002/jaba.388

Libby, M. E., Weiss, J. S., & Ahearn, W. H. (2008). A comparison of most-to-least and least-to-most prompting on the acquisition of solitary play skills. *Behavior Analysis in Practice, 1*, 37-43. doi:10.1007/BF033

Lovaas, O. I. (2003). *Teaching individuals with developmental delays: Basic intervention techniques.* Austin, TX: Pro-Ed.

McGee, G. G., Almeida, M. C., Sulzer-Azaroff, B., & Feldman, R. S. (1992). Promoting reciprocal interactions via peer incidental teaching. *Journal of Applied Behavior Analysis, 25*, 117-126. doi:10.1901/jaba.1992.25-117

Petursdottir, A. I., & Carr, J. E. (2011). A review of recommendations for sequencing receptive and expressive language instruction. *Journal of Applied Behavior Analysis, 44*, 859-876. doi:10.1901/jaba.2011.44-859

Rosales, R., & Rehfeldt, R. (2007). Contriving transitive conditioned establishing operations to establish derived manding skills in adults with severe developmental disabilities. *Journal of Applied Behavior Analysis, 40*, 105-121. doi:10.1901/jaba.2007.117-05

Rosales-Ruiz, J., & Baer, D. M. (1997). Behavioral cusps: A developmental and pragmatic concept for behavior analysis. *Journal of Applied Behavior Analysis, 30*, 533-544. doi:10.1901/jaba.1997.30-533

Smith, T., Mruzek, D. W., Wheat, L. A., & Hughes, C. (2006). Error correction in discrimination training for children with Autism. *Behavioral Interventions, 21*, 245-263. doi:10.1002/bin.223

Sundberg, M. L. (2008). *Verbal behavior milestones assessment and placement program.* Concord, CA: AVB.

Sundberg, M. L., & Michael, J. (2001). The benefits of Skinner's analysis of verbal behavior for children with autism. *Behavior Modification, 25*, 698-724. doi:10.1177/0145445501255003

Sundberg, M. L., & Partington, J. W. (1998). *Teaching language to children with autism or other developmental disabilities.* Pleasant Hill, CA: Behavior Analysts, Inc.

Taylor, B. A., & Fisher, J. (2010). Three important things to consider when starting intervention for a child diagnosed with autism. *Behavior Analysis in Practice, 3*, 52-53. doi:10.1007/BF03391765

Vets, T. L., & Green, G. (2010). Three important things to consider when starting intervention for a child diagnosed with autism. *Behavior Analysis in Practice, 3*, 56-57. doi:10.1007/BF03391767

Weiss, M. J., & Zane, T. (2010). Three important things to consider when starting intervention for a child diagnosed with autism. *Behavior Analysis in Practice, 3*, 58-60. doi:10.1007/BF03391767

White, P. J., O'Reilly, M., Streusand, W., Levine, A., Sigafoos, J., Lancioni, G., . . . Aguilar, J. (2011). Best practices for teaching joint attention: A systematic review of the intervention literature. *Research in Autism Spectrum Disorders, 5*, 1283-1295. doi:10.1016/j.rasd.2011.02.003

[기본 역량 6]
행동 감소 절차를 계획하고 시행하기

행동분석가는 다양한 연령대와 행동 특성을 가진 개인들과 작업을 한다. 이 중 행동분석가로 서 능력을 가장 잘 보여 줄 수 있고 휴먼케어 서비스 분야의 가장 중요한 위치를 차지하는 부분 은 바로 문제행동 감소와 관련된 영역이다. 자해나 공격과 같은 문제행동은 개인에게 장기간 지 속되는 신체적 상해뿐만 아니라 죽음까지 유발할 수 있으므로, 이를 감소시키는 것은 사회적으 로 매우 중요하다. 공격이나 자해 행동은 그 행동을 하는 개인에게 해를 입히는 것을 넘어서 그 들의 가족이나 지역사회 전체에 광범위하게 매우 위협적인 경우가 빈번하다.

이에 더하여, 상동행동과 같은 다른 종류의 문제행동이 있는 개인들은 그들의 일상 환경에서 처벌(예: 질책, 부정적인 시선, 제한)을 경험할 가능성이 높다. 상동행동은 또한 개인의 학습 속도 를 저해한다. 상동행동을 하는 개인은 다른 강화물에 관심이 없다. 때문에 상동행동이 심한 사 람은 가용한 강화물의 범위가 매우 좁으며, 사회적으로 다른 사람과 관계를 맺는 경우도 드물다. 이런 이유들로 인해 상동행동은 수년 동안 휴먼케어 서비스 분야(예: 의료, 부부 및 가족 치료, 임상 심리학)의 임상가들을 당혹스럽게 하는 요인이었다. 마지막으로, 집단 환경에서 발생하는 문제 행동은 다른 사람을 방해할 뿐만 아니라 전체 집단 구성원이 문제행동에 참여하게 하는 파급 효 과를 일으킬 수도 있다. 이에 학교 체제에서 학교 전체 차원에서의 행동 계획 및 교실 행동 관리 기술을 적용하기 위해 행동분석가를 고용하기 시작하였다.

문제행동의 강도 및 형태와 상관없이 행동적 전략들은 문제행동을 경감시키는 데 효과적이 다. 행동분석가는 문제행동의 원인을 절대 개인의 진단, 선택 혹은 가족 구성원 요인으로 귀인 하지 않는다. 행동분석가는 '행동은 그것의 환경적 요인의 기능'이라는 기본 믿음을 지니고 있으 며, 이 믿음으로 인해 행동분석가는 주관적인 판단을 배제한 채 행동을 둘러싼 주변의 환경 변화 를 통해 내담자의 문제행동을 감소시킴으로써, 다른 분야와 구별되는 고유한 역할을 하게 될 것 이다. 기술 습득과 마찬가지로 문제행동을 다룰 때에는 문제행동을 유지 또는 증가시키는 환경 적 요인 및 문제행동의 기능을 파악하기 위해 포괄적인 기능 행동 평가를 진행하는 것부터 시작 해야 한다. 이렇게 문제행동의 기능을 파악하고 나면, 문제행동을 감소시키기 위한 기능 및 근거 기반의 행동적 개입 계획을 세워야 한다. 또한 개입의 효과가 오래 지속되도록 하기 위해 문제행동이 발생하는 자연적 환경에 대해서 고려해야 한다. 여기서는 이 기본 역량을 다루기 위해 반드시 익혀야 하는 다음 네 가지 구성 기술을 제시한다. ① 사전 사건 기반의 개입, ② 결과 기반의 개입, ③ 집단유관, 그리고 ④ 자기 관리 전략이다. 〈표 9-47〉은 이 기본 역량 계발의 기준을 제시하고 있다.

〈표 9-47〉 초기 평가 결과를 토대로 행동 감소 절차를 계획하고 시행하기 위한 기본 역량의 기준

초급 기술

- 강화, 처벌, 소거에 대해 정의하고 예시를 제시할 수 있다.
- 반응군에 대해 정의하고 예시를 제시할 수 있다.
- 매칭 법칙(matching law)에 대해 정의할 수 있다.
- 차별강화에 대해 정의할 수 있다.
- 변별자극 및 동기 조작에 대해 정의하고 예시를 제시할 수 있다.
- 변별자극과 동기 조작을 구별할 수 있다.
- 단순강화 스케줄과 복합강화 스케줄(시간 기반을 포함한)에 대해 정의하고 예시를 제시할 수 있다.
- 규칙-지배 행동을 정의하고 예시를 제시할 수 있다.
- 처벌과 소거를 사용했을 때의 부작용의 예시를 제시할 수 있다.

중급 기술

- 소거와 함께, 또는 소거 없이 행동을 강화시킬 수 있는 절차(예: 상반행동 차별강화/부적강화, 대체행동 차별강화/부적강화, 기능적 의사소통훈련)를 정확하게 시행할 수 있다.
- 행동을 약화시키는 절차(예: 비유관 강화, 고확률 요구, 타임아웃, 반응대가, 과잉정정)를 정확하게 시행할 수 있다.
- 토큰 교환 시스템을 정확하게 시행할 수 있다.
- 행동 계약 및 집단유관을 정확하게 시행할 수 있다.
- 사회적으로 적절한 행동의 일반화 및 유지를 프로브할 수 있다.

고급 기술

- 행동 감소 및 대체행동에 관한 목표(예: 목표는 구체적인 맥락, 관찰 가능한 행동, 분명하고 측정 가능한 기준을 포함해야 함)를 세울 수 있다.

- 평가 결과, 적용 가능한 최선의 근거, 가용한 자원 및 위험 요인을 고려하여 근거 기반의 적합하고 효과적인 절차를 선택할 수 있다.
- 문제행동과 사회적으로 적절한 대체행동을 다루기 위해 사전 사건 기반 및 결과 기반 절차를 통합한 기술적인 치료 계획을 세울 수 있다.
- 대체행동을 강화하고 문제행동을 약화시킬 수 있는 적절한 강화/처벌 스케줄을 선택할 수 있다.
- 대체행동의 일반화 및 유지를 위한 적절한 강화 스케줄을 선택할 수 있다.
- BST를 이용하여 행동을 강화하고 약화시키는 절차를 시행하는 방법을 가르칠 수 있다.

보수교육 및 직업적 성장

☼ 사례: 행동 감소 계획서 작성하기

(1) 사례

> 수련생은 한 내담자를 위한 행동 감소 프로그램을 세우는 과제를 받았다. 이 내담자는 관심을 받기 위한 자해행동을 보인다. 자해행동의 형태는 손목 가까이에 있는 손바닥의 불룩한 부분으로 이마를 강하게 때리는 것이다. 이 과제에 대하여 슈퍼바이저는 다음을 수행하도록 요청하였다.

- 목표 행동의 기초선 자료 수집하기
- 근거 기반 개입 방법 찾아보기
- 임상팀이 시행하게 될 목표 행동을 감소시키는 개입 계획 세우기

(2) 현재 기술에 대한 기초선 평가

① 슈퍼바이저가 수련생에게 가상의 내담자 사례(앞에서 제시한 것과 비슷한)를 주고 행동 감소 계획을 세우게 한다.

② 슈퍼바이저가 행동 감소 계획을 평가하기 위한 PMC를 이용하여 피드백을 준다.

- 습득 준거(PMC에서 최소 80%의 수행)에 도달했다면, 일반화 단계로 이동한다.
- 습득 준거에 도달하지 못했다면, 훈련 단계로 진행한다.

(3) 행동기술훈련(BST)

① 슈퍼바이저가 평가에 사용할 PMC 사본을 준다.

② 슈퍼바이저가 특정 오류가 포함되어 있는 행동 감소 계획을 보여 준다.

- 수련생은 PMC를 이용하여 슈퍼바이저에게 받은 행동 감소 계획의 피드백을 한다.
- 슈퍼바이저는 수련생이 제시한 피드백을 검토하고, 수련생이 놓친 부분에 대한 피드백을 준다.

③ 이 과제에서 기준(슈퍼바이저가 정해 놓은 기준)에 도달했다면, 슈퍼바이저가 행동 개입 계획을 세우는 절차의 모델을 보여 준다.

④ 슈퍼바이저가 추가적인 사례를 주고 행동 개입 계획을 세우게 한다.

- 수련생은 기초선 평가에서 사용한 것과 같은 PMC를 이용하여 평가받는다.
- 두 가지 행동 감소 계획에서 PMC의 80%에 도달했다면 일반화 단계로 진행한다.

(4) 일반화

① 슈퍼바이저가 수련생에게 실제 내담자의 행동 계획을 세울 기회를 준다.

② 이것은 수련생이 행동 계획의 모든 절차(평가에서부터 절차의 효과성에 대한 의사결정까지)를 수행해야 함을 의미한다.

〈표 9-48〉 행동 감소 계획을 위한 수행 모니터링 체크리스트(PMC)

행동 감소 계획 PMC	Y / N / NA		
날짜:			
1. 모든 배경 정보가 정확하다(모두 정확하게 기록하였을 경우 100%).			
• 참가자 이름			
• 참가자 식별번호(적용 가능하다면)			
• 개입 시작 일시			
• BCBA 슈퍼바이저 이름			
2. 행동 감소의 목표가 적절히 제시되었다.			
• 관찰 가능한 용어			
• 측정 가능한 용어			
• 예상되는 완료 일시(예: 6개월 내, 2021년 1월까지)			

• 참가자 이름			
• 목표의 습득 기준			
3. 문제행동의 기초선 측정 절차나 기초선 자료의 요약이 제시되었다.			
4. 행동의 기능을 계획서에 명시하였다.			
5. 참고문헌을 제시하였다.			
6. 참고문헌이 APA 형식으로 제시되었다.			
7. 자료수집 방법이 제시되었다.			
8. 기초선 측정과 목표 측정 시 동일한 방법으로 자료를 수집하였다.			
9. 행동 계획이 평가 자료에서 제시한 기능과 일치한다.			
10. 특정 행동이 정확하게 조작적으로 정의되었다.			
• 형태('낯선 사람 규칙'을 통과함)			
• 관찰 가능한('죽은 사람 테스트'를 통과함)			
• 측정 가능한(행동의 측정 가능한 차원이 포함됨)			
• 간단하면서 함축적인(행동이 적절하게 구분됨)			
• 객관적인(정신론적 언어가 사용되지 않음)			
11. 행동 감소 절차가 개념적으로 체계적이다.			
12. 행동 감소 절차가 명료하고 정확한 언어로 기술되었다.			
13. 절차에서 문제 목표가 되는 문제행동의 전형적인 사전 사건이 기술하였다.			
14. 절차에서 문제행동이 발생했을 때 어떻게 진행할지 기술하였다.			
15. 계획에 용암 계획의 기준이 포함되어 있다.			
16. 계획에 용암 계획에 대한 설명이 포함되어 있다.			
17. 필요할 경우, 계획에 내담자와 개입시행자의 안전에 대한 절차가 포함되어 있다.			
18. 계획에 강화 절차가 포함되어 있다.			
19. 계획에 부모 훈련이 포함되어 있다.			
20. 계획에 절차의 모든 단계가 설명되어 있다.			
총 Y의 수			

❂ 가능한 집단 슈퍼비전 활동

행동 감소 절차를 다루는 집단 활동은 절차의 유사성 때문에 기술 습득 기본 역량에서 다룬 내용과 매우 비슷하다. 이 기본 역량을 목표로 하는 집단 슈퍼비전 모임에서도 앞서 제시한 사례를 활용할 수 있다. 슈퍼바이저는 또한 집단 구성원에게 그래프로 정리한 내담자 자료와 현재 진행 중인 절차를 제시하고, 거기 있는 정보를 활용하여 앞으로 개입을 어떻게 진행할지 계획하는 과제를 줄 수도 있다. 다른 가능한 집단 활동은 문제행동 감소 절차에 관한 PMC를 만들고, 해당 절차를 다른 집단 구성원에게 훈련시킨 다음 수행 정확도를 평가해 보는 것이다. 이 활동에서 집단 구성원들은 동일한 문제행동(예: 음성 상동행동, 자해, 도피)에 대해 각자 적절하다고 생각되는 개입 방법을 결정해야 한다. 집단 구성원마다 선택한 방법이 매우 다양한 경우에는 자신들이 왜 그 방법을 선택하였는지에 대해 심도 있는 토론을 해 볼 수 있다. 마지막으로, 슈퍼바이저가 행동 감소 절차를 제시한 뒤 구성원들이 이것을 검토하고 수정하는 과제를 할 수도 있다. 이 과제의 목표는 특정 오류를 찾아내는 것이며, 이후 집단 구성원이 작성한 행동 감소 계획서를 리뷰해 보는 과제로 확대해 볼 수 있다.

❂ 과제 목록

사례 및 집단 슈퍼비전 활동에 대한 제안과 더불어, 여기에는 '기본 역량 6'와 관련된 기술들을 숙달하는 데 필요한 과제들을 정리해 놓았다. 〈표 9-49〉부터 〈표 9-57〉은 여러분이 슈퍼바이저와 함께 과제를 시작하고 활동들을 선택하는 데 도움이 될 것이다. 앞서 언급하였듯이, 슈퍼비전의 매 단계마다 슈퍼바이저와 지속적으로 논의하며 이 중 어떤 과제가 자신에게 적합한지, 또는 추가적인 과제가 필요한지 여부에 관한 결정을 내리길 권한다.

〈표 9-49〉 슈퍼바이저와 공동으로 작업해야 하는 사전 사건 기반 개입의 시행과 관련된 과제 목록

과제 목록	완수 여부 또는 완료 시점 기록
I. BACB의 윤리 가이드라인 검토하기	
1. 첫 번째 내담자와 (시행자로서) 작업을 시작하기 전, 첫 번째 개입 계획을 세우기 전, 다음의 윤리 가이드라인을 검토하고 슈퍼바이저와 논의한다. • 1.0 행동분석가의 책임적 수행 • 2.0 행동분석가의 내담자에 대한 의무 • 4.0 행동분석가와 개별 행동 변화 프로그램 • 6.0 행동분석가와 업무 현장 • 8.0 행동분석가의 동료에 대한 책임 • 9.0 행동분석가의 사회에 대한 윤리적 책임 • 10.0 행동분석가와 연구	
II. 사전 사건 기반의 개입 시행하기	
1. 다음 목록의 개입 방법들을 시행하고, PMC로 평가했을 때 각 프로그램에서 적어도 두 번 연속 90% 이상의 수행 정확도로 수행한다.	
2. 완료한 PMC를 첨부한다.	
3. 응용행동분석의 차원(Baer, Wolf, & Risley, 1968)을 이용하여 자신이 맡은 개입이 행동분석적인 특성을 지니고 있는지 평가한다.	
개입 방법	
• 물리적인 환경을 파악하고 변화를 준다(예: 변별자극을 조작한다).	
• 다음의 요인으로 유지되고 있는 행동에 대해 비유관 강화를 사용한다.	
– 관심	
– 도피	
– 원하는 사물에의 접근	
– 자동적 강화	
• 자극을 점점 늘리는 용암법을 사용한다.	
• 선택권을 사용한다.	
• 고확률 요구 연쇄를 이용한다.	
주: 성공 확률(예: 학업 과제 완수)에 따라 과제를 섞어 제시한다.	
기타:	
기타:	
III. 행동 변화 요소를 이용하기	
1. 적절한 기준과 강화 스케줄을 이용하기	

고정 및 변동 간격 스케줄	
초기 시행 단계	
강화 간격 늘이기(혹은 스케줄 약화)	
2. 촉구와 촉구 용암법 사용하기	
3. 소거 사용하기	
4. 매칭 법칙을 이용하고 선택에 영향을 주는 요인을 파악하기	

〈표 9-50〉슈퍼바이저와 공동으로 작업해야 하는 사전 사건 기반 개입의 계획과 관련된 과제 목록

과제 목록	완수 여부 또는 완료 시점 기록
I. BACB의 윤리 가이드라인 검토하기	
1. 다음의 윤리 가이드라인을 검토하고 슈퍼바이저와 논의한다. • 1.0 행동분석가의 책임적 수행 • 2.0 행동분석가의 내담자에 대한 의무 • 4.0 행동분석가와 개별 행동 변화 프로그램 • 6.0 행동분석가와 업무 현장 • 8.0 행동분석가의 동료에 대한 책임 • 9.0 행동분석가의 사회에 대한 윤리적 책임 • 10.0 행동분석가와 연구	
II. 사전 사건 기반의 개입을 계획하기	
1. 평가 결과와 적용 가능한 최선의 과학적 근거를 기반으로 가능한 사전 사건 기반 개입 방법이나 통합적 개입 방법(예: 비유관 강화와 자극 용암법)을 선택한다. 슈퍼바이저와 논의하며 선택의 근거 및 이를 뒷받침할 수 있는 논문을 제시한다. • 슈퍼바이저와 각 절차의 한계점에 대해 논의하고 자신의 계획에서의 한계점을 다룬다. • 슈퍼바이저와 논의하며 다음을 고려한다. – 내담자의 선호와 현재의 레퍼토리 – 환경 및 자원상의 제약 – 개입의 사회적 타당도	
2. 행동 프로그램의 효과성을 평가할 수 있는 적합한 단일 피험자 설계를 제시한다.	
3. 주어진 문제행동을 다루기 위한 기술적이고 개념적으로 구조적인 절차 계획을 세운다(계획을 세울 때 여기 제시된 모든 영역을 반드시 다룰 것을 권한다). • 관찰 및 측정 가능한 용어를 사용하여 개입 목표를 기술한다. • 자극 및 반응 일반화와 유지를 위한 프로그램을 계획한다.	

• 사전 사건 기반 절차와 강화 및 소거 절차의 조합 • 행동의 차원을 잘 반영하는 자료수집 방법에 대한 계획, 자료 기록지, 관찰 및 기록 에 대한 실행 계획	
4. 슈퍼바이저가 프로그램 계획서가 행동분석적인지 평가하고 피드백을 줄 때 PMC 서 식을 사용하게 한다. • 필요할 경우 수정하고, 최종본과 피드백을 이 칸에 첨부한다.	
5. 스텝에게 계획을 시행하는 방법을 훈련할 때 행동기술훈련 방법을 사용한다. • 개입 계획을 시행할 때 절차의 정확도를 감독하기 위해 PMC를 만들어서 사용한다.	
6. 지속적인 자료 수집 및 분석을 통해 개입의 효과성을 평가하고 이를 기반으로 의사 결정을 한다.	
사전 사건 개입 방법	
• 물리적인 환경을 파악하고 변화를 준다(예: 변별자극을 조작한다).	
• 다음의 요인으로 유지되고 있는 행동에 대해 비유관 강화를 사용한다.	
– 관심	
– 도피	
– 원하는 사물에의 접근	
– 자동적 강화	
• 자극을 점점 늘리는 용암법을 사용한다.	
• 선택권을 사용한다.	
• 고확률 요구 연쇄를 이용한다.	
주: 성공 확률(예: 학업 과제 완수)에 따라 과제를 섞어 제시한다	
• 기타:	
• 기타:	
III. 행동 변화 요소를 이용하기	
1. 적절한 기준과 강화 스케줄을 이용하기	
• 고정 및 변동 간격 스케줄	
• 초기 시행 단계	
• 강화 간격 늘이기(혹은 스케줄 약화)	
2. 촉구와 촉구 용암법 사용하기	
3. 소거 사용하기	
4. 매칭 법칙을 이용하고 선택에 영향을 주는 요인을 파악하기	

〈표 9-51〉 수행 모니터링 체크리스트(PMC) 예시

제안한 계획이 행동분석적인가?	Y / N		
날짜:			
1. 응용된 것인가? (목표 행동이 사회적으로 중요한가?)			
2. 행동적인가?			
3. 분석적인가?			
4. 기술적인가?			
5. 개념적으로 구조적인가?			
6. 효과적인가?			
7. 일반화가 가능한가?			

〈표 9-52〉 슈퍼바이저와 공동으로 작업해야 하는 결과 기반 개입의 시행과 관련된 과제 목록

과제 목록	완수 여부 또는 완료 시점 기록
I. BACB의 윤리 가이드라인 검토하기	
1. 첫 번째 내담자와 (시행자로서) 작업을 시작하기 전, 첫 번째 개입 계획을 세우기 전, 다음의 윤리 가이드라인을 검토하고 슈퍼바이저와 논의한다. • 1.0　행동분석가의 책임적 수행 • 2.0　행동분석가의 내담자에 대한 의무 • 4.0　행동분석가와 개별 행동 변화 프로그램 • 6.0　행동분석가와 업무 현장 • 8.0　행동분석가의 동료에 대한 책임 • 9.0　행동분석가의 사회에 대한 윤리적 책임 • 10.0 행동분석가와 연구	
II. 결과 기반의 개입 시행하기	
1. 다음 목록의 개입 방법들을 시행하고, PMC로 평가했을 때 각 프로그램에서 적어도 두 번 연속 90% 이상의 수행 정확도로 수행한다.	
2. 완료한 PMC를 첨부한다.	
3. 응용행동분석의 차원(Baer, Wolf, & Risley, 1968)을 이용하여 자신이 맡은 개입이 행동분석적인 특성을 지니고 있는지 평가한다.	
개입 방법	
• 정적 강화와 부적 강화를 이용하여 개입을 시행한다.	
－ 대체행동/상반행동 차별강화	

– 기능적 의사소통훈련	
– 대체행동 부적 차별강화	
– 타 행동 차별강화	
– 고비율 차별강화(예: 읽기 유창성)	
– 저비율 차별강화	
– 전회기 저비율 행동 차별강화	
– 간격 저비율 행동 차별강화	
– 간격 유지 저비율 차별강화	
• 프리맥 원리를 이용하여 개입 계획을 시행한다.	
• 토큰 경제를 이용하여 개입 계획을 시행한다.	
• 소거를 이용하여 개입 계획을 시행한다.	
• 정적 처벌과 부적 처벌을 이용하여 개입 계획을 시행한다.	
– 벌제(punisher)를 파악하고 사용하기	
– 타임아웃	
– 반응 대가	
– 질책	
– 반응 차단	
– 과잉 정정	
• 강화 · 처벌 · 소거를 조합하여 개입 계획을 시행하기	
• 기타:	
• 기타:	
• 기타:	
III. 개입 계획을 시행할 때 행동 변화 요소를 이용하기	
1. 적절한 기준과 강화 스케줄을 이용하기	
• 고정 및 변동 간격 스케줄	
• 초기 시행 단계	
• 강화 간격 늘이기(혹은 스케줄 약화)	
2. 새로운 조건화된 강화물을 만들기 위해 페어링 절차 이용하기	
3. 처벌의 적절한 기준과 스케줄 이용하기	
4. 촉구와 촉구 용암법 이용하기	

〈표 9-53〉 슈퍼바이저와 공동으로 작업해야 하는 결과 기반 개입의 계획과 관련된 과제 목록

과제 목록	완수 여부 또는 완료 시점 기록
I. BACB의 윤리 가이드라인 검토하기	
1. 다음의 윤리 가이드라인을 검토하고 슈퍼바이저와 논의한다. • 1.0　행동분석가의 책임적 수행 • 2.0　행동분석가의 내담자에 대한 의무 • 4.0　행동분석가와 개별 행동 변화 프로그램 • 6.0　행동분석가와 업무 현장 • 8.0　행동분석가의 동료에 대한 책임 • 9.0　행동분석가의 사회에 대한 윤리적 책임 • 10.0 행동분석가와 연구	
II. 결과 기반의 개입을 계획하기	
1. 평가 결과와 적용 가능한 최선의 과학적 근거를 기반으로 가능한 결과 기반 개입 방법이나 통합적 개입 방법(예: 토큰 경제, 반응 대가와 함께 DRO 시행하기)을 선택한다. • 슈퍼바이저와 논의하며 선택의 근거 및 이를 뒷받침할 수 있는 논문을 제시한다. • 슈퍼바이저와 각 절차의 한계점에 대해 논의하고, 자신의 계획에서의 한계점을 다룬다. • 슈퍼바이저와 논의하며 다음을 고려한다. 　- 내담자의 선호와 현재의 레퍼토리 　- 환경 및 자원상의 제약 　- 개입의 사회적 타당도	
2. 개입 계획을 세우기 전, 슈퍼바이저와 논의하여 발생할 수 있는 부작용에 대한 계획을 세운다. • 강화 • 처벌 • 소거 • 행동 대비 효과에 대한 계획	
3. 주어진 문제행동에 대한 기술적이고 개념적으로 구조적인 개입 계획을 세운다(계획을 세울 때 여기 제시된 모든 영역을 반드시 다룰 것을 권한다). • 관찰 및 측정 가능한 용어를 사용하여 개입 목표를 기술한다. • 어떤 행동을 감소시키려 할 때 새로 가르치거나 증가시킬 수용 가능한 대체행동을 선택한다. • 자극 및 반응 일반화와 유지를 위한 프로그램 계획을 세운다. • 강화와 소거 절차가 효과적이지 않을 때, 가장 덜 제한적인 처벌 절차를 고려한다. • 행동의 차원을 잘 반영하는 자료수집 방법에 대한 계획, 자료 기록지, 관찰 및 기록에 대한 실행 계획을 세운다.	

4. 슈퍼바이저가 프로그램 계획서가 행동분석적인지 평가하고 피드백을 줄 때 PMC 서식을 사용하게 한다. 　• 필요할 경우 수정하고, 최종본과 피드백을 첨부한다.	
5. 스태프에게 계획을 시행하는 방법을 훈련할 때 행동기술훈련 방법을 사용한다. 　• 개입 계획을 시행할 때 절차의 정확도를 감독하기 위해 PMC를 만들어서 사용한다.	
6. 지속적인 자료 수집 및 분석을 통해 개입의 효과성을 평가하고 이를 기반으로 의사결정을 한다.	
결과 기반 개입 방법	
• 정적 강화와 부적 강화를 이용한 개입 계획을 세운다.	
• 프리맥 원리를 이용한 개입 계획을 세운다.	
• 토큰 경제를 이용한 개입 계획을 세운다.	
• 소거를 이용한 개입 계획을 세운다.	
• 정적 처벌과 부적 처벌을 이용한 개입 계획을 세운다.	
• 강화, 처벌, 소거를 조합하여 개입 계획을 세운다.	
• 기타:	
III. 개입 계획에 행동 변화 요소를 통합하기	
1. 적절한 기준과 강화 스케줄을 이용하기	
• 고정 및 변동 간격 스케줄	
• 초기 시행 단계	
• 강화 간격 늘이기(혹은 스케줄 약화)	
2. 새로운 조건화된 강화물을 만들기 위해 페어링 절차 이용하기	
3. 처벌의 적절한 기준과 스케줄 이용하기	
4. 촉구와 촉구 용암법 이용하기	
5. 매칭 법칙을 고려하고 선택에 영향을 주는 요인을 파악하기	

〈표 9-54〉 슈퍼바이저와 공동으로 작업해야 하는 집단유관의 시행과 관련된 과제 목록

과제 목록	완수 여부 또는 완료 시점 기록
I. BACB의 윤리 가이드라인 검토하기	
1. 첫 번째 내담자와 (시행자로서) 작업을 시작하기 전, 첫 번째 개입 계획을 세우기 전, 다음의 윤리 가이드라인을 검토하고 슈퍼바이저와 논의한다. • 1.0 행동분석가의 책임적 수행 • 2.0 행동분석가의 내담자에 대한 의무 • 4.0 행동분석가와 개별 행동 변화 프로그램 • 6.0 행동분석가와 업무 현장 • 8.0 행동분석가의 동료에 대한 책임 • 9.0 행동분석가의 사회에 대한 윤리적 책임 • 10.0 행동분석가와 연구	
II. 결과 기반의 개입 시행하기	
1. 다음 목록의 개입 방법들을 시행하고, PMC로 평가했을 때 각 프로그램에서 적어도 두 번 연속 90% 이상의 수행 정확도로 수행한다.	
2. 완료한 PMC를 첨부한다.	
3. 응용행동분석의 차원(Baer, Wolf, & Risley, 1968)을 이용하여 자신이 맡은 개입이 행동분석적인 특성을 지니고 있는지 평가한다.	
집단유관	
• 독립 집단유관을 사용한다.	
• 종속 집단유관을 사용한다.	
• 상호 의존적 집단유관을 사용한다.	
• 기타:	
III. 개입 계획을 시행할 때 행동 변화 요소를 이용하기	
1. 정적 강화와 부적 강화를 이용하기	
2. 적절한 기준과 강화 스케줄을 이용하기	
• 고정 및 변동 간격 스케줄	
• 초기 시행 단계	
• 강화 간격 늘이기(혹은 스케줄 약화)	
3. 촉구와 촉구 용암법 이용하기	
4. 새로운 조건화된 강화물을 만들기 위해 페어링 절차 이용하기	
5. 처벌의 적절한 기준과 스케줄 이용하기	

6. 소거 이용하기	
IV. 자료 수집과 정리	
1. 개입을 시행하는 동안 적절하게 자료를 수집하고 그래프를 그린다. 　• 슈퍼바이저와 그래프화한 자료에 대해 논의한다. 　• 필요할 경우 수정하고, 각 기술의 최종 그래프를 첨부한다.	
2. 다음의 자료를 수집한다.	
• 반응률/빈도	
• 지속시간	
• 지연시간	
• 반응 간 시간	
3. 등간격 그래프를 이용하여 그래프를 그리고 자료를 해석한다.	
• 철회/반전 설계 이용하기	
• 준거변경설계 이용하기	
• 중다기초선설계 이용하기	

〈표 9-55〉 슈퍼바이저와 공동으로 작업해야 하는 집단유관의 계획과 관련된 과제 목록

과제 목록	완수 여부 또는 완료 시점 기록
I. BACB의 윤리 가이드라인 검토하기	
1. 첫 번째 내담자와 (시행자로서) 작업을 시작하기 전, 첫 번째 개입 계획을 세우기 전, 다음의 윤리 가이드라인을 검토하고 슈퍼바이저와 논의한다. • 1.0 행동분석가의 책임적 수행 • 2.0 행동분석가의 내담자에 대한 의무 • 4.0 행동분석가와 개별 행동 변화 프로그램 • 6.0 행동분석가와 업무 현장 • 8.0 행동분석가의 동료에 대한 책임 • 9.0 행동분석가의 사회에 대한 윤리적 책임 • 10.0 행동분석가와 연구	
II. 집단유관 계획하기	
1. 평가 결과와 적용 가능한 최선의 과학적 근거를 기반으로 가능한 집단유관 개입 방법을 선택한다. • 슈퍼바이저와 논의하며 선택의 근거 및 이를 뒷받침할 수 있는 논문을 제시한다. • 슈퍼바이저와 각 절차의 한계점에 대해 논의하고, 자신의 계획에서의 한계점을 다룬다. • 슈퍼바이저와 논의하며 다음을 고려한다. 　- 내담자의 선호와 현재의 레퍼토리 　- 환경 및 자원상의 제약 　- 개입의 사회적 타당도	
2. 개입 계획을 세우기 전, 슈퍼바이저와 논의하여 발생할 수 있는 부작용에 대한 계획을 세운다. • 강화 • 처벌 • 소거 • 행동 대비 효과에 대한 계획	
3. 주어진 문제행동에 대한 기술적이고 개념적으로 구조적인 개입 계획을 세운다(계획을 세울 때 여기 제시된 모든 영역을 반드시 다룰 것을 권한다). • 관찰 및 측정 가능한 용어를 사용하여 개입 목표를 기술한다. • 자극 및 반응 일반화와 유지를 위한 프로그램 계획을 세운다.	
4. 강화와 소거 절차가 효과적이지 않을 때, 가장 덜 제한적인 처벌 절차를 고려한다.	
5. 슈퍼바이저가 프로그램 계획서가 행동분석적인지 평가하고 피드백을 줄 때 PMC 서식을 사용하게 한다. • 필요할 경우 수정하고, 최종본과 피드백을 첨부한다.	

6. 스태프에게 계획을 시행하는 방법을 훈련할 때 행동기술훈련 방법을 사용한다. 　• 개입 계획을 시행할 때 절차의 정확도를 감독하기 위해 PMC를 만들어서 사용한다.	
7. 지속적인 자료 수집 및 분석을 통해 개입의 효과성을 평가하고 이를 기반으로 의사 결정을 한다.	
집단유관	
• 독립 집단유관을 사용한다.	
• 종속 집단유관을 사용한다.	
• 상호 의존적 집단유관을 사용한다.	
• 기타:	
• 기타:	
• 기타:	
III. 개입 계획을 시행할 때 행동 변화 요소를 이용하기	
1. 정적 강화와 부적 강화를 이용하기	
2. 적절한 기준과 강화 스케줄을 이용하기	
• 고정 및 변동 간격 스케줄	
• 초기 시행 단계	
• 강화 간격 늘이기(혹은 스케줄 약화)	
3. 촉구와 촉구 용암법 이용하기	
4. 새로운 조건화된 강화물을 만들기 위해 페어링 절차 이용하기	
5. 처벌의 적절한 기준과 스케줄 이용하기	
6. 소거 이용하기	

〈표 9-56〉 슈퍼바이저와 공동으로 작업해야 하는 자기 관리 전략 및 유관 계약의 시행과 관련된 과제 목록

과제 목록	완수 여부 또는 완료 시점 기록
I. BACB의 윤리 가이드라인 검토하기	
1. 첫 번째 내담자와 (시행자로서) 작업을 시작하기 전, 첫 번째 개입 계획을 세우기 전, 다음의 윤리 가이드라인을 검토하고 슈퍼바이저와 논의한다. • 1.0 행동분석가의 책임적 수행 • 2.0 행동분석가의 내담자에 대한 의무 • 4.0 행동분석가와 개별 행동 변화 프로그램 • 6.0 행동분석가와 업무 현장 • 8.0 행동분석가의 동료에 대한 책임 • 9.0 행동분석가의 사회에 대한 윤리적 책임 • 10.0 행동분석가와 연구	
II. 자기 관리 절차와 유관 계약 시행하기	
1. 다음 목록의 개입 방법들을 시행하고, PMC로 평가했을 때 각 프로그램에서 적어도 두 번 연속 90% 이상의 수행 정확도로 수행한다. 2. 완료한 PMC를 첨부한다. 3. 응용행동분석의 차원(Baer, Wolf, & Risley, 1968)을 이용하여 자신이 맡은 개입이 행동분석적인 특성을 지니고 있는지 평가한다.	
개입 방법	
• 다음의 행동을 다루는 자기 관리 계획을 시행한다.	
– 과제 완수	
– 문제행동 감소	
– 일정 따르기(예: 시간 관리)	
– 체중 관리와 식이조절	
– 운동	
– 자동적 강화에 의해 유지되는 (자해행동이 아닌) 반복 행동	
– 의료적 관리(예: 인슐린 주사)	
– 기타	
– 기타	
– 기타	
• 유관 계약을 시행하고 진행 상황을 검토한다.	
• 자기 관리 전략과 유관 계약을 통합하여 개입 계획을 시행한다.	

• 기타:	
• 기타:	
III. 행동 변화 요소를 이용하기	
1. 적절한 기준과 강화 스케줄을 이용하기	
• 고정 및 변동 간격 스케줄	
• 초기 시행 단계	
• 강화 간격 늘이기(혹은 스케줄 약화)	
2. 토큰 경제와 다른 조건화된 강화 시스템	
3. 새로운 조건화된 강화물을 만들기 위해 페어링 절차 이용하기	
4. 처벌의 적절한 기준과 스케줄 이용하기	
5. 촉구와 촉구 용암법 이용하기	
6. 사전 사건 조작(동기 조작, 변별자극) 이용하기	
7. 지도와 규칙 이용하기	
8. 매칭 법칙을 고려하고 선택에 영향을 주는 요인을 파악하기	

〈표 9-57〉 슈퍼바이저와 공동으로 작업해야 하는 자기 관리 전략 및 유관 계약의 계획과 관련된 과제 목록

과제 목록	완수 여부 또는 완료 시점 기록
I. BACB의 윤리 가이드라인 검토하기	
1. 첫 번째 내담자와 (시행자로서) 작업을 시작하기 전, 첫 번째 개입 계획을 세우기 전, 다음의 윤리 가이드라인을 검토하고 슈퍼바이저와 논의한다. • 1.0 행동분석가의 책임적 수행 • 2.0 행동분석가의 내담자에 대한 의무 • 4.0 행동분석가와 개별 행동 변화 프로그램 • 6.0 행동분석가와 업무 현장 • 8.0 행동분석가의 동료에 대한 책임 • 9.0 행동분석가의 사회에 대한 윤리적 책임 • 10.0 행동분석가와 연구	
II. 자기 관리 절차와 유관 계약 계획하기	
1. 평가 결과와 적용 가능한 최선의 과학적 근거를 기반으로 가능한 자기 관리 개입 방법, 또는 자기 관리 개입과 행동 계약이 조합된 개입 방법을 선택한다. • 슈퍼바이저와 논의하며 선택의 근거 및 이를 뒷받침할 수 있는 논문을 제시한다. • 슈퍼바이저와 각 절차의 한계점에 대해 논의하고, 자신의 계획에서의 한계점을 다룬다. • 슈퍼바이저와 논의하며 다음을 고려한다. – 내담자의 선호와 현재의 레퍼토리 – 환경 및 자원상의 제약 – 개입의 사회적 타당도	
2. 개입 계획을 세우기 전, 슈퍼바이저와 논의하여 발생할 수 있는 부작용에 대한 계획을 세운다. • 강화 • 처벌 • 소거 • 행동 대비 효과에 대한 계획	
3. 주어진 문제행동을 다루기 위한 기술적이고 개념적으로 구조적인 개입 계획을 세운다(계획을 세울 때 여기 제시된 모든 영역을 반드시 다룰 것을 권한다). • 관찰 및 측정 가능한 용어를 사용하여 개입 목표를 세운다. • 어떤 행동을 감소시키려 할 때 새로 가르치거나 증가시킬 수용 가능한 대체행동을 선택한다. • 자극 및 반응 일반화와 유지를 위한 계획을 세운다. • 지도와 규칙을 이용한다. • 선행 사건, 강화, 소거 절차가 효과적이지 않을 경우, 가장 덜 제한적인 처벌 절차를 고려한다.	

• 행동의 차원을 잘 반영하는 자료수집 방법에 대한 계획, 자료 기록지, 관찰 및 기록에 대한 실행 계획을 포함한다.	
4. 슈퍼바이저가 프로그램 계획서가 행동분석적인지 평가하고 피드백을 줄 때 PMC 서식을 사용하게 한다. • 필요할 경우 수정하고, 최종본과 피드백을 첨부한다.	
5. 스태프에게 계획을 시행하는 방법을 훈련할 때 행동기술훈련 방법을 사용한다. • 개입 계획을 시행할 때 절차의 정확도를 감독하기 위해 PMC를 만들어서 사용한다.	
6. 지속적인 자료 수집 및 분석을 통해 개입의 효과성을 평가하고 이를 기반으로 의사 결정을 한다.	
개입 방법	
• 다음의 행동을 다루는 자기 관리 계획을 세운다.	
– 과제 완수	
– 문제행동 감소	
– 일정 따르기(예: 시간 관리)	
– 체중 관리와 식이조절	
– 운동	
– 자동적 강화에 의해 유지되는 (자해행동이 아닌) 반복 행동	
– 의료적 관리(예: 인슐린 주사)	
– 기타:	
– 기타:	
– 기타:	
• 유관 계약을 시행하고 진행 상황을 검토한다.	
• 자기 관리 전략과 유관 계약을 통합하여 개입 계획을 시행한다.	
• 기타:	
• 기타:	
III. 개입 계획에 행동 변화 요소를 통합하기	
1. 적절한 기준과 강화 스케줄을 이용하기	
• 고정 및 변동 간격 스케줄	
• 초기 시행 단계	
• 강화 간격 늘이기(혹은 스케줄 약화)	
2. 토큰 경제와 다른 조건화된 강화 시스템	
3. 새로운 조건화된 강화물을 만들기 위해 페어링 절차 이용하기	

4. 처벌의 적절한 기준과 스케줄 이용하기	
5. 촉구와 촉구 용암법 이용하기	
6. 사전 사건 조작(동기 조작, 변별자극) 이용하기	
7. 지도와 규칙 이용하기	
8. 매칭 법칙을 고려하고 선택에 영향을 주는 요인을 파악하기	

추가 참고자료

Ahrens, E. N., Lerman, D. C., Kodak, T., Worsdell, A. S., & Keegan, C. (2011). Further evaluation of response interruption and redirection as treatment for stereotypy. *Journal of Applied Behavior Analysis*, 44, 95-108. doi:10.1901/jaba.2011.44-95

Athens, E. S., & Vollmer, T. R. (2010). An investigation of differential reinforcement of alternative behavior without extinction. *Journal of Applied Behavior Analysis*, *43*, 569-589. doi:10.1901/jaba.2010.43-569

Austin, J. E., & Tiger, J. H. (2015). Providing alternative reinforcers to facilitate tolerance to delayed reinforcement following functional communication training. *Journal of Applied Behavior Analysis*, *48*, 663-668. doi:10.1002/jaba.215

Austin, J. L., & Bevan, D. (2011). Using differential reinforcement of low rates to reduce children's requests for teacher attention. *Journal of Applied Behavior Analysis*, *44*, 451-461. doi:10.1901/jaba.2011.44-451

Bachmeyer, M. H. (2009). Treatment of selective and inadequate food intake in children: A review and practical guide. *Behavior Analysis in Practice*, *2*, 43-50. doi:10.1007/BF033

Bancroft S. L., & Bourret, J. C. (2008). Generating variable and random schedules of reinforcement using Microsoft Excel macros. *Journal of Applied Behavior Analysis*, *41*, 227-235. doi:10.1901/jaba.2008.41-227

Becraft, J. L., Borrero, J. C., Davis, B. J., Mendres-Smith, A. E., & Castillo, M. I. (2018). The role of signals in two variations of differentialreinforcement-of-low-rate procedures. *Journal of Applied Behavior Analysis*, *51*, 3-24. doi:10.1002/jaba.431

Bloom, S. E., & Lambert, J. M. (2015). Implications for practice: Resurgence and differential reinforcement of alternative responding. *Journal of Applied Behavior Analysis*, *48*, 781-784. doi:10.1002/jaba.266

Call, N. A., Pabico, R. S., Findley, A. J., & Valentino, A. L. (2011). Differential reinforcement with and without blocking as treatment for elopement. *Journal of Applied Behavior Analysis*, *44*, 903-

907. doi:10.1901/jaba.2011.44-903

Carr, E. G., & Durand, V. M. (1985). Reducing behavior problems through functional communication training. *Journal of Applied Behavior Analysis, 18*, 111-126. doi:10.1901/jaba.1985.18-111

Davis, T. N., Machalicek, W., Scalzo, R., Kobylecky, A., Campbell, V., Pinkelman, S., & Sigafoos, J. (2015). A review and treatment selection model for individuals with developmental disabilities who engage in inappropriate sexual behavior. *Behavior Analysis in Practice*, 1-14. doi:10.1007/s40617-015-0062-3

Ducharme, J. M., & Worling, D. E. (1994). Behavioral momentum and stimulus fading in the acquisition and maintenance of child compliance in the home. *Journal of Applied Behavior Analysis, 27*, 639-647. doi:10.1901/jaba.1994.27-639

Fisher, W. W., Greer, B. D., Fuhrman, A. M., & Querim, A. C. (2015). Using multiple schedules during functional communication training to promote rapid transfer of treatment effects. *Journal of Applied Behavior Analysis, 48*, 713-733. doi:10.1002/jaba.254

Geiger, K. B., Carr, J. E., & LeBlanc, L. A (2010). Function-based treatments for escape-maintained problem behavior: A treatment-selection model for practicing behavior analysts. *Behavior Analysis in Practice, 3*, 22-32. doi:10.1007/BF033

Grow, L. L., Carr, J. E., & LeBlanc, L. A. (2009). Treatments for attention-maintained problem behavior: Empirical support and clinical recommendations. *Journal of Evidence-Based Practices for Schools, 10*, 70-92.

Hagopian, L. P., Boelter, E. W., & Jarmolowicz, D. P. (2011). Reinforcement schedule thinning following functional communication training: Review and recommendations. *Behavior Analysis in Practice, 4*, 4-16. doi:10.1007/BF033

Hanley, G. P. (2010). Toward effective and preferred programming: A case for the objective measurement of social validity with recipients of behavior-change programs. *Behavior Analysis in Practice, 3*, 13-21. doi:10.1007/BF033

Hanley, G. P., Jin, C. S., Vanselow, N. R., & Hanratty, L. A. (2014). Producing meaningful improvements in problem behavior of children with autism via synthesized analyses and treatments. *Journal of Applied Behavior Analysis, 47*, 16-36. doi:10.1002/jaba.106

Hanley, G. P., Piazza, C. C., & Fisher, W. W. (1997). Noncontingent presentation of attention and alternative stimuli in the treatment of attentionmaintained destructive behavior. *Journal of Applied Behavior Analysis, 30*, 229-237. doi:10.1901/jaba.1997.30-229

Harper, J. M., Iwata, B. A., & Camp, E. M. (2013). Assessment and treatment of social avoidance. *Journal of Applied Behavior Analysis, 46*, 147-160. doi:10.1002/jaba.18

Jessel, J., & Ingvarsson, E. T. (2016). Recent advances in applied research on DRO procedures. *Journal of Applied Behavior Analysis, 49*, 991-995. doi:10.1002/jaba.323

Lipschultz, J., & Wilder, D. A. (2017). Recent research on the high-probability instructional sequence: A brief review. *Journal of Applied Behavior Analysis, 50,* 424-428. doi:10.1002/jaba.378

Luiselli, J. K. (Ed.). (2006). *Antecedent assessment and intervention: Supporting children and adults with developmental disabilities in community settings.* Baltimore, MD: Paul H. Brookes.

Luiselli, J. K. (2015). Behavioral treatment of rumination: Research and clinical applications. *Journal of Applied Behavior Analysis, 48,* 707-711. doi:10.1002/jaba.221

Luiselli, J. K., & Cameron, M. J. (Eds.). (1998). *Antecedent control: Innovative approaches to behavioral support.* Baltimore, MD: Paul H. Brookes.

Marcus, B. A., & Vollmer, T. R. (1996). Combining noncontingent reinforcement and differential reinforcement schedules as treatment for aberrant behavior. *Journal of Applied Behavior Analysis, 29,* 43-51. doi:10.1901/jaba.1996.29-43

McCord, B. E., Iwata, B. A., Galensky, T. L., Ellingson, S. A., & Thomson, R. J. (2001). Functional analysis and treatment of problem behavior evoked by noise. *Journal of Applied Behavior Analysis, 34,* 447-462. doi:10.1901/jaba.2001.34-447

Michael, J. L. (1982). Distinguishing between discriminative and motivational functions of stimuli. *Journal of the Experimental Analysis of Behavior, 37,* 149-155. doi:10.1901/jeab.1982.37-149

Piazza, C. C., Patel, M. R., Gulotta, C. S., Sevin, B. M., & Layer, S. A. (2003). On the relative contributions of positive reinforcement and escape extinction in the treatment of food refusal. *Journal of Applied Behavior Analysis, 36,* 309-324. doi:10.1901/jaba.2003.36-309

Rapp, J. T., & Vollmer, T. R. (2005). Stereotypy I: A review of behavioral assessment and treatment. *Research in Developmental Disabilities, 26,* 527-547. doi:10.1016/j.ridd.2004.11.005

Reed, D. D., & Kaplan, B. A. (2011). The matching law: A tutorial for practitioners. *Behavior Analysis in Practice, 4,* 15-24. doi:10.1007/BF033

Rispoli, M., Camargo, S., Machalicek, W., Lang, R. and Sigafoos, J. (2014), Functional communication training in the treatment of problem behavior maintained by access to rituals. *Journal of Applied Behavior Analysis, 47,* 580-593. doi:10.1002/jaba.130

Rodriguez, N. M., Thompson, R. H., Schlichenmeyer, K., & Stocco, C. S. (2012). Functional analysis and treatment of arranging and ordering by individuals with an autism spectrum disorder. *Journal of Applied Behavior Analysis, 45,* 1-22. doi:10.1901/jaba.2012.45-1

Saini, V., Miller, S. A., & Fisher, W. W. (2016). Multiple schedules in practical application: Research trends and implications for future investigation. *Journal of Applied Behavior Analysis, 49,* 421-444. doi:10.1002/jaba.300

Smith, R. G., & Iwata, B. A. (1997). Antecedent influences on behavior disorders. *Journal of Applied Behavior Analysis, 30,* 343-376. doi:10.1901/jaba.1997.30-343

Tiger, J. H., Hanley, G. P., & Bruzek, J. (2008). Functional communication training: A review and practical guide. *Behavior Analysis in Practice, 1,* 16-23. doi:10.1007/BF033

Tyner, S., Brewer, A., Helman, M., Leon, Y., Pritchard, J., & Schlund, M. (2016). Nice doggie! Contact desensitization plus reinforcement decreases dog phobias for children with autism. *Behavior Analysis in Practice*, *9*, 54-57. doi:10.1007/s4061

Vaz, P., Volkert, V. M., & Piazza, C. C. (2011). Using negative reinforcement to increase self-feeding in a child with food selectivity. *Journal of Applied Behavior Analysis*, *44*, 915-920. doi:10.1901/jaba.2011.44-915

Woods, K. E., Luiselli, J. K., & Tomassone, S. (2013). Functional analysis and intervention for chronic rumination. *Journal of Applied Behavior Analysis*, *46*, 328-332. doi:10.1002/jaba.24

[기본 역량 7]
일반화 및 유지 관련 프로그램과 프로브

　일반화는 행동 변화(예: 내담자에게 가르친 것 또는 감소시킨 문제행동)가 외적인 훈련 없이 관련된 맥락으로 전이되는 정도를 말한다. 유지는 행동 변화의 지속기간을 일컫는다. 유능한 행동분석가라면 일반화와 유지를 염두하고 평가 및 개입 계획을 시작해야 한다. 개입 계획을 세울 때 기술의 일반화와 유지를 위한 내용을 포함해야 한다. 그렇지 않을 경우 여러분뿐만 아니라 내담자의 시간과 노력이 낭비될 수 있는데, 왜냐하면 훈련을 받은 기술은 일상의 다양한 상황에서 적용될 수 있을 때에만 의미가 있기 때문이다. 여기에서는 이 기본 역량을 다루기 위해 다음 두 가지 구성 기술을 제시한다. ① 자극 및 반응 일반화를 위한 프로그램 및 프로브[17], 그리고 ② 유지를 위한 프로그램 및 프로브이다. 〈표 9-58〉은 이 기본 역량 계발의 기준을 제시하고 있다.

〈표 9-58〉 일반화 및 유지 관련 프로그램과 프로브를 위한 기본 역량의 기준

초급 기술

- 일반화와 유지를 정의할 수 있다.
- 자극 일반화와 반응 일반화의 차이를 구별할 수 있으며 각각의 예를 제시할 수 있다.
- 고안된 유관과 자연 발생 유관을 구별할 수 있다.
- 학습된 행동의 일반화 및 유지에 도움이 되는 강화 스케줄을 열거할 수 있다.
- 유창한 반응과 유지 사이의 관계를 설명할 수 있다.
- 목표 기술 및 대안/상반 행동의 일반화에 도움이 되는 절차(예: 다양한 사례 훈련, 일반 자극 프로그램)를 열거할 수 있다.

중급 기술

- 일반화와 유지 프로브를 어떻게 시행하는지 설명할 수 있다.

---

17) 프로브: 새로운 기술을 가르치기 위한 개입 계획을 세우기 전, 내담자가 해당 기술을 이미 가지고 있는지, 기술 수준이 어느 정도인지를 사전에 확인하는 절차를 말한다. 일반적으로 프로브에서 80% 이상의 수행률을 보인다면, 그 기술을 이미 습득하고 있는 것으로 판단한다.

- 목표 기술 및 대안/상반 행동의 일반화에 도움이 되는 절차(예: 다양한 사례 훈련, 일반 자극 프로그램)를 시행할 수 있다.
- 계획되고 유도되었을 때 일반화 및 유지 프로브를 시행할 수 있다.
- 목표 기술 및 대안/상반 행동의 일반화 및 유지에 대한 측정 가능한 준거를 세울 수 있다.

고급 기술

- 내담자의 레퍼토리 및 최선의 적용 가능한 과학적 근거를 토대로 행동 변화의 일반화 및 유지를 위한 적절한 프로그램과 프로브 절차를 선택하고 치료 계획에 통합할 수 있다.
- 내담자의 레퍼토리 및 최선의 적용 가능한 과학적 근거를 토대로 행동의 유지를 위한 프로그램 및 프로브를 시행하기 위해 자연적으로 존재하는 유관을 치료 계획에 포함시킬 수 있다.
- 행동 변화의 유지 및 일반화에 도움을 줄 수 있도록 보호자/교사를 참여시킬 수 있다.
- 비기술적인 용어를 사용하여 일반화와 유지의 차이점 및 행동 변화의 유지를 위한 각기 다른 절차들의 목적을 설명할 수 있다.
- BST를 이용하여 기술의 일반화 및 유지를 위한 다양한 절차를 시행하는 방법을 가르칠 수 있다(예: 다양한 사례 훈련, 일반 자극 프로그램).
- 일반화 및 유지 관련 자료를 그래프화하고 분석하면서 치료 계획을 수정할 수 있다.

보수교육 및 직업적 성장

✿ 사례: 일반화 프로그램 계획하기

(1) 사례

수련생을 슈퍼바이저로부터 3세 여아 내담자에게 일상적인 환경에서 사물의 명칭을 듣고 변별하는 기술을 가르치기 위한 개입 계획을 세우라는 지시를 받았다. 수련생은 이미 슈퍼바이저와 함께 초기 평가를 시행하였고, 분절 시도 교수법(Discrete Trial Instruction) 및 사물의 그림을 사용할 것이라는 것을 알고 있다. 슈퍼바이저는 수련생에게 가능하면 회기 초기부터 목표 자극의 일반화 프로그램을 함께 진행하라고 지시하였다.

(2) 현재 기술에 대한 기초선 평가

① 가르친 행동의 일반화 프로그램 방법은 매우 다양하다는 점을 고려하여 슈퍼바이저가 수련생에게 다음의 과제를 준다.

- 사물의 명칭을 듣고 변별하는 것을 가르치는 것과 관련된 몇 가지 방법의 목록을 만든다.
- 각 방법을 사용하는 이유를 설명한다.
- 선택한 방법을 어떻게 분절 시도 교수법에 통합할 것인지 설명한다.
- 일반화 프로브를 언제 어떻게 시행할 것인지 설명한다.
- 내담자가 사물의 명칭을 듣고 변별하기의 일반화를 보인다고 판단할 수 있는 준거를 세운다.

② 슈퍼바이저는 PMC를 이용하여 수련생이 가진 기술의 기초선을 평가하고 필요할 경우 피드백을 준다.

- 만약 슈퍼바이저가 세워 놓은 기준을 충족하지 못했을 경우, 슈퍼바이저는 다음 과제들을 준다.
  - 교과서에서 일반화와 관련된 부분을 검토한다.
  - 수련생이 목표로 했던 특정 기술의 일반화를 다룬 논문을 검색하고 리뷰한다.
- 만약 수련생이 슈퍼바이저가 세워 놓은 기준을 충족했다면, 슈퍼바이저는 수련생이 제안한 일반화 방법을 통합하여 개입 계획을 세우는 방법에 관한 훈련을 시작한다. 아울러 수련생과 함께 기술을 가르칠 때 사용할 자극을 고르는 작업을 진행한다.

(3) 훈련

① 모델

- 슈퍼바이저는 다음을 진행한다.
  - 개입을 시작하는 시점부터 일반화에 대한 계획이 분명히 세워져 있는 개입 계획의 예시를 제공한다.
  - 계획에서 필요한 모든 요소가 목록화되어 있는 PMC를 제공한다.
  - PMC를 함께 검토한다.

② 역량 확인

- 수련생은 사물의 명칭을 듣고 변별하는 과제를 가르치기 위한 기술적인 개입 계획(목

표 대상의 목록을 포함할 것)을 세우고, 이것을 슈퍼바이저에게 제출하여 함께 검토한다.

- 슈퍼바이저는 PMC를 이용하여 피드백을 준다. 만약 계획서가 PMC에서 기준을 충족하였다면(예: 단계들 중 80% 이상을 정확하게 수행함), 계획을 보호자에게 알리고 행동기술자(behavior technician)가 계획서대로 실행하도록 훈련한다.

③ 시연 및 피드백

- 슈퍼바이저가 내담자의 보호자, 또는 훈련을 받아야 하는 스태프 역할을 맡는다. 수련생은 훈련의 모든 단계를 완수한다.
- 가르친 기술의 일반화 계획이 포함된 개입 계획을 발표한다.
- 슈퍼바이저는 다음의 두 부분에서 피드백을 준다.
  - 부모에게 정보를 전달하는 것과 관련된 PMC 항목에서의 수행
  - 슈퍼바이저가 느끼기에 잘 했거나 개선이 필요하다고 생각되는 다른 부분들
    (예: 어조, 속도 조절, 경과의 문서화, 질문에 답하기, 명확한 설명)
    · PMC에서 80% 이상의 정확도를 보였다면, 일반화 단계로 넘어간다.
    · 만약 80%의 정확도를 충족하지 못하였다면, 역할극을 다시 완수한다.
    · 이 과정을 습득 준거를 충족할 때까지 반복한다.

(4) 일반화

① 슈퍼바이저가 보호자 및 행동기술자를 상대로 한 수련생의 수행을 근거로 해당 절차(보호자와 개입 계획을 검토하기)의 훈련 종료 여부를 결정한다.

② 슈퍼바이저는 훈련을 할 때 사용한 것과 동일한 PMC를 이용하여 수련생의 수행을 평가하고 피드백을 준다.

☀ 가능한 집단 슈퍼비전 활동

집단 슈퍼비전을 통해 각 집단 구성원이 세운 일반화 및 유지 계획을 살펴보고 피드백을 줄 수 있다. 동료 리뷰를 하면서 나온 질문들은 여러분이 앞서 제시한 사례 훈련을 하면서 궁금했던 것과 같은 것일 수도 있다. 예를 들어, 다음과 같은 질문들이다. 목표 행동과 관련된 일반화 방법은 어떤 것들인가? 누군가 선택한 방법의 근거는 무엇인가? 프로브는 언제, 어떻게 권유되는가? 내담자가 목표 기술의 일반화를 보인다고 판단하는 기준의 준거를 세워 놓았는가?

❂ 과제 목록

사례 및 집단 슈퍼비전 활동에 대한 제안과 더불어, 여기에는 '기본 역량 7'와 관련된 기술들을 숙달하는 데 필요한 과제들을 정리해 놓았다. 〈표 9-59〉와 〈표 9-60〉은 여러분이 슈퍼바이저와 함께 과제를 시작하고 활동들을 선택하는 데 도움이 될 것이다. 앞서 언급하였듯이, 슈퍼비전의 매 단계마다 슈퍼바이저와 지속적으로 논의하며 이 중 어떤 과제가 자신에게 적합한지, 또는 추가적인 과제가 필요한지 여부에 관한 결정을 내리길 권한다.

〈표 9-59〉 슈퍼바이저과 공동으로 작업해야 하는 자극 및 반응 일반화 프로그램 및 프로브 시행과 관련된 과제 목록

과제 목록	완수 여부 또는 완료 시점 기록
I. BACB의 윤리 가이드라인 검토하기	
1. 첫 번째 내담자와 (시행자로서) 작업을 시작하기 전, 첫 번째 개입 계획을 세우기 전, 다음의 윤리 가이드라인을 검토하고 슈퍼바이저와 논의한다. • 1.0 행동분석가의 책임적 수행 • 2.0 행동분석가의 내담자에 대한 의무 • 4.0 행동분석가와 개별 행동 변화 프로그램 • 6.0 행동분석가와 업무 현장 • 8.0 행동분석가의 동료에 대한 책임 • 9.0 행동분석가의 사회에 대한 윤리적 책임 • 10.0 행동분석가와 연구	
II. 일반화된 행동 변화의 계획하기	
1. 기술 습득 및 행동 감소 계획을 세울 때 평가 결과 및 최선의 이용 가능한 과학적 근거를 토대로 일반화 전략을 선택한다. • 슈퍼바이저와 논의하며 선택의 근거 및 이를 뒷받침할 수 있는 논문을 제시한다. • 슈퍼바이저와 각 절차의 한계점에 대해 논의하고, 자신의 계획에서의 한계점을 다룬다. • 슈퍼바이저와 논의하며 다음을 고려한다. 　- 내담자의 선호와 현재의 레퍼토리 　- 환경 및 자원상의 제약	

2. 일반화를 위한 기술적이고 개념적으로 구조적인 절차를 기술 습득 및 행동 감소 계획에 포함시킨다.
• 일반화 관련 관찰 및 측정 가능한 목표를 세운다.
• 계획에 자연적으로 존재하는 유관을 포함시킨다.
 – 일반화 계획에 중요한 타인 및 보호자를 참여시킨다.
 – 사람 및 세팅 간 자극/반응 일반화에 도움이 되는 다음의 단일 또는 조합된 전략를 활용한다.
  • 충분한 예시를 가르치기(자극 및 반응; 예: 명명하기 또는 요구하기 훈련)
  • 일반적인 사례를 분석하기(예: 빨래하기)
  • 일상적인 자극을 배치하기(예: 직업 훈련)
  • 드러나지 않는 유관을 배치하기
  • "하지 마" 가르치기 사례를 이용하기
  • 행동 함정을 배치하기
  • 자기 관리 기술을 포함시키기	

3. 슈퍼바이저는 일반화 계획이 행동분석적인지 평가하는 데 프로그램 PMC 용지를 사용하고, 피드백을 준다. • 필요할 경우 수정하고 최종본 및 피드백을 첨부한다.	
4. 계획을 시행하는 방법에 대해 스태프를 훈련할 때 행동기술훈련을 활용한다. • 개입 계획을 시행하는 동안 절차적 정확도를 감독하기 위한 PMC를 만들고 사용한다.	
5. 지속적인 자료 수집 및 분석을 통해 개입의 효과성을 평가하고 이를 기반으로 의사결정을 한다.	

〈표 9-60〉 슈퍼바이저와 공동으로 작업해야 하는 유지 프로그램 및 프로브 시행과 관련된 과제 목록

과제 목록	완수 여부 또는 완료 시점 기록
I. BACB의 윤리 가이드라인 검토하기	
1. 첫 번째 내담자와 (시행자로서) 작업을 시작하기 전, 첫 번째 개입 계획을 세우기 전, 다음의 윤리 가이드라인을 검토하고 슈퍼바이저와 논의한다. • 1.0 행동분석가의 책임적 수행 • 2.0 행동분석가의 내담자에 대한 의무 • 4.0 행동분석가와 개별 행동 변화 프로그램 • 6.0 행동분석가와 업무 현장 • 8.0 행동분석가의 동료에 대한 책임 • 9.0 행동분석가의 사회에 대한 윤리적 책임 • 10.0 행동분석가와 연구	

II. 유지에 대한 프로브 계획하기	
1. 기술 습득 및 행동 감소 계획을 세울 때 평가 결과 및 최선의 이용 가능한 과학적 근거를 토대로 유지 전략을 선택한다. • 슈퍼바이저와 논의하며 선택의 근거 및 이를 뒷받침할 수 있는 논문을 제시한다. • 슈퍼바이저와 논의하며 다음을 고려한다. 　– 내담자의 선호와 현재의 레퍼토리 　– 환경 및 자원상의 제약 　– 개입의 사회적 중요도	
2. 사회적으로 적절한 행동의 유지를 위한 기술적이고 개념적으로 구조적인 절차를 계획한다. • 유지 관련 관찰 및 측정 가능한 목표를 세운다. • 계획에 자연적으로 존재하는 유관을 포함시킨다. • 일반화 계획에 중요한 타인 및 보호자를 참여시킨다.	
3. 슈퍼바이저는 계획이 적합하고 행동분석적인지 평가하는 데 PMC 용지를 사용하고, 피드백을 준다. • 필요할 경우 수정하고 최종본 및 피드백을 첨부한다.	
4. 유지 계획의 측정 가능한 요소가 포함된 PMC를 만든다. • 슈퍼바이저는 수행 체크리스트의 객관성을 평가하는 데 PMC를 이용하고, 피드백을 준다. • 필요할 경우 수정하고 최종본 및 피드백을 첨부한다.	

추가 참고자료

Chandler, L. K., Lubeck, R. C., & Fowler, S. A. (1992). Generalization and maintenance of preschool children's social skills: A critical review and analysis. i, 415-428. doi:10.1901/jaba.1992.25-415

Fragale, C. L., O'Reilly, M. F., Aguilar, J., Pierce, N., Lang, R., Sigafoos, J., & Lancioni, G. (2012). The influence of motivating operations on generalization probes of specific mands by children with autism. *Journal of Applied Behavior Analysis, 45*, 565-577. doi:10.1901/jaba.2012.45-565

Freeland, J. T., & Noell, G. H. (2002). Programming for maintenance: An investigation of delayed intermittent reinforcement and common stimuli to create indiscriminable contingencies. *Journal of Behavioral Education, 11*, 5-18. doi:10.1023/A:101432910

Greer, R. D., Stolfi, L., Chavez-Brown, M., & Rivera-Valdes, C. (2005). The emergence of the listener to speaker component of naming in children as a function of multiple exemplar instruction. *The Analysis of Verbal Behavior, 21*, 123-134. doi:10.1007/BF033

Horner, R. H., Dunlap, G., & Koegel, R. L. (Eds.). (1988). *Generalization and maintenance: Life-style changes in applied settings.* Baltimore, MD: Paul H. Brookes Publishing.

Johnston, J. M. (1979). On the relation between generalization and generality. *The Behavior Analyst, 2,* 1-6. doi:10.1007/BF03391833

Marzullo-Kerth, D., Reeve, S. A., Reeve, K. F., & Townsend, D. B. (2011). Using multiple-exemplar training to teach a generalized repertoire of sharing to children with autism. *Journal of Applied Behavior Analysis, 44,* 279-294. doi:10.1901/jaba.2011.44-279

Mesmer, E. M., Duhon, G. J., & Dodson, K. G. (2007). The effects of programming common stimuli for enhancing stimulus generalization of academic behavior. *Journal of Applied Behavior Analysis, 40,* 553-557. doi:10.1901/jaba.2007.40-553

Sprague, J. R., & Horner, R. H. (1984). The effects of single instance, multiple instance, and general case training on generalized vending machine use by moderately and severely handicapped students. *Journal of Applied Behavior Analysis, 17,* 273-278. doi:10.1901/jaba.1984.17-273

Stokes, T. F., & Baer, D. M. (1977). An implicit technology of generalization. *Journal of Applied Behavior Analysis, 10,* 349-367. doi:10.1901/jaba.1977.10-349

[기본 역량 8]
실험적 평가 및 개입에 대한 지속적인 평가 시행하기

내담자에게 근거 기반의 가장 효과적인 개입 절차를 시행해야 하는 것은 모든 행동분석가가 지켜야 하는 윤리적 의무이다. 하지만 내담자와 정확하게 일치하는 참가자(예: 나이, 성별, 가족 구성, 강화력)를 대상으로 한 개입 절차의 효과성을 보여 주는 논문을 찾는 것은 매우 어렵다. 그러므로 내담자의 선호나 욕구를 고려하여 어떤 개입 절차를 사용할 것인지 임상적 판단을 내려야 한다. 아울러 개입 계획을 세울 때 내담자가 처한 환경 및 가용한 자원을 고려하는 것은 매우 중요하다. 따라서 내담자의 개입 경과를 지속적으로 검토·감독하고, 개입 효과를 평가하여 개입이 제대로 작동되고 있는지 확인해야 한다. 이 과정에는 앞에서 다룬 여러 기본 역량들의 통합이 요구된다. 현재 진행 중인 개입 계획의 평가를 효과적으로 시행하기 위해서는 목표 행동의 측정, 자료의 시각화, 자료 분석, 근거 기반의 개입 계획을 세우고 자료를 토대로 계획을 조정하는 것 등에 매우 능숙해야 한다. 첫 번째 행동 개입 계획서는 완벽하지 않은 경우가 빈번하다. 그런 경우 다음에 정리되어 있는 기술들이 성공적인 프로그램을 이끄는 촉매제가 될 것이다. 여기에는 이 기본 역량을 다루기 위해 다음의 네 가지 구성 기술을 제시한다. ① 행동 프로그램의 효과성 평가하기, ② 개입 정확도 확인 실시하기, ③ 개입 프로그램 구성 요소의 효과성 평가하기, 그리고 ④ 다른 개입 방법 간 효과성 비교하기이다. 〈표 9-61〉은 이 기본 역량 계발의 기준을 제시하고 있다.

〈표 9-61〉 지속적인 개입 평가를 시행하기 위한 기본 역량의 기준

초급 기술
• 독립변인 및 종속변인을 정의하고, 그 예시를 제시할 수 있다. • 내적 타당도 및 외적 타당도를 정의하고, 그 예시를 제시할 수 있다. • 다양한 실험 설계를 열거할 수 있다(예: 반전/철회, 교대중재설계). • 각 실험 설계의 차이점을 구별할 수 있다(예: 반전/철회 설계를 정확하게 파악함). • 단일피험자 실험 설계의 특징을 열거할 수 있다(예: 개인이 통제변인 역할을 함께 함, 반복 측정 등).

중급 기술

• 실험 통제 및 목표 행동과 관련하여 각 실험 설계의 강점과 약점을 열거할 수 있다.
• 응용행동분석의 7개의 차원을 이용하여 연구 논문이 행동분석적인 특성을 지니고 있는지 평가할 수 있다.
• 그래프와 방법 부분에서 제공하는 정보를 바탕으로 연구 논문에서 사용된 실험 설계를 파악할 수 있다.
• 요소분석과 계수분석의 차이점을 설명할 수 있다.
• 개입/평가의 목적과 형태와 관련하여 올바른 실험 설계를 파악할 수 있다(내담자에게 가장 적합한 의사소통 방식이 형태 또는 선택 기반의 요구하기인지 판단하기 위해 교대중재설계를 확인한다).

고급 기술

• 독립변인과 종속변인 사이의 실험 통제를 보여 주기 위해 적절한 단일 피검자 실험 설계를 선택하고 사용할 수 있다.
• 다양한 내담자 대상의 요소분석과 계수분석을 계획하고 슈퍼비전을 할 수 있다.
• 실험 통제를 유지하면서 피검자의 요구를 다루기 위한 다양한 종류의 단일 피검자 설계(예: 중다기초선설계, 교대중재설계)를 계획하고 슈퍼비전을 할 수 있다.

보수교육 및 직업적 성장

☼ 사례: 개입의 효과 평가하기

(1) 선행 기술

　① 수준, 경향, 가변성에 대해 정확하게 정의한다.
　② 그래프 자료에서 다음의 항목을 파악한다.
　　• 상향, 하향, 일정한 경향
　　• 안정적인 또는 변동적인 자료선
　　• 수준의 변화

③ 그래프 자료의 수준, 경향, 가변성을 파악하는 방법을 설명하고 사용한다.

④ 특정 실험 설계의 그래프를 작성한다.

- 반전
- 중다기초선
- 교대중재
- 준거변경

(2) 현재 기술에 대한 기초선 평가

① 슈퍼바이저가 자료 세트, 개입 정확도 자료, 행동 감소 또는 기술 습득 절차의 계획서를 제시한다.

② 수련생은 다음의 과제를 수행한다.

- 자료를 그래프 작성 프로그램에 입력한다.
- 자료 세트를 가장 잘 반영하는 그래프를 작성한다.
- 그래프를 보고 자료 세트의 현재 경향, 수준, 변동성을 파악한다.
- 그래프를 보고 정확도 자료의 현재 경향, 수준, 변동성을 파악한다.
- 현 자료 세트의 형태(경향, 수준, 변동성, 시간)를 토대로 개입/기술 습득 절차의 다음 단계의 계획을 제안한다.

③ 슈퍼바이저는 다음을 토대로 평가를 한다.

- 자료 입력: 자료를 입력하는 데 걸린 시간과 정확도(전체 오류 수로 채점; 자료 세트에 따라 슈퍼바이저가 기준 설정)
- 그래프 작성: 그래프 작성 PMC에서 90% 이상의 수행률
- 개입 자료 세트의 경향, 수준, 변동성에 대한 판단의 정확도(기준 및 정답은 슈퍼바이저가 결정)
- 시행 정확도 자료 세트의 경향, 수준, 변동성에 대한 판단의 정확도(기준 및 정답은 슈퍼바이저가 결정)
- 주어진 자료를 토대로 제안한 다음 계획에 대한 평가(기준 및 정답은 슈퍼바이저가 결정)

④ 기준을 충족했다면, 일반화 단계로 넘어간다.

- 기준을 충족하지 못하였다면, 훈련 단계로 진행한다.

(3) 훈련

① 지도와 모델

- 슈퍼바이저가 자료 세트, 개입 정확도 자료, 행동 감소 또는 기술 습득 절차의 계획서를 제시한다.
  - 슈퍼바이저가 추가적으로 그래프 자료도 제공한다.
  - 슈퍼바이저가 자료를 보고 경향, 수준, 변동성에 대해 판단한 내용을 설명한다.
  - 슈퍼바이저가 제시한 정보를 토대로 가능한 다음 단계의 행동을 적어도 두 가지 제시한다.

② 시연과 피드백

- 슈퍼바이저가 자료 세트(앞에서 제공한 것과 다른 것), 행동 감소 또는 기술 습득 절차의 계획서, 스태프의 수행 정확도 자료를 제시한다. 슈퍼바이저가 설정한 기본 역량 기준을 충족할 때까지 기초선 평가 절차를 반복한다.

(4) 일반화

① 슈퍼바이저가 실제 내담자 자료를 이용하여 같은 것을 평가한다.

- 수련생은 다음을 수행한다.
  - 평가해야 하는 내담자 프로그램/개입을 확인한다.
  - 필요하다면 스태프의 수행 정확도 자료를 수집한다. 그래프 작성 프로그램에 자료를 입력한다.
  - 자료 세트를 가장 잘 반영하는 그래프를 작성한다.
  - 그래프를 보고 자료 세트의 현재 경향, 수준, 변동성을 파악한다.
  - 그래프를 보고 수행 정확도 자료의 현재 경향, 수준, 변동성을 파악한다.
  - 현 자료 세트의 형태(경향, 수준, 변동성, 시간)를 토대로 개입/기술 습득 절차의 다음 단계의 계획을 제안한다.
  - 제안한 계획을 시행한다.
  - 프로그램에서 변경한 내용의 효과성을 평가한다.

〈표 9-62〉 자료 그래프 작성을 위한 수행 모니터링 체크리스트(PMC)

준거	예	아니요
1. 그래프의 제목이 자료를 잘 나타낸다.		
2. 그래프가 자료를 올바르게 보여 준다(예: 명목 및 범주 자료에 막대 그래프, 회기/일시와 같이 연속적 자료에 선 그래프).		
3. 참가자들의 세로축의 범위가 같다.		
4. 세로축의 제목이 적절하다(예: 정반응의 백분율).		
5. 가로축의 제목이 적절하다(예: 회기).		
6. 가로축 지표가 자료점에 부합한다.		
7. 각 조건(또는 독립변인)을 잘 대표하는 조건 제목(예: 기초선, DRA, 철회)이 있다.		
8. 조건들(각 독립변인들) 사이에 조건 단계선이 있다(분명한 독립변인의 변경이 있을 경우에는 실선, 공유된 요소가 있는 조건 간에는 점선).		
9. 각 조건 간에는 자료선이 연결되어 있지 않다.		
10. 그래프에 격자선이 없다.		
11. 각 그래프는 회기가 일치하게 나열한다.		
12. 세로축 지표가 자료점에 부합한다.		
13. 여러 종속변인이나 자료선이 있을 경우 그래프에 범례가 포함되어 있다.		

✪ 가능한 집단 슈퍼비전 활동

기존 연구들은 연구 결과를 저널이나 학회에 발표하기 전 동료 리뷰 절차를 거친다. 이런 과정을 통해 연구자들은 자신의 작업을 특정 분야에 전문성을 가진 동료들에게 보여 주고 피드백을 구할 수 있다. 동료 리뷰 절차는 서로의 작업을 객관적으로 평가하고 오류를 찾는 데 매우 도움이 된다. 슈퍼바이저는 수련생이 작성한 이름이 지워진 사례 보고서와 자료 세트를 수련생의 동료들에게 주고 개입의 효과성에 대한 피드백을 공유하도록 할 수 있다. 만약 수련생의 내담자의 학습 속도가 기대에 미치지 못하거나 문제행동이 변화될 기미가 보이지 않을 경우 수련생의 동료들이 이에 대한 문제를 파악하고 바로잡는 데 도움을 줄 수 있다. 사례 보고서와 자료 그래프의 동료 리뷰 활동에 참여하는 것은 다양한 사례를 배우는 데 매우 도움이 되며, 수련생이 동료와 비슷한 상황에 처했을 경우 이에 대한 문제 해결을 하는 데도 매우 유용하다.

☼ 과제 목록

사례 및 집단 슈퍼비전 활동에 대한 제안과 더불어, 여기에는 '기본 역량 8'과 관련된 기술들을 숙달하는 데 필요한 과제들을 정리해 놓았다. 〈표 9-63〉부터 〈표 9-67〉은 여러분이 슈퍼바이저와 함께 과제를 시작하고 활동들을 선택하는 데 도움이 될 것이다. 앞서 언급하였듯이, 슈퍼비전의 매 단계마다 슈퍼바이저와 지속적으로 논의하며 이 중 어떤 과제가 자신에게 적합한지, 또는 추가적인 과제가 필요한지 여부에 관한 결정을 내리길 권한다.

〈표 9-63〉 슈퍼바이저와 공동으로 작업해야 하는 행동 프로그램의 효과 평가의 시행과 관련된 과제 목록

과제 목록	완수 여부 또는 완료 시점 기록
I. BACB의 윤리 가이드라인 검토하기	
1. 다음의 윤리 가이드라인을 검토하고 슈퍼바이저와 논의한다. • 1.0 행동분석가의 책임적 수행 • 2.0 행동분석가의 내담자에 대한 의무 • 4.0 행동분석가와 개별 행동 변화 프로그램 • 6.0 행동분석가와 업무 현장 • 8.0 행동분석가의 동료에 대한 책임 • 9.0 행동분석가의 사회에 대한 윤리적 책임 • 10.0 행동분석가와 연구	
II. 개입 계획의 효과성, 자료수집, 자료 보고, 자료 기반의 의사결정	
1. 각 개입 계획에서 행동 프로그램의 효과성을 평가하는 데 적합한 설계를 제안한다. 예: 수련생이 두 가지 다른 장소에서 나타나는 문제행동을 다루기 위한 개입을 진행 중이라고 가정하자. 수련생은 개입과 문제행동 사이에 기능적인 관계가 있는지 알아보기 위해 중다간헐설계 또는 상황 간 중다기초선설계를 제안할 것이다. – 제안한 설계에 대해 슈퍼바이저와 논의하고 피드백을 받는다. – 필요할 경우 수정하고 최종본을 첨부한다. • 각 설계에 제목을 붙일 때 개입 계획의 제목을 이용한다.	
2. 개입(독립변인)을 구조적으로 배치하고 개입이 목표 행동(종속변인)에 미치는 효과를 보여 주기 위해 제안한 설계를 이용한다.	
3. 행동 서비스를 진행하면서 지속적으로 진행 상황을 문서화한다. • 개입을 시행하는 동안 적합한 자료를 수집하고 그래프를 작성한다. • 작성한 그래프에 대해 피드백을 받는다. – 필요할 경우 수정하고, 수정한 그래프를 첨부한다.	

4. 다양한 형식의 정리된 자료를 토대로 의사결정을 한다. • 슈퍼바이저와 시각적으로 정리된 개입 자료를 보며 지속적으로 논의한다.	
5. 기초선 논리를 이용하여 개입의 효과성을 평가하고, 필요할 경우 개입 계획을 수정한다.	
III. 실험 설계　　　　　　　　　　　　　　각 설계마다 '예' 또는 '아니요'로 표시한다.	
1. 철회설계를 이용한다.	
2. 반전설계를 이용한다.	
3. 교대중재설계(예: 중다요소)를 이용한다.	
4. 준거변경설계를 이용한다.	
5. 중다간헐설계를 이용한다.	
6. 여러 설계 요인을 조합하여 이용한다.	
7. 표준 셀러레이션 차트(SCC)를 이용한다.	
8. 누적 기록을 이용한다.	

〈표 9-64〉 슈퍼바이저와 공동으로 작업해야 하는 수행 정확도 평가 시행과 관련된 과제 목록

과제 목록	완수 여부 또는 완료 시점 기록
I. BACB의 윤리 가이드라인 검토하기	
1. 다음의 윤리 가이드라인을 검토하고 슈퍼바이저와 논의한다. • 1.0 행동분석가의 책임적 수행 • 2.0 행동분석가의 내담자에 대한 의무 • 4.0 행동분석가와 개별 행동 변화 프로그램 • 6.0 행동분석가와 업무 현장 • 8.0 행동분석가의 동료에 대한 책임 • 9.0 행동분석가의 사회에 대한 윤리적 책임 • 10.0 행동분석가와 연구	
II. 효과적인 수행 모니터링 시스템의 설계와 사용하기	
1. 각 개입 계획에서 수행의 절차적 정확도를 모니터링하기 위한 PMC를 설계한다. • 슈퍼바이저에게 피드백을 받고 필요할 경우 수정한다. 　- 최종본을 첨부한다.	

2. 임상 현장에서 기술 습득 및 행동 감소 프로그램을 시행할 때 PMC를 이용하여 평가한다. • 교정적인 피드백을 제공한다. • PMC를 사용하고 피드백을 주는 과정을 슈퍼비전 받는다. • 시행자와 슈퍼비전을 진행할 때 PMC를 이용한다. • 작성한 PMC를 첨부한다(개인정보는 식별 불가능하게 처리할 것).	
3. 임상 현장에서 자료수집의 수행 정확도를 평가하기 위해 PMC를 사용한다. • 작성한 PMC를 첨부한다(개인정보는 식별 불가능하게 처리할 것).	
4. 임상 현장에서 선호도 평가의 수행 정확도를 평가하기 위해 PMC를 사용한다. • 작성한 PMC를 첨부한다(개인정보는 식별 불가능하게 처리할 것).	

〈표 9-65〉 수행 모니터링 체크리스트(PMC) 예시

프로그램 수행 정확도 PMC	예	아니요
1. 프로그램을 시작하기 전 자료기록지를 준비한다.		
2. 프로그램에서 사용하는 모든 자극은 교사의 손이 닿는 거리에 있다.		
3. 강화물은 교사의 팔 길이 정도 떨어진 거리에 두되 내담자가 만질 수 없어야 한다.		
4. 내담자가 눈맞춤을 하거나 주의를 줄 때까지 기다린다.		
5. 프로그램의 구체적인 지시 내용에 따라 변별자극을 제시한다.		
6. 내담자의 반응을 최대 5초 기다린다.		
7. 아동의 반응(촉구 수준에 따라 한 가지 항목에 채점)		
• 정반응일 경우: 강화물을 3초 이내에 제공한다.		
• 무반응/오반응일 경우: 변별자극을 다시 제시하고 가장 덜 제한적인 촉구를 준다.		
• 변별자극+촉구 1의 무반응/오반응일 경우: 변별자극을 다시 제시하고 2번째 수준의 촉구를 준다.		
• 변별자극+촉구 2의 무반응/오반응일 경우: 변별자극을 다시 제시하고 3번째 수준의 촉구를 준다.		
8. 각 촉구 수준에 알맞은 정확한 양의 강화물을 제공한다(+ 또는 촉구 수준=최대 양, − = 강화물 없음).		
9. 결과는 정반응/촉구에 의한 반응 이후 5초 이내에 제공한다.		
10. 강화물을 제공하고 5초 이내에 자료를 기록한다.		
11. 촉구 수준에 따라 정확하게 자료를 기록한다.		
12. 다음 변별자극을 30초 이내에 제시한다(쉬는 시간이 아니라면).		

〈표 9-66〉 슈퍼바이저와 공동으로 작업해야 하는 개입 프로그램 패키지의 구성 요소의 효과성 평가와 관련된 과제 목록

과제 목록	완수 여부 또는 완료 시점 기록
I. BACB의 윤리 가이드라인 검토하기	
1. 다음의 윤리 가이드라인을 검토하고 슈퍼바이저와 논의한다. • 1.0 행동분석가의 책임적 수행 • 2.0 행동분석가의 내담자에 대한 의무 • 4.0 행동분석가와 개별 행동 변화 프로그램 • 6.0 행동분석가와 업무 현장 • 8.0 행동분석가의 동료에 대한 책임 • 9.0 행동분석가의 사회에 대한 윤리적 책임 • 10.0 행동분석가와 연구	
II. 개입 패키지 중 효과적인 구성 요소를 파악하기 위해 요소분석을 시행하기	
1. 다양한 절차가 포함된 개입 계획에서 각기 다른 구성 요소의 효과성을 파악하기 위해 요소분석을 설계한다.	
2. 제안한 설계에 대해 슈퍼바이저와 논의하고 피드백을 받는다. • 필요할 경우 수정하고 최종본을 첨부한다. 　– 각 설계에 제목을 붙일 때 개입 계획의 제목을 이용한다.	
3. 제안한 설계를 이용해 각기 다른 요소를 구조적으로 배치하여 각 구성 요소가 목표 행동에 미치는 효과를 보여 준다. • 적합한 자료를 수집하고 그래프를 작성한다. • 작성한 그래프에 대해 피드백을 받는다. • 필요할 경우 수정하고, 수정한 그래프를 첨부한다.	
4. 다양한 형식의 정리된 자료를 토대로 의사결정을 한다. • 슈퍼바이저와 시각적으로 정리된 개입 자료를 보며 지속적으로 논의한다.	
5. 기초선 논리를 이용하여 개입의 효과성을 평가하고, 필요할 경우 개입 계획을 수정한다.	
III. 실험 설계	**각 설계마다 '예' 또는 '아니요'로 표시한다.**
1. 철회설계를 이용한다.	
2. 반전설계를 이용한다.	
3. 교대중재설계(예: 중다요소)를 이용한다.	
4. 준거변경설계를 이용한다.	
5. 중다간헐설계를 이용한다.	
6. 여러 설계 요인을 조합하여 이용한다.	

| 7. 표준 셀러레이션 차트(SCC)를 이용한다. | |
| 8. 누적 기록을 이용한다. | |

〈표 9-67〉 슈퍼바이저와 공동으로 작업해야 하는 여러 개입 방법의 효과성 비교와 관련된 과제 목록

과제 목록	완수 여부 또는 완료 시점 기록
I. BACB의 윤리 가이드라인 검토하기	
1. 다음의 윤리 가이드라인을 검토하고 슈퍼바이저와 논의한다. • 1.0　행동분석가의 책임적 수행 • 2.0　행동분석가의 내담자에 대한 의무 • 4.0　행동분석가와 개별 행동 변화 프로그램 • 6.0　행동분석가와 업무 현장 • 8.0　행동분석가의 동료에 대한 책임 • 9.0　행동분석가의 사회에 대한 윤리적 책임 • 10.0 행동분석가와 연구	
II. 여러 가지 개입 방법의 효과성을 비교하기 위해 요소분석을 시행하기	
1. 종속변인에 대한 2개 이상의 개입 방법의 효과성을 보여 주기 위해 교대중재설계를 이용하여 개입을 설계한다.	
2. 제안한 설계에 대해 슈퍼바이저와 논의하고 피드백을 받는다. • 필요할 경우 수정하고 최종본을 첨부한다. 　– 각 설계에 제목을 붙일 때 개입 계획의 제목을 이용한다.	
3. 제안한 설계를 이용해 여러 개입 방법을 교대로 진행하고, 각 구성 요소가 목표 행동에 미치는 효과를 보여 준다. • 적합한 자료를 수집하고 그래프를 작성한다. • 작성한 그래프에 대해 피드백을 받는다. • 필요할 경우 수정하고, 수정한 그래프를 첨부한다.	
4. 다양한 형식의 정리된 자료를 토대로 의사결정을 한다. • 슈퍼바이저와 시각적으로 정리된 개입 자료를 보며 지속적으로 논의한다.	
5. 기초선 논리를 이용하여 개입의 효과성을 평가하고, 필요할 경우 개입 계획을 수정한다.	
III. 실험 설계　　　　　　　　　각 설계마다 '예' 또는 '아니요'로 표시한다.	
1. 중다요소설계	
2. 동시설계	

추가 참고자료

Bailey, D. B. (1984). Effects of lines of progress and semi logarithmic charts on ratings of charted data. *Journal of Applied Behavior Analysis, 17,* 359-365. doi:10.1901/jaba.1984.17-359

Barlow, D. H., & Hayes, S. C. (1979). Alternating treatments design: One strategy for comparing the effects of two treatments in a single subject. *Journal of Applied Behavior Analysis, 12,* 199-210. doi:10.1901/jaba.1979.12-199

Cooper, L. J., Wacker, D. P., McComas, J. J., Brown, K., Peck, S. M., Richman, D., . . . Millard, T. (1995). Use of component analyses to identify active variables in treatment packages for children with feeding disorders. *Journal of Applied Behavior Analysis, 28,* 139-153. doi:10.1901/jaba.1995.28-139

Fisher, W. W., Kelley, M. E., & Lomas, J. E. (2003). Visual aids and structured criteria for improving visual inspection and interpretation of single-case designs. *Journal of Applied Behavior Analysis, 36,* 387-406. doi:10.1901/jaba.2003.36-387

Hagopian, L. P., Fisher, W. W., Thompson, R. H., Owen-DeSchryver, J., Iwata, B. A., & Wacker, D. P. (1997). Toward the development of structured criteria for interpretation of functional analysis data. *Journal of Applied Behavior Analysis, 30,* 313-326. doi:10.1901/jaba.1997.30-313

Hains, A. H., & Baer, D. M. (1989). Interaction effects in multielement designs: Inevitable, desirable, and ignorable. *Journal of Applied Behavior Analysis, 22,* 57-69. doi:10.1901/jaba.1989.22-57

Johnston, J. M., & Pennypacker, H. S. (1993). *Strategies and tactics of behavioral research* (2nd ed.). Hillsdale, NJ: Erlbaum.

Kazdin, A. E. (1982). *Single-case research designs: Methods for clinical and applied settings.* New York, NY: Oxford University Press.

Klein, L. A., Houlihan, D., Vincent, J. L., & Panahon, C. J. (2017). Best practices in utilizing the changing criterion design. *Behavior Analysis in Practice, 10,* 52-61. doi:10.1007/s4061

Park, H., Marascuilo, L., & Gaylord-Ross, R. (1990). Visual inspection and statistical analysis in single case designs. *Journal of Experimental Education, 58,* 311-320. doi:10.1080/00220973.1990.10806545

Roane, H. S., Fisher, W. W., Kelley, M. E., Mevers, J. L., & Bouxsein, K. J. (2013). Using modified visual inspection criteria to interpret functional analysis outcomes. *Journal of Applied Behavior Analysis, 46,* 130-146. doi:10.1002/jaba.13

Ward-Horner, J., & Sturmey, P. (2010). Component analyses using single-subject experimental designs: A review. *Journal of Applied Behavior Analysis, 43,* 685-704. doi:10.1901/jaba.2010.43-685

Wine B., Freeman T. R., & King A. (2014). Withdrawal versus reversal: A necessary distinction? *Behavior Intervention, 30,* 87-93. doi:10.1002/bin.1399

[기본 역량 9]
개입 절차를 시행하는 다른 사람을 훈련하기

　행동분석가로 일하면서 여러분은 다른 사람을 관리·감독하고 훈련하게 될 기회를 가질 것이다. 그러므로 여러분의 수련 경험은 앞으로 여러분이 유능한 슈퍼바이저나 훈련자가 되는 데 도움이 되어야 하며, 자신이 이런 역할을 수행하는 데 잘 준비되어 있다고 느껴야 한다. 슈퍼바이저와 훈련자의 차이점은 다음과 같이 정리할 수 있다. 즉, 훈련자로서 당신은 기술의 초기 습득을 담당하게 된다. 슈퍼바이저로서 당신은 기술의 일반화와 유지에 관한 일을 하게 된다. 행동분석가로서 여러분은 동일한 사람을 대상으로 이 두 가지 역할을 동시에 수행하게 될지 모른다. 기존 연구들은 효과적인 스태프 훈련은 대부분 미리 정해 놓은 습득 기준에 도달할 때까지의 지도, 모델링, 연습, 피드백으로 구성된다는 것을 밝혔는데, 이는 역량 기반 행동기술훈련(BST; Parsons et al., 2012)의 구성 요소이다. 훈련에 대한 이런 접근법에서 여러분은 훈련의 목표 과제에 대한 PMC를 개발해야 하며, 스태프가 해당 기술을 수행하는 것을 직접 관찰하는 기회를 마련해야 하고, 정확한 행동의 모델을 보여 주며 효과적인 피드백을 제공해야 한다.

　수행에 대한 효과적인 피드백을 제공하는 것은 쉬운 일이 아니다. 실제 기존 연구들은 슈퍼바이저 및 관리자의 80% 이상이 교정적인 피드백을 주는 것을 꺼려 한다고 보고하였다. 하지만 슈퍼바이저가 여러분이 수련생에게 피드백을 주는 방식을 관찰하고 당신이 피드백을 주는 방식에 대한 피드백을 준다면, 당신은 스태프에게 피드백을 주는 데 보다 자신감이 생길 것이다. 기존 연구에서 우리는 개인이 충분한 지식, 적절한 도구(PMC), 효과적으로 행동을 향상시키는 피드백을 제공했던 경험이 없을 때 피드백을 주는 데 어려움이 있다는 것을 알아냈다. 따라서 이 기본 역량을 다루기 위해 여러분은 행동 변화 절차를 수행해야 하는 다른 사람을 훈련하기 위한 역량 기반 훈련을 계획하고 사용해야 한다. 〈표 9-68〉은 이 기본 역량과 관련된 기술을 향상시키는 데 도움이 될 수 있는 기준을 제시하고 있다.

〈표 9-68〉 개입 절차를 시행하는 다른 사람을 훈련하기 위한 기본 역량의 기준

초급 기술

- 행동분석 슈퍼비전을 하는 이유 및 비효과적인 슈퍼비전의 잠재적인 위험성에 대해 설명할 수 있다.
- 행동기술훈련에 대해 정의할 수 있다.
- 행동기술훈련을 사용할 때의 장점을 설명할 수 있다.
- 행동기술훈련의 구성 요소를 열거하고, 각 구성 요소의 장단점을 설명할 수 있다.
- PMC의 목적을 설명하고 다양한 종류(예: 가중된 vs. 비가중된)의 PMC를 열거할 수 있다.

중급 기술

- 행동 습득 및 행동 감소 치료 계획을 시행하는 것을 감독하기 위한 PMC를 개발할 수 있다.
- PMC를 이용하여 얻은 자료를 계량화 및 그래프화하여 훈련의 효과성을 평가할 수 있다.
- 행동기술훈련 시 슈퍼바이저의 보조 역할을 할 수 있다.

고급 기술

- 수련생의 기술에 대한 평가를 시행할 수 있다.
- 수련생의 기술 평가를 토대로 슈퍼비전의 목표와 분명한 수행에 대한 기대치를 설정할 수 있다.
- 개인, 보호자/교사가 평가 및 개입 절차를 능숙하게 시행하도록 훈련을 할 때 BST의 모든 구성 요소와 PMC를 활용할 수 있다.
- 내담자의 성과와 수련생의 기술 목록을 통해 얻은 자료를 계량화 및 그래프화하여 슈퍼비전의 효과성을 평가할 수 있으며, 개인의 수행을 향상시키는 데 기능 평가적 접근(예: 수행 진단)과 기능 기반의 전략을 사용할 수 있다.

보수교육 및 직업적 성장

⚙ 사례: 절차를 시행하는 다른 사람을 훈련하기

(1) 사례

> 수련생은 새로운 팀 구성원 찰리가 신체적 공격에 대해 대체행동 차별강화를 시행하도록 훈련하고 있다. 강화해야 하는 대체행동은 쉬는 시간을 요청하는 것이다. 수련생은 찰리가 이 절차를 실제 내담자를 대상으로 시행할 수 있도록 준비시켜야 한다.

- 수련생은 다음 항목들을 완수해야 한다.
  - 찰리의 본 절차에 대한 현재의 능력 수준 파악하기
  - 찰리에게 시행할 훈련 계획 및 찰리의 수행에 대한 평가 계획 세우기
  - 찰리의 기술의 일반화 및 유지에 대한 평가 계획 세우기

(2) 현재 기술에 대한 기초선 평가

① 슈퍼바이저가 이 활동에서 사용될 대체행동 차별강화 절차가 정리되어 있는 자료를 준다.

② 다음을 완수한다.
- 훈련에서 완수해야 하는 모든 단계를 열거하기
- 찰리의 역할을 하는 슈퍼바이저와 훈련 절차를 역할극 해 보기
- 슈퍼바이저는 행동기술훈련(BST)에 대한 PMC를 이용하여 수련생의 수행을 평가하기

③ 절차를 작성하는 과제에서 기준을 충족했다면(PMC에서 요구하는 단계를 80% 이상 정확하게 완수함) 훈련의 2단계로 넘어간다.
- 만약 역할극을 하면서 기준을 충족했다면(PMC에서 요구하는 단계를 80% 이상 정확하게 완수함), 스태프에게 시행하는 단계로 넘어간다.
- 만약 둘 중 하나라도 충족하지 못했다면, 훈련의 1단계부터 시작한다.

(3) 훈련

① 1단계: 훈련 절차를 계획하기
- 지도
  - 슈퍼바이저가 수련생에게 BST에 대한 PMC를 준다.
  - 슈퍼바이저가 훈련의 절차의 모델을 보여 주며 PMC의 절차를 함께 확인한다.

    – 슈퍼바이저와 함께 PMC의 각 단계를 검토한다.

       예 '1단계와 2단계: 훈련자가 훈련을 받을 사람에게 지시가 적힌 종이를 준다. 지시 단계
          는 순서 형태로 정리되어 있다.'

       » 설명: 순서 형태로 단계가 정리된 종이는 훈련을 받는 사람이 특정 단계를 잊어버렸을
         때 검토해 볼 수 있는 참고자료가 될 것이다.

- 모델
  - 수련생은 주어진 대본에서 훈련을 받는 사람 역할을 한다.
  - PMC를 이용하여 슈퍼바이저의 수행을 평가해 본다.
- 역량 확인
  - 수련생은 다른 사람을 훈련하기 위해 따라야 하는 전 과정을 글로 정리한다.
  - 슈퍼바이저가 이에 대한 피드백을 준다.
  - 수련생이 글로 정리한 절차가 PMC에서 80% 이상의 수행을 충족했을 때 2단계로
    넘어간다.

② 2단계: 시연

- 역할극
  - 슈퍼바이저가 찰리(훈련해야 하는 대상)의 역할을 한다. 수련생은 모든 훈련 단계를
    완수한다. 슈퍼바이저는 자신의 경험을 바탕으로 스태프를 연기한다.
  - 수련생은 훈련의 시작부터 끝까지 모든 부분을 완수해야 한다. 훈련을 완수하고
    나면 훈련을 받은 사람에게 배운 기술의 일반화 및 유지 상태를 앞으로 어떻게 평
    가할 것인지 알려 준다.
  - 슈퍼바이저는 다음의 두 분야에 대한 피드백을 제공한다.
    - PMC 항목에서의 수행
    - 슈퍼바이저가 느끼기에 잘했거나 개선이 필요하다고 생각되는 다른 부분들(예: 어조,
      속도 조절, 경과의 문서화, 질문에 답하기, 명확한 설명)
  - PMC에서 80% 이상의 정확도를 보였다면, 일반화 단계로 넘어간다. 만약 80%의
    정확도를 충족하지 못하였다면, 역할극을 다시 진행한다. 이 과정을 습득 준거를
    충족할 때까지 반복한다.

(4) 일반화

- 훈련을 받는 사람을 대상으로 관련된 절차(행동 감소 절차)의 훈련을 완료한다.
  - 슈퍼바이저는 훈련을 할 때 사용한 것과 동일한 PMC를 이용한다.
  - 훈련을 받는 사람도 그의 관점에서 수련생의 수행을 평가하는 피드백 서식을 작성하게 한다.

〈표 9-69〉 BST를 이용한 훈련을 위한 수행 모니터링 체크리스트(PMC)

BST를 이용한 훈련 절차의 PMC	Y	N	NA
날짜:			
기초선			
1. 피훈련자에게 훈련 주제를 알려 준다.			
2. 피훈련자에게 특정 절차와 관련된 경험이 있는지 물어본다.			
• 없다고 대답할 경우, 3단계로 이동한다.			
• 있다고 대답할 경우, 절차에 대한 PMC를 실시한다.			
3. 피훈련자에게 그의 수행 내용을 알려 준다.			
• 피훈련자가 준거를 충족했을 경우, 일반화 단계로 넘어간다.			
• 피훈련자가 준거를 충족하지 못했을 경우, 지도 단계로 넘어간다.			
지도			
1. 피훈련자에게 문서로 된 지시사항을 전달한다.			
2. 지시사항은 순서 형태로 정리되어 있다.			
3. 지시사항에 정신론적인 표현이 포함되어 있지 않다.			
4. 지시사항에는 절차를 완수하는 데 필요한 모든 단계가 정리되어 있다.			
5. 피훈련자에게 적합한 언어가 사용되었다.			
6. 피훈련자에게 절차의 근거를 설명하였다.			
7. 지시사항에 대한 피훈련자의 이해 정도를 확인하였다.			
8. 피훈련자에게 질문사항이 있는지 확인하였다.			
모델			
1. 적어도 2명이 절차를 모델링하는 데 참여한다.			
2. 피훈련자에게 보여 줄 모델링 절차가 정리된 대본을 사용한다.			
3. 모델링에 지시사항에서 제시된 모든 절차가 포함되었다.			
4. 모델링에 참가자가 할 수 있는 모든 반응에 대한 단계들이 포함되었다.			

5. 만약 모델링을 하면서 실수가 발생했다면, 즉시 정정하고 해당 단계를 다시 시행한다.			
6. 적어도 모델링의 두 부분에서 이해 정도를 확인하였다.			
7. 피훈련자로부터 모델링 내용에 관한 질문사항이 있는지 확인하였다.			
시연			
1. 일반화 단계로 넘어가기 위한 기준을 설정한다(예: 5번의 기회에서 100%의 정확도로 수행한다).			
2. 피훈련자에게 준거를 알려 주고 수행 평가에 사용할 PMC를 보여 준다.			
3. PMC를 사용하여 피훈련자가 시연하는 내용을 평가한다.			
4. 시연에 예상되는 참가자의 모든 반응에 대해 피훈련자가 대처해 볼 수 있는 기회가 포함된다.			
5. 시연에서 발생한 모든 오류마다 피드백을 제공한다(슈퍼바이저의 관찰 내용을 토대로 80% 이상).			
6. 피드백에서 PMC의 항목들을 다루었다.			
7. 일반화 단계로 넘어가기 위한 준거를 충족할 때까지 시연을 반복한다.			
피드백			
1. 공감하는 말을 하면서 피드백을 시작한다.			
2. 피드백을 주기 전 피훈련자의 반응을 검토한다(예: 이전의 피드백이 제대로 반영되었는가).			
3. 시연 과정에서 잘 수행한 부분마다 적어도 한 번 이상 언급한다.			
4. 피드백을 하며 구체적인 언어 및 칭찬하는 말을 사용하였다(예: "오류를 짚어 준 뒤 상황을 다시 정리하는 것을 무척 잘했어.").			
5. '하지만', '그러나'와 같은 말을 하지 않았다(예: "X는 잘했어, 하지만 Y는 못했어.").			
6. 시연 과정에서 개선이 필요한 부분마다 적어도 한 번 이상 언급하였다.			
7. 피훈련자가 개선해야 하는 부분을 정확하게 파악하였다.			
8. 개선해야 하는 부분을 파악한 뒤 이에 대한 지도와 모델링을 했다.			
9. 피훈련자가 앞에서 주어진 피드백에 대한 질문사항이 있는지 확인하였다.			
10. 피훈련자의 피드백에 대한 이해 정도를 확인하였다.			
11. 피훈련자가 피드백에 대한 질문사항이 있는지 재확인하였다.			
12. 피훈련자가 피드백을 반영하며 시연을 반복하였다.			
13. 만약 피훈련자가 피드백을 정확하게 반영하지 못했을 경우 이에 대해 기록해 둔다.			
14. 피훈련자에게 전달한 모든 피드백은 영구 산물로 남겨 둔다.			
총점(Y / 41):			

✪ 가능한 집단 슈퍼비전 활동

슈퍼바이저는 집단 슈퍼비전을 통해 수련생이 BST를 이용하여 동료를 훈련하게 하고 수련생의 BST 및 피드백을 주는 기술에 대한 피드백을 줄 수도 있다.

✪ 과제 목록

사례 및 집단 슈퍼비전 활동에 대한 제안과 더불어, 여기에는 '기본 역량 9'와 관련된 기술들을 숙달하는 데 필요한 과제들을 정리해 놓았다. 〈표 9-70〉과 〈표 9-71〉은 여러분이 슈퍼바이저와 함께 과제를 시작하고 활동들을 선택하는 데 도움이 될 것이다. 앞서 언급하였듯이, 슈퍼비전의 매 단계마다 슈퍼바이저와 지속적으로 논의하며 이 중 어떤 과제가 자신에게 적합한지, 또는 추가적인 과제가 필요한지 여부에 관한 결정을 내리길 권한다.

〈표 9-70〉 슈퍼바이저와 공동으로 작업해야 하는 행동 변화 절차를 시행해야 하는 개인 대상의 역량 기반 훈련의 계획 및 활용과 관련된 과제 목록

과제 목록	완수 여부 또는 완료 시점 기록
I. BACB의 윤리 가이드라인 검토하기	
1. 다음의 윤리 가이드라인을 검토하고 슈퍼바이저와 논의한다. • 1.0 행동분석가의 책임적 수행 • 2.0 행동분석가의 내담자에 대한 의무 • 4.0 행동분석가와 개별 행동 변화 프로그램 • 6.0 행동분석가와 업무 현장 • 8.0 행동분석가의 동료에 대한 책임 • 9.0 행동분석가의 사회에 대한 윤리적 책임 • 10.0 행동분석가와 연구	
II. 근거 기반의 스태프 훈련 프로그램의 개발	
1. 다음의 요소들을 포함하여 직속 스태프 대상의 역량 기반 훈련을 계획한다. • 목표 기술 및 목적에 대한 설명 • 목표 기술을 어떻게 시행하는지 설명한 기술적인 서면 계획 • 목표 기술의 모델링 • 목표 기술을 피훈련자가 직접 연습해 볼 수 있는 기회 • 시연 중 어떻게 수행 피드백을 줄 것인가	

• 훈련 상황에서의 기술 습득 준거를 분명하게 설정하기 • 실제 상황에서의 기술 습득 준거를 분명하게 설정하기	
2. 슈퍼바이저의 피드백을 받고 필요할 경우 수정한다. 　• 최종본을 첨부한다.	
3. 역량 기반 훈련을 사용하여 소집단 훈련을 진행한다. 　• 집단 훈련에 대한 참가자 평가를 시행한다.	

III. 근무 상황에서의 훈련 및 행동 변화 개입의 슈퍼비전 제공하기

1. 소집단 지도 후 근무 상황에서 BST를 시행한다. 　• 실제 상황에서의 기술 수행을 평가하기 위해 PMC를 이용한다. 　• PMC를 이용하여 수행자에게 피드백을 준다. 　• 근무 상황에서 BST를 진행하며 슈퍼비전을 받는다.	
2. 다음을 포함한 직속 스태프 대상의 주간 슈퍼비전을 제공한다. 　• 자료수집 　• 절차적 일치도에 대한 감독과 교정적 피드백 　• 자료 분석과 자료를 기반으로 한 의사결정 　• 현재 프로그램의 수정 　• 새로운 프로그램의 개발과 시행 　• 서비스가 더 이상 필요하지 않을 때의 순차적인 종결	

IV. 전문적인 발표를 계획하기(선택사항)

1. 전문적인 학술회의 및 조직을 고려한 초록을 제출한다[(PMC)의 예시].

2. 경험적인 연구 결과, 개념에 관한 논문, 직업 관련 주제를 전문적인 학술회의나 조직에 발표한다[(PMC) 참조].

〈표 9-71〉 수행 모니터링 체크리스트(PMC) 예시

PMC	1회기	2회기	3회기	비고
1. 전반적인 기분 상태, 시간 엄수, 준비 등에 대한 긍정적인 언급을 하며 시작한다.	Y / N	Y / N	Y / N	
2. 주제 간 빠르게 전환한다(관찰에서 피드백으로, 회기 간, 참가자 간)	Y / N	Y / N	Y / N	
3. 각 조건의 목표 행동에 대해 피드백을 제공한다(총 Y의 수/Y + N의 수)				
• 정확하게 수행했다면, 알려 주고 칭찬한다(S#2와 3의 경우, 이전 회기에서 부정확하게 수행했다면 정확하게 수행했을 때에만 기록).	Y / N	Y / N	Y / N	
• 부정확하게 수행했다면, 피훈련자가 무엇을 잘못했는지 분명하게 알려 준다(필요할 경우 정확한 행동의 모델을 보여 준다).	Y / N	Y / N	Y / N	
4. 자료수집에 대한 피드백을 제공한다(참가자가 피드백이 더 필요하지 않다면, 1회기에서만 제공)				
• 정확하게 수행했다면, 알려 주고 칭찬한다.	Y / N	Y / N	Y / N	
• 부정확하게 수행했다면, 참가자에 대한 자료수집에 대해 리뷰한다.	Y / N	Y / N	Y / N	
5. 타이머 사용에 대해 피드백을 제공한다(참가자가 피드백이 더 필요하지 않다면, 1회기에서만 제공)				
• 정확하게 수행했다면, 재확인해 주고 칭찬한다.	Y / N	Y / N	Y / N	
• 부정확하게 수행했다면, 타이머 사용에 대해 리뷰한다.	Y / N	Y / N	Y / N	
6. 긍정적인 말로 피드백을 마무리한다.	Y / N	Y / N	Y / N	
7. 다른 질문이 없는지 물어본다.	Y / N	Y / N	Y / N	
8. 질문에 정확하게 대답한다(질문을 받을 경우, 각 단계의 기능에 대해 설명함. 질문의 수를 비고에 기록해 둘 것).	Y / N	Y / N	Y / N	
9. 전반적으로 융통성이 있었다(피드백을 줄 때 대본으로부터 주의를 돌리기, 필요할 때마다 질문에 대답해 주기).	Y / N	Y / N	Y / N	
10. 긍정적인 언급과 교정적 반응의 시간 배분을 균형 있게 했다(가능한 한 최대로).	Y / N	Y / N	Y / N	
총점(Y의 수/10):				
숙달 준거(100%):				

추가 참고자료

Carr, J. E., Wilder, D. A., Majdalany, L., Mathisen, D., & Strain, L. A. (2013). An assessment-based solution to a human-service employee performance problem: An initial evaluation of the Performance Diagnostic Checklist—Human Services. *Behavior Analysis in Practice, 6,* 16-32. doi:10.1007/BF033

Chok, J. T., Shlesinger, A., Studer, L., & Bird, F. L. (2012). Description of a practitioner training program on functional analysis and treatment development. *Behavior Analysis in Practice, 5,* 25-36. doi:10.1007/BF033

Codding, R. S., Feinberg, A. B., Dunn, E. K., & Pace, G. M. (2005). Effects of immediate performance feedback on implementation of behavior support plans. *Journal of Applied Behavioral Analysis, 38,* 205-219. doi:10.1901/jaba.2005.98-04

Fiske, K. E. (2008). Treatment integrity of school-based behavior analytic interventions: A review of the research. *Behavior Analysis in Practice, 1,* 19-25. doi:10.1007/BF033

Gresham, F. M. (1989). Assessment of treatment integrity in school consultation and prereferral intervention. *School Psychology Review, 18,* 37-50.

Gresham, F. M. (2004). Current status and future directions of school-based behavioral interventions. *School Psychology Review, 33,* 326-343.

Kuhn, S. A. C., Lerman, D. C., & Vorndran, C. M. (2003). Pyramidal training for families of children with problem behavior. *Journal of Applied Behavior Analysis, 36,* 77-88. doi:10.1901/jaba.2003.36-77

Miles, N. I., & Wilder, D. A. (2009). The effects of behavioral skills training on caregiver implementation of guided compliance. *Journal of Applied Behavior Analysis, 42,* 405-410. doi:10.1901/jaba.2009.42-405

Parsons, M. B., & Reid, D. H. (1995). Training residential supervisors to provide feedback for maintaining staff teaching skills with people who have severe disabilities. *Journal of Applied Behavior Analysis, 28,* 317-322. doi:10.1901/jaba.1995.28-317

Parsons, M. B., Rollyson, J. H., & Reid, D. H. (2012). Evidence-based staff training: A guide for practitioners. *Behavior Analysis in Practice, 5,* 2-11. doi:10.1007/BF033

Reed, F. D. D., Hirst, J. M., & Howard, V. J. (2013). Empirically supported staff selection, training, and management strategies. In *Handbook of crisis intervention and developmental disabilities* (pp. 71-85). New York, NY: Springer.

Reid, D. H., Parsons, M. B., & Green, C. W. (2012). *The supervisor's guidebook: Evidence-based strategies for promoting work quality and enjoyment among human service staff.* Morganton, NC: Habilitative Management Consultants.

Sanetti, L. M. H., Luiselli, J. K., & Handler, M. W. (2007). Effects of verbal and graphic performance feedback on behavior support plan implementation in a public elementary school. *Behavior Modification, 31,* 454-465. doi:10.1177/0145445506297583

Sarokoff, R. A., & Sturmey, P. (2004). The effects of behavioral skills training on staff implementation of discrete trial teaching. *Journal of Applied Behavior Analysis, 37,* 535-538. doi:10.1901/jaba.2004.37-535

Shapiro, M., & Kazemi, E. (2017). A review of training strategies to teach individuals Implementation of behavioral interventions. *Journal of Organizational Behavior Management, 31*(1), 32-62. doi:10.1080/01608061.2016.1267066

Ward-Horner, J., & Sturmey, P. (2012). Component analysis of behavior skills training in functional analysis. *Behavioral Interventions, 27*(2), 75-92. doi:10.1002/bin.1339

Weinkauf, S. M., Zeug, N. M., Anderson, C. T., & Ala'i-Rosales, S. (2011). Evaluating the effectiveness of a comprehensive staff training package for behavioral interventions for children with autism. *Research in Autism spectrum disorders, 5*(2), 864-871. doi:10.1016/j.rasd.2010.10.001

Weldy, C. R., Rapp, J. T., & Capocasa, K. (2014), Training staff to implement brief stimulus preference assessments. *Journal of Applied Behavior Analysis, 47,* 214-218. doi:10.1002/jaba.98

[기본 역량 10]
행동분석 분야를 대표하여 행동하고 확산하기

　이 기본 역량은 내담자, 내담자 가족, 그리고 행동분석가가 아닌 다른 사람들(예: 학교 관련자, 작업 및 언어 치료사, 지인, 보다 넓은 범주의 지역사회)과 상호작용할 때 행동분석가로서 우리가 하는 일을 어떻게 설명하는가와 관련이 있다. 행동분석 분야가 성장했음에도 불구하고 외부에 보이는 모습에는 개선의 여지가 많다. 응용행동분석은 비교적 신생 분야이기에, 여러분은 이 분야를 외부에 알리고 행동분석가로서 갖춰야 하는 자격 요인을 교육해야 한다. 여러분은 이 직업에 대해 알고 싶어하는 사람에게 윤리규정, 자격증을 따기 위해 갖춰야 하는 조건, 임상 활동을 하기 위한 광범위한 훈련과 수련 경험, 그리고 내담자의 자유와 삶의 질을 향상시키기 위해 우리가 하고 있는 노력 등에 대해 알려줄 수 있어야 한다. 행동분석 분야의 생명력과 지속적인 성장은 여러분이 진실되고 호의적이며 협력적이고 전문적인 태도를 가지고 타인과 상호작용하는 능력에 달려 있다. 또한 여러분은 연민과 인간애, 나와 다른 생각에 대한 개방적 태도 등과 관련된 다양한 사례를 기반으로 행동분석 분야에 대한 미신과 오해(예: 행동분석가는 사람의 감정을 고려하지 않는다, 거만하다, 오직 단순한 행동만을 다룬다 등)를 해소하기 위한 노력을 해야 한다.

　행동분석가로서 여러분은 '환자를 대하는 태도(bedside manner)'에 대해서도 훈련을 받을 필요가 있다. 이것은 의료 분야에서 전형적으로 사용되는 오래된 관용구로, 건강 관련 전문가가 환자 및 그 가족과 어떻게 라포를 형성하는지, 어떻게 진단과 의료 절차를 설명해야 하는지, 그리고 환자의 경과에 대해 어떻게 의사소통해야 하는지를 의미한다. 건강 관련 전문가가 환자와 그 가족 및 이해관계자와 소통하는 방식은 치료의 지속, 치료의 허용 여부, 그리고 가족이 힘든 소식을 어떻게 이겨 내는지 등에 영향을 줄 수 있다. 같은 내용이 행동분석 분야에도 적용될 수 있다. 행동분석가로 일하면서 고위험 집단 및 그 가족, 교사, 그리고 보다 압박을 받고 있는 이해관계자들과 함께 작업을 진행하게 될 것이다. 부모는 자녀에 대해 알고 싶어 하고 그들을 제대로 돌봐 줄 수 있는 전문가를 원한다. 그들은 자녀를 통제하려 하거나 선택해야 하는 사항을 어떻게 조작적으로 정의할 것인지에 대해 토론하는 전문가와는 함께 작업하고 싶지 않을 것이다. 여러분은 부모 및 보호자와 의사소통할 때 친숙한 언어를 사용해야 하며, 그들이 치료 과정에 대해 혼란스러워할 때 안정을 찾을 수 있도록 도와줘야 한다. 여러분은 또한 자신과 다른 문화를 존중

하고 개방적인 태도로 내담자의 치료 욕구와 보호자의 결정에 그들의 문화가 미치는 영향을 배우고자 하는 문화적 역량을 가지고 있어야 한다. 마지막으로, 여러분은 다른 사람들(예: 교사, 보조 교사, 보호자)을 교육하여 내담자를 위한 행동 계획을 실행하는 데 도움이 될 수 있도록 해야 한다. 이 훈련 과정을 종종 치료의 수용 가능성과 충실도의 영역에서 기본적인 부분 이상의 역할을 한다. 훈련을 진행할 때 상대와 그들의 욕구를 고려함으로써 보다 효과적인 성과를 낼 수 있다. 여기에는 이 기본 역량을 다루기 위해 다음의 두 가지 구성 기술을 제시한다. ① 행동분석이 낯선 대상을 위한 훈련 모듈을 개발하고 발표하는 것, 그리고 ② 기술적인 용어를 사용하지 않고 행동적 개념이나 철학을 설명하는 것이다. 〈표 9-72〉는 이 기본 역량과 관련된 기술을 향상시키는 데 도움이 될 수 있는 기준을 제시하고 있다.

〈표 9-72〉 행동분석 분야를 외부에 설명하기 위한 기본 역량의 기준

초급 기술

- 행동분석가가 무슨 일을 하고 어떤 자격을 갖춰야 하는가에 대한 질문에 정확하게 대답한다.
- 응용행동분석 용어 및 개념에 관한 질문에 정확하게 대답한다.
- 행동 평가 및 행동 개입에 관한 질문에 정확하게 대답한다.
- 행동분석의 역사와 철학에 관한 질문에 정확하게 대답한다.
- '적극적인 듣기'에 대해 정의하고, 그것의 주요 구성 요소에 대해 설명할 수 있다.
- 치료 수용 가능성과 사회적 중요도, 그것이 내담자 서비스에 어떻게 작용하는지에 대해 설명할 수 있다.
- '환자를 대하는 태도(bedside manners)'에 대해 설명할 수 있다.
- 문화적 역량이 무엇을 의미하는지 설명할 수 있다.

중급 기술

- 화자에 의해 제시된 질문의 기능을 알고 있다.
- 화자가 공격당한다고 느끼지 않게 하면서 내용을 보다 명료화해 줄 것을 요청할 수 있다.
- 우리의 직업의 한계점 및 개선이 필요한 부분을 확인한다.
- 행동분석가가 하는 일, 자격 요건, 중요시되는 임무, 직업과 관련된 질문에 행동적 용어를 최소한으로 사용하며 대답할 수 있다.
- 응용행동분석의 용어 및 개념에 관한 질문에 행동적 용어를 최소한으로 사용하며 대답할 수 있다.
- 행동 평가 및 행동 개입에 관한 질문에 행동적 용어를 최소한으로 사용하며 대답할 수 있다.
- '적극적인 듣기'를 역할극으로 시연할 수 있다.

> • 치료 수용 가능성 및 사회적 중요도가 치료에 미치는 영향을 설명할 수 있다.

고급 기술

- 일반적인 언어를 사용하여 직업, 개념, 절차에 대한 질문에 대답할 수 있다.
- 청자와 관련된 다양한 사례를 제시할 수 있다.
- 인본적인 관점에서 행동분석의 긍정적인 측면을 설명할 수 있다.
- 문화적 역량을 보여 준다.
- '적극적인 듣기'와 관련된 기술들을 보여 준다.
- 내담자, 보호자, 그리고 다른 전문가들과 다학제적 팀을 이루어 진실되고 협조적인 태도로 상호작용한다.

보수교육 및 직업적 성장

✿ 사례: 행동분석 관계자가 아닌 청자에게 ABA를 알리기

(1) 사례

> 수련생은 지역 초등학교의 교사들을 대상으로 한 집단 유관에 대한 강의를 요청받았다. 강의의 목적은 집단 유관을 소개하고 교사들이 이를 직접 시행하기 위한 보다 공식적인 훈련을 받길 원하는지 확인하는 것이다.

- 수련생은 다음을 실행해야 한다. 다음 활동 중 '강의하기'와 '강의 평가하기'에서는 수련생이 가진 훈련 기술에 초점을 둔다.
  - 훈련과 관련된 정보 탐색하기
  - 강의자료 만들기
  - 보충 자료 만들기
  - 청자 앞에서 강의하기
  - 강의 평가하기

(2) 현재 기술에 대한 기초선 평가

① 강의를 위한 모든 절차를 시작하기 전, 슈퍼바이저는 강의를 어떻게 진행할 것인가에 관한 기초 작업(그리고 가능한 훈련)을 한다.

② 슈퍼바이저는 수련생이 동료들 앞에서 강의를 하도록 지시한다.

- 이 훈련은 직접 훈련을 통해 수련생의 기술만을 단독으로 훈련하기 위해 고안된 것이다.
- 수련생이 활용 가능한 모든 보충 자료를 미리 준비한다.

③ 훈련을 진행하는 동안 슈퍼바이저는 집단 훈련 PMC를 이용하여 수련생의 수행을 평가한다.

④ PMC에서 80% 이상의 점수를 받으면 일반화 단계로 넘어간다.

⑤ 만약 PMC에서 80% 이하의 점수를 받을 경우 훈련 단계로 넘어간다.

(3) 훈련

① 슈퍼바이저가 훈련을 위한 PMC를 제시한다.

- 슈퍼바이저가 PMC와 이것을 평가에 어떻게 활용하는가와 관련된 질문을 받는다.

② 수련생에게 슈퍼바이저가 진행하는 훈련, 또는 슈퍼바이저가 지정한 다른 사람이 진행하는 훈련을 보여 준다.

- 슈퍼바이저가 수련생에게 PMC를 이용하여 훈련 내용을 평가하도록 지시한다. 만약 다른 사람을 관찰하면서 훈련을 진행한다면, 슈퍼바이저는 PMC를 이용하여 관찰자 일치도 평가를 함께 진행할 것이다.

③ 관찰을 마친 후 슈퍼바이저는 다음의 논문을 읽은 후 그것이 수련생의 훈련 기술에 어떻게 적용 가능한지 논의하는 과제를 준다[Friman, P. C. (2014). Behavior analysts to the front! A 15-step tutorial on public speaking. *The Behavior Analyst*, *37*(2), 109-118. doi:10.1007/s40614-014-0009-y].

④ 슈퍼바이저가 수련생에게 5개의 훈련(슈퍼바이저의 재량에 따라 선택된) 중 하나를 고르게 한다.

- 수련생은 선택지 중 하나를 선택한다.
- 선택한 강의를 슈퍼바이저 앞에서 시행한다.
  - 슈퍼바이저는 PMC를 이용하여 수련생의 강의를 평가한다.

    – 만약 수행 기준에 맞게 완수하였다면, 다음 단계(⑤)로 넘어간다.

    – 만약 수행 기준에 도달하지 못하였을 경우, 슈퍼바이저는 피드백을 제공하고 다른 선택지를 골라 훈련을 진행한다.

⑤ 앞의 단계(④)에서 제시했던 선택지를 다시 주고, 최소 3명 이상의 집단 구성원 앞에서 강의를 진행하게 한다.

- 수련생은 선택지 중 하나를 선택한다.
- 동료들은 수련생의 수행을 보고 훈련자로서의 행동에 대한 자료를 수집하며 평가한다.

    – 슈퍼바이저는 PMC를 이용하여 수련생의 강의를 평가한다.

    – 동료들은 수집된 자료 및 훈련에 대한 주관적인 의견을 바탕으로 수련생을 평가한다.

    – 만약 수행 기준(슈퍼바이저의 PMC 기준)에 맞게 완수하였다면, 다음 단계로 넘어간다.

    – 만약 수행 기준에 도달하지 못하였을 경우, 슈퍼바이저는 피드백을 제공하고 다른 선택지를 골라 훈련을 진행한다.

(4) 일반화

① 이 기본 역량과 관련된 모든 개인 활동을 완수한 후(1~5 항목 참조),

- 슈퍼바이저가 특정한 훈련 주제를 제시한다.
- 수련생은 훈련의 시작부터 끝까지의 모든 단계를 계획한다.
- 모든 단계에서 필요 요건을 충족했다면, 다음 단계(②)로 넘어간다.
- 만약 모든 필요 요건을 충족하지 못했을 경우, 같은 훈련 주제에 대해 다시 준비를 한다.

② 슈퍼바이저는 앞에서 제시한 '사례'를 다룬 훈련을 계획하게 한다.

〈표 9-73〉 BST를 이용한 훈련을 위한 수행 모니터링 체크리스트(PMC)

집단 훈련 PMC	Y / N
날짜:	
준비	
1. 적어도 24시간 전에 날짜, 시간, 장소, 훈련 참가자를 확정한다.	
2. 파워포인트나 다른 프레젠테이션 프로그램을 사용한다면 모든 애니메이션, 전환, 하이퍼링크가 제대로 작동하는지 확인한다.	
3. 참가자에게 나눠 줄 모든 자료를 준비한다(인쇄 또는 온라인).	
4. 강의 시간보다 최소한 30분 전에 도착한다.	
5. 첫 번째 참가자가 도착하기 전 훈련을 위한 공간 배치를 마무리한다.	
훈련 자료	
1. 훈련 자료는 강의와 관련된 것이다.	
2. 훈련 자료에 오타가 5개 미만이다.	
3. 강의 자료 중 80% 이상이 참가자에게 소개되었다.	
훈련 구조	
1. 훈련자는 자신을 소개하고 강의를 하기 위한 자격 요건을 설명한다.	
2. 훈련자가 다루게 될 주제를 소개한다.	
3. 훈련자가 훈련의 목표 및 훈련 후 얻게 될 결과 및 역량을 설명한다.	
4. 훈련자가 주제 전환이 필요할 경우 75% 이상 주제 간 적절하게 전환하였다(예: 주제들을 연결하기, 다음 주제의 사례를 말하기).	
5. 주제가 훈련 목표에 맞게 논리적 순서에 따라 제시되었다.	
6. 훈련자가 중요한 부분을 다시 짚어 주면서 훈련을 마무리하였다.	
7. 훈련자가 정해 놓은 시간에 맞게 강의를 마무리하였다.	
훈련자 및 참가자 행동	
1. 훈련자가 측정된 시간 간격(MTS: 5분) 중 80% 이상 모든 참가자가 들을 수 있는 적절한 목소리 크기를 유지하였다.	
2. 훈련자가 측정된 시간(PITS: 5분) 중 80% 이상에서 간격당 1회 이상 구성원의 참여를 유도하였다.	
3. 훈련자가 받은 질문의 80% 이상 적절하게(대답을 반드시 알 필요는 없음) 대답하였다.	
4. 적어도 50% 이상의 참가자가 측정된 시간 간격(MTS: 5분) 중 80% 이상 발표자나 강의자료에 시선을 유지하였다.	

5. 훈련자가 '음' '어' 등의 소리를 발표 시간 중 시간당 5회 미만 빈도로 냈다.	
6. 훈련자가 발표시간 중 시간당 1회 미만의 빈도로 청자에게 부적절한(참가자에 따라 정의가 달라질 수 있음) 언어를 사용하였다.	
훈련 마무리하기	
1. 훈련을 마무리하며 훈련자가 참가자에게 강의 평가지를 제시하였다.	
2. 훈련자가 모든 참가자가 떠날 때까지 질문에 대한 답을 해 주었다.	
3. 훈련자가 모든 강의 평가지를 확인하고 적어도 두 가지 이상 분야에서 개선사항을 파악하였다.	
총점(Y/24):	

✿ 가능한 집단 슈퍼비전 활동

슈퍼바이저는 집단 슈퍼비전을 통해 모의 훈련을 진행하고 동료들로부터 피드백을 얻는 시간을 마련할 수 있다. 아울러 슈퍼바이저는 수련생들이 사례 역할극(예: 치료 계획을 세우기 전에 왜 기능분석을 해야 하는지 의문을 갖고 있는 부모)을 하게 하고, 집단의 다른 구성원이 이에 대해 피드백을 주는 활동을 진행할 수도 있다.

✿ 과제 목록

사례 및 집단 슈퍼비전 활동에 대한 제안과 더불어, 여기에는 '기본 역량 10'과 관련된 기술들을 숙달하는 데 필요한 과제들을 정리해 놓았다. 〈표 9-74〉와 〈표 9-75〉는 여러분이 슈퍼바이저와 함께 과제를 시작하고 활동들을 선택하는 데 도움이 될 것이다. 앞서 언급하였듯이, 슈퍼비전의 매 단계마다 슈퍼바이저와 지속적으로 논의하며 이 중 어떤 과제가 자신에게 적합한지, 또는 추가적인 과제가 필요한지 여부에 관한 결정을 내리길 권한다.

〈표 9-74〉 슈퍼바이저와 공동으로 작업해야 하는 행동분석이 낯선 개인을 위한 훈련 모듈을 개발하고 발표하기
와 관련된 과제 목록

과제 목록	완수 여부 또는 완료 시점 기록
I. BACB의 윤리 가이드라인 검토하기	
1. 다음의 윤리 가이드라인을 검토하고 슈퍼바이저와 논의한다. • 1.0 행동분석가의 책임적 수행 • 2.0 행동분석가의 내담자에 대한 의무 • 4.0 행동분석가와 개별 행동 변화 프로그램 • 6.0 행동분석가와 업무 현장 • 8.0 행동분석가의 동료에 대한 책임 • 9.0 행동분석가의 사회에 대한 윤리적 책임 • 10.0 행동분석가와 연구	
II. 근거 기반의 직원 훈련 프로그램의 개발하기	
1. 부모 및 교사 대상의 설명, 시범, 목표 기술을 직접 연습해 보기 등이 통합된 역량 기반의 훈련 프로그램을 계획하고 시행한다. • 훈련 세팅에서의 분명한 기술 숙달 기준을 설정하기 • 자연적 환경에서의 분명한 기술 숙달 기준을 설정하기 • 모든 세팅에서 피드백을 제공하기	
2. 평가와 시범을 통해 학습 정도를 확인한다. • 평가 결과를 첨부한다.	
3. 슈퍼바이저의 피드백을 받고, 필요한 경우 수정한다.	

〈표 9-75〉 슈퍼바이저와 공동으로 작업해야 하는 기술적인 용어를 사용하지 않고 행동적 개념을 설명하기와 관
련된 과제 목록

과제 목록	완수 여부 또는 완료 시점 기록
I. BACB의 윤리 가이드라인 검토하기	
1. 다음의 윤리 가이드라인을 검토하고 슈퍼바이저와 논의한다. • 1.0 행동분석가의 책임적 수행 • 2.0 행동분석가의 내담자에 대한 의무 • 4.0 행동분석가와 개별 행동 변화 프로그램 • 6.0 행동분석가와 업무 현장 • 8.0 행동분석가의 동료에 대한 책임 • 9.0 행동분석가의 사회에 대한 윤리적 책임 • 10.0 행동분석가와 연구	

II. 내담자에게 서비스를 제공하는 다른 분야의 사람들과 협력하며 행동분석 서비스를 진행하기
1. 내담자에게 서비스를 제공하는 다른 전문가들과 협업한다. • 다른 전문가가 기술 습득 관련 작업을 할 수 있도록 문제행동을 감소시키기 • 약물을 처방하는 전문의와 정보를 공유할 수 있도록 부모에게 치료 자료를 제공하기
2. 기술적인 용어를 사용하지 않고 행동적 개념을 설명한다 • 다른 전문가 및 부모와 회의를 할 때 기술적인 용어를 사용하지 않으며 다음을 설명한다. 　- 평가 결과 　- 치료 계획 　- 자료 분석 및 개입 경과

─ 추가 참고자료 ─

Bailey, J. S. (1991). Marketing behavior analysis requires different talk. *Journal of Applied Behavior Analysis, 24*(3), 445-448. doi:10.1901/jaba.1991.24-445

Becirevic, A. (2014). Ask the experts: How can new students defend behavior analysis from misunderstandings? *Behavior Analysis in Practice*, 7(2), 138-140. doi:10.1007/s40617-014-0019-y

Critchfield, T. S. (2014). Ten rules for discussing behavior analysis. *Behavior Analysis in Practice*, 7(2), 141-142. doi:10.1007/s40617-014-0026-z

Foxx, R. M. (1996). Translating the covenant: The behavior analyst as ambassador and translator. *The Behavior Analyst, 19*(2), 147-161. doi:10.1007/BF03393162

Jarmolowicz, A., Kahng, S. W., Ingvarsson, E. T., Goysovich, R., Heggemeyer, R., & Gregory, M. K. (2008). Effects of conversational versus technical language on treatment preference and integrity. *Intellectual and Developmental Disabilities, 46*, 190-199. doi:10.1352/2008.46:190-199

Morris, E. K. (2014). Stop preaching to the choir, publish outside the box: A discussion. *The Behavior Analyst, 37*(2), 87-94. doi:10.1007/s40614-014-0011-4

Rolider, A., & Axelrod, S. (2005). The effects of "behavior-speak" on public attitudes toward behavioral interventions. A cross-cultural argument for using conversational language to describe behavioral interventions. In W. L. Heward, T. E. Heron, N. A. Neef, S. M. Peterson, D. M. Sainato, G. Y. Cartledge, . . . J. C. Dardig (Eds.), *Focus on behavior analysis in education* (pp. 283-293). Upper Saddle River, NJ: Pearson/Merrill Prentice Hall.

Rolider, A., Axelrod, S., & Van Houten, R. (1998). Don't speak behaviorism to me: How to clearly and effectively communicate behavioral interventions to the general public. *Child & Family Behavior Therapy, 20*, 39-56. doi:10.1300/J019v20n02_03

Schlinger, H. D. Jr. (2015). Training graduate students to effectively disseminate behavior analysis and to counter misrepresentations. *Behavior Analysis in Practice, 8*(1), 110-112. doi:10.1007/s40617-014-0028-x

Todd, J. T. (2014). Some useful resources for students who are tempted to bring enlightenment to errant non-behaviorists. *Behavior Analysis in Practice, 7*(2), 143. doi:10.1007/s40617-014-0027-y

Chapter **10**
수련 과정을 통합하고 정리하기

　슈퍼바이저와 함께 앞에서 소개한 기초 역량들을 훈련하면서 작업한 내용들을 꾸준히 기록하고 자료를 모아 놓을 것을 추천한다. 이를 통해 지금까지 훈련한 내용을 복습해 볼 수 있으며, 자신의 성과를 확인할 수 있다. 행동분석가가 되기 위한 수련기간 중 제작하고 이용한 자료들은 앞으로도 여러 번 반복하여 참고하게 될 것이다. 여기에는 목표 행동의 조작적 정의, 기술 습득 및 행동 감소 프로그램에서 사용하는 자료 기록지, 그래프, 개입 프로토콜 등이 해당된다. 수련을 종료하는 시점에 10가지 기본 역량을 숙달했다는 것을 보여 줄 수 있도록 지금까지의 작업에 대한 포트폴리오를 작성하길 권한다. 이 포트폴리오는 인쇄물 또는 전자 문서 형태일 수 있다. 포트폴리오를 작성하면서 여러분은 학습 경험을 확장하고, 수련기간 중 배운 것들을 통합하고, 자신의 경험을 되돌아보고, 각 역량별로 자신이 학습한 내용을 확인할 수 있다. 포트폴리오는 지금껏 학습한 내용을 추적할 수 있도록 도와주고, 막 활동을 시작한 행동분석가로서의 교육과정을 돌아볼 수 있도록 해 준다. 포트폴리오는 수업에서 배운 내용과 수련 경험, 자신의 장기 · 단기 목표를 서로 연결해 볼 수 있는 기회가 된다. 즉, 포트폴리오는 여러분이 수련 과정에서 최상의 성과를 끌어낼 수 있도록 도와준다.

　이 장에서는 전자 포트폴리오에 대한 정보를 간략하게 설명한다. 물론 여기서 제시하는 일반적인 조언은 여러분이 어떤 형태로 자료를 수집하든 상관없이 포트폴리오의 핵심 내용과 구성을 결정하는 데 참고할 수 있다.

🗒 전자 포트폴리오란 무엇인가

전자 포트폴리오는 수련 과정에서의 성과와 성찰을 전자 문서의 형태로 모아 놓은 것이다. 전자 포트폴리오를 만드는 작업은 자신의 웹사이트를 만드는 것과 유사하다. 여러분은 여기에 그림 및 사진, 사운드 파일, 문서, 혼합 미디어 형식 등을 삽입할 수 있다(Siegle, 2002). 이것의 목적은 여러분이 전문가로서의 자신을 온라인에서 소개하는 방법을 배우는 것이다. 인쇄물 형식의 포트폴리오와 비교하여 전자 포트폴리오의 장점 중 하나는 전자 문서 작업을 저장하고 공유하기 쉽다는 것이다. 특정 분야에서의 자신의 역량을 입증하기 위해 문서 사본을 들고 다닐 필요 없이 잠재적인 고용주 또는 타인에게 링크를 공유할 수 있다. 또한 전자 포트폴리오를 작성하는 과정에서 웹페이지를 생성하기 위한 기초 기술을 습득할 수 있다(MacDonald, Liu, Lowell, Tsai, & Lohr, 2004). 자신의 포트폴리오에 접근하는 것 또한 보다 쉽게 할 수 있다. 여러분은 자신의 포트폴리오를 비공개로 관리하거나 일부 개인에게만 이에 접근할 수 있는 권한을 부여할 수도 있다. 또는 자신의 포트폴리오를 공개할 수도 있다. 아울러 전자화되어 있는 포트폴리오는 추가 비용 없이 이미지나 색깔을 사용하는 것이 용이하다. 본질적으로, 전자 포트폴리오는 여러분이 학습한 역량에 대한 디지털화된 증거가 될 수 있다(Blair & Godsall, 2006; Mason, Pegler, & Weller, 2004).

🗒 왜 전자 포트폴리오를 사용하는가

전자 포트폴리오는 수련생이 자신의 생각을 정리하고, 학습 과정을 돌아보고, 자신이 달성한 성과를 정리해 놓을 수 있는 장소이다. 전자 포트폴리오는 개인 용도로 보관되거나, 또는 미래의 고용주, 동료 연구자 등에게 공유될 수 있다. 투자하는 노력이나 시간에 따라 다르지만, 전자 포트폴리오를 통해 다음의 이점을 얻을 수 있다.

- 학습 경험의 개인화
- 대학원 수업과 그 외 다양한 학습 경험의 연결
- 수련 경과를 직접 확인함으로써 동기 부여가 됨
- 훈련 및 앞으로의 여정에 대한 비판적 사고 강화

교수진, 대학원 프로그램, 슈퍼바이저에게 주는 이점은 다음과 같다.

- 슈퍼비전 성과에 대한 평가가 용이해짐
- 수련생의 성취 정도를 직접 확인할 수 있음
- 슈퍼비전에 대해 수련생이 경험하고 해석한 내용에 대한 통찰을 가능하게 함

🗂 어떻게 시작할까

알려진 사이트를 이용하여 전자 포트폴리오를 작성할 수 있다(예: google, evernote, WordPress, Weebly 등). 물론 이미 자신의 웹사이트를 가지고 있다면, 그것을 이용하면 된다. 만약 대학교 계정을 이용하고 있다면 졸업 후 얼마나 오래 사이트에 접속 가능한지 확인해 보아야 한다. 일부 대학에서는 최근 Portfolium(portfolium.com)과 같은 온라인 포트폴리오 소프트웨어를 이용하기도 하는데, 이런 프로그램은 포트폴리오를 작성하고 공유하는 것을 용이하게 한다.

지난 5년 동안 저자는 전자 포트폴리오를 위해 구글 사이트를 이용하였는데, 이유는 구글 계정이 무료이고 대학원생들이 기간 제한 없이 접근이 가능했기 때문이다. 만약 웹사이트를 만드는데 구글과 같은 무료 온라인 애플리케이션을 이용하기로 결정했다면, 우선 www.google.com으로 접속하여 튜토리얼 과정을 이수하길 권한다(예시는 sites.google.com/site/eportfolioapps/online-tutorials-sites/sites-how-to 참조). 몇몇 대학에서는 학부생들을 위해 구글 전자 포트폴리오를 이용할 때 쉽게 참고할 수 있는 가이드라인을 제공하고 있다(예: www.montclair.edu/media/montclairedu/oit/documentation/eportfolios/Google-Sites-ePortfolio-3-13-PF-Final.pdf). 또는 튜토리얼 비디오를 참고해도 좋다(예: Latisha Alford, "How to Create a

Free Professional ePortfolio Using Google Sites" youtu.be/1j-x3-VbGVg).

🗒 전자 포트폴리오의 주요 요소

모든 전자 포트폴리오는 학습 내용을 뒷받침할 수 있는 인증된 문서를 포함해야한다. 모든 포트폴리오의 주요 요소 중 하나는 독자에게 포트폴리오를 소개하고 자료에 대한 명료한 요약이 담긴 소개, 홈 또는 커버 페이지이다. 요약 페이지에는 다음을 포함해야 한다.

- 증거가 뒷받침 된 자신의 경험에 대한 성찰
- 수행 경과에 대한 해석 및 자기 평가
- 역량별 강점 및 약점에 대한 자기 평가
- 전문가로서의 단기 또는 장기 목표에 대한 설명(미션 선언이라고도 함)
- 수련 내용의 통합, 전문가로서의 목표와의 연관성

🗒 수련 경험에서 최상의 성과를 얻기 위한 전자 포트폴리오 작성 방법

수련생과 슈퍼바이저는 보관해야 하는 문서와 최종 포트폴리오에 보관해야 하는 내용에 대해 논의할 수 있다. 이 때 참고할 수 있도록 다음의 추가 참고자료 부분에 몇몇 예시를 제시하였다. 여기서 독자에게 여러분의 포트폴리오를 소개할 수 있는 소개 페이지를 꼭 포함하길 권한다. 여기에는 독자가 하단 페이지나 탭에서 찾아볼 수 있는 내용의 초록 또는 요약을 배치할 수 있다. 아울러 가장 최근의 커리큘럼과 10개의 역량에 대한 수련 경과를 꼭 포함하길 권한다. 포트폴리오에 최소한 포함해야 하는 요소는 다음과 같다.

- 프로필 사진 및 개인 웹페이지

- 초록, 또는 자기소개서(커리큘럼 링크 포함)가 있는 메인 페이지
- 윤리 및 전문적 시행
- 행동 측정
- 행동 평가
- 증거 기반 치료 계획
- 기술 습득 개입 계획
- 행동 감소 개입 계획
- 일반화 및 유지
- 효과 및 절차 정확성 평가
- 절차를 시행하기 위해 다른 사람을 훈련하기
- 자료 배포

추가 참고자료

집단 웹사이트를 만들고 공유하는 데 참고할 수 있는 구글 사이트는 다음과 같다.

- https://sites.google.com/new
- sites.google.com/site/jenniferfriederportfolio/home
- sites.google.com/site/chelseacarterefolio/home
- sites.google.com/site/mahsamesbahhesari/home

참고문헌

Blair, R., & Godsall, L. (2006). One school's experience in implementing e-portfolios: Lessons learned. *Quarterly Review of Distance Education, 7*(2), 145.

MacDonald, L., Liu, P., Lowell, K., Tsai, H., & Lohr, L. (2004). Graduate student perspectives on the development of electronic portfolios. *Tech Trends, 48*(3), 52-55.

Mason, R., Pegler, C., & Weller, M. (2004). E-portfolios: An assessment tool for online courses. *British Journal of Educational Technology, 35*(6), 712-727.

Siegle, D. (2002). Technology: Creating a living portfolio: Documenting student growth with electronic portfolios. *Gifted Child Today, 25*(3), 60–64.

찾아보기

저자 소개

Ellie Kazemi, PhD, BCBA-D

캘리포니아 주립대학교 노스리지 캠퍼스(California State University, Northridge: CSUN)의 심리학과 정교수로 CSUN에 ABA 석사학위 프로그램을 만들었다. 학부 및 대학원 과정에서 연구방법, 행동분석, 윤리, 조직행동관리 강의를 하고 있을 뿐 아니라 멘토 및 슈퍼바이저로서도 활발하게 활동하고 있다. 전 세계 슈퍼바이저 및 여러 대학은 그녀가 개발한 '행동분석가를 위한 구조화된 역량 기반 슈퍼비전 모델'에 큰 관심을 보이고 있다. 이 책의 주 저자인 Kazemi 박사는 CSUN의 실습 과목을 운영한 경험이 있고, 대학원생들에게 수준 높은 슈퍼비전을 제공하기 위해 지역 행동치료 기관들과 협업을 하였으며, 스태프 훈련, 피드백 제공, 슈퍼비전에 관한 연구를 수행하였을 뿐만 아니라 관련 논문을 출판 준비 중에 있다. 그녀는 워크숍, 튜토리얼, 훈련, 피드백, 슈퍼비전에 관한 각종 기조연설을 해 오고 있다.

Brian Rice, MA, BCBA

CSUN 임상심리학 분과에서 석사학위를 받았으며, 2011년부터 응용행동분석 전문가(BCBA)로 활동 중이다. 그는 2014년부터 CSUN 응용행동분석 석사 프로그램의 실습 강사를 맡고 있으며, 2015년부터는 CSUN 심리학과의 시간 강사로도 활동 중이다. 그는 실습 강사로서 CSUN의 역량 기반 슈퍼비전 모델에 기반한 집단 슈퍼비전을 제공하고 있으며, 다양한 현장에서 개인 슈퍼비전도 관리·감독하고 있다. 그뿐만 아니라 Brian은 남가주 이스터실스(Easterseals Southern California)에서 교육 및 전문성 개발 파트의 관리자로 근무 중이다. 그는 슈퍼비전의 질적 향상을 목표로 하는 슈퍼비전의 절차 개발 및 시행을 담당하고 있으며, 이 기관에서 약 85명이 BCBA의 슈퍼비전을 받고 있다. 또한 그는 BCBA를 대상으로 역량 기반 슈퍼비전 모델의 시행을 위한 8시간의 워크숍을 진행하기도 한다. 지난 4년간 그는 발달장애 아동 및 청소년에 관한 업무의 연장선에서 35명 이상의 신규 행동분석가에게 개인 슈퍼비전을 제공해 왔다.

Peter Adzhyan, PsyD, LEP, BCBA-D
학교심리학 분과에서 석사학위를 받았으며 교육심리학으로 박사학위를 받았다. 그는 응용행동분석 전문가(BCBA)이며 공인된 교육심리학자이다. 17년간 로스앤젤레스 통합 교육구(Los Angeles Unified School District: LAUSD)의 학교 심리학자로 근무 중이며, 행동분석가로서 9년간 다양한 교육 분야에서 아동과 청소년을 위해 일해 왔다. 행동분석가로서 그는 학교 심리학자, 교사, 보조교사, 부모, 학생을 대상으로 기능평가 및 훈련을 시행하였고, 자폐 스펙트럼 장애, 주의력결핍 과잉행동장애(ADHD), 정서행동장애(EBD) 및 기타 행동장애 학생들을 위한 행동적 개입을 개발 및 실행하였다. 또한 자해행동을 하는 학생들을 지원하는 조기의뢰 절차를 개발하였으며, LAUSD 행동지원팀과 함께 자해 및 공격과 같은 심각한 문제행동 사례를 자문하였다. 강의도 하고 있으며, CSUN 석사-ABA 과정에서 대학 기반 실습 슈퍼바이저도 맡고 있다. CSUN 심리학과에서는 학부 수업도 맡고 있다. 그의 연구 관심 주제는 학업적 유창성 향상을 위한 개입 모델의 반응 내 표준 셀러레이션 차트(Standard Celeration Chart: SCC)의 사용, 자폐 스펙트럼 장애, 정서행동장애·기타 행동장애에 대한 정밀 교수(Precision Teaching) 방법의 사용, 심각한 문제행동을 가진 아동·청소년을 대상으로 응용행동분석에 기반한 행동감소중재계획의 개발 및 시행이다.

역자 소개

정경미(Kyong Mee Chung)

연세대학교 심리학과 학사 및 석사
미국 하와이 주립대학교 임상심리학 박사
미국 존스홉킨스대학교 부설 케네디크리거센터 박사후 과정
미국 면허 심리학자(뉴욕주)
국제공인 응용행동분석 전문가(BCBA-D)
임상심리전문가 및 정신보건 임상심리사
ESDM Certified Therapist
현 연세대학교 심리학과 교수

김민희(Min Hee Kim)

연세대학교 심리학과 학사 및 석사
국제공인 응용행동분석 전문가(BCBA)
임상심리전문가 및 정신보건 임상심리사

신나영(Na Young Shin)

연세대학교 심리학과 학사 및 석사
국제공인 응용행동분석 전문가(BCBA)
현 한국ABA행동발달연구소 책임연구원

응용행동분석가를 위한

실습과 슈퍼비전 지침서

Fieldwork and Supervision for Behavior Analysts: A Handbook, first edition

2021년 2월 20일 1판 1쇄 인쇄
2021년 2월 25일 1판 1쇄 발행

지은이 • Ellie Kazemi · Brian Rice · Peter Adzhyan
옮긴이 • 정경미 · 김민희 · 신나영
펴낸이 • 김진환
펴낸곳 • (주) **학지사**

04031 서울특별시 마포구 양화로 15길 20 마인드월드빌딩
대표전화 • 02)330-5114　　　팩스 • 02)324-2345
등록번호 • 제313-2006-000265호

홈페이지 • http://www.hakjisa.co.kr
페이스북 • https://www.facebook.com/hakjisa

ISBN 978-89-997-2357-5 93370

정가 18,000원

역자와의 협약으로 인지는 생략합니다.
파본은 구입처에서 교환해 드립니다.

출판 · 교육 · 미디어기업 **학지사**

간호보건의학출판 **학지사메디컬** www.hakjisamd.co.kr
심리검사연구소 **인싸이트** www.inpsyt.co.kr
학술논문서비스 **뉴논문** www.newnonmun.com
원격교육연수원 **카운피아** www.counpia.com